CHOIX

DE

VOYAGES MODERNES

Je déclare qu'en vertu de la loi du 17 juillet de l'an deuxième de la République française, je suis seul et légitime propriétaire du présent ouvrage.

Henry Tardieu

CHOIX

DE

VOYAGES MODERNES

POUR L'INSTRUCTION ET L'AMUSEMENT

DES DEUX SEXES.

CONTENANT une variété de faits utiles et agréables, relatifs aux expéditions et aux principales découvertes faites autour du monde, ainsi que la description des mœurs et usages des peuples.

Par JOHN ADAMS.

Traduits de l'Anglais par J. F. ANDRÉ.

TOME PREMIER.

A PARIS,

CHEZ HENRY TARDIEU.

AN VIII.

PRÉFACE
DU TRADUCTEUR.

Il est des amusemens pour tous les âges, et la jeunesse y a plus de droits que tout autre époque de la vie. Mais il faut lui rendre ces amusemens utiles. Or, qu'y a-t-il tout à la fois de plus utile et de plus amusant que les Voyages? L'homme fait aime à comparer les mœurs de son pays avec celles de l'étranger. Il est tout étonné de trouver que l'Angleterre et le Japon, situés chacun à l'extrémité du continent, se ressemblent par une certaine énergie, qu'on n'a point remarqué dans les autres peuples; mais il est encore frappé que tant de ressemblance ne donnent point les mêmes résultats dans les mœurs de ces deux peuples; et bientôt il est convaincu que cela doit être par les différences que nécessite celles du gouvernement, du climat, et sur-tout celles des localités :

car un peuple tient toujours beaucoup des mœurs du peuple qui lui est voisin. Ainsi l'Europe entière ne fait, pour ainsi dire, qu'une même famille. L'Europe n'a point les mœurs de l'Asie. L'une et l'autre n'ont point celle de l'Afrique, et les habitans naturels de l'Amérique avoient des mœurs encore plus différentes de ces trois parties, qu'elles ne différoient entre elles.

Si l'homme d'un certain âge a besoin même de la connoissance des mœurs étrangères, pour son plaisir et pour son instruction, cette connoissance devient bien plus utile à la jeunesse. C'est en lisant l'histoire des Voyages, qu'elle est frappée de la ressemblance et de la différence des mœurs de son pays et de celles des autres nations. Alors pénétré de cette différence, elle en cherche la la raison, et voilà pour elle le commencement des combinaisons politiques, commerciales et morales.

Pour perfectionner cette connoissance,

on sent qu'il faut y ajouter d'autres études plus sérieuses que la lecture des Voyages. Mais cette lecture prépare à l'étude des principes, ou sert à en faire l'application. Sous ce double rapport, un choix de Voyages est d'autant plus utile qu'il amuse l'esprit, en même temps qu'il le cultive. La jeunesse occupée d'une foule de travaux qui tendent à lui donner un état, perdroit un temps trop précieux si elle parcouroit les collections de Voyages, trop volumineuses et trop mal rédigées pour être utile à cet âge là. Aussi croit-on rendre un service essentiel à la jeunesse des deux sexes, en lui donnant cette petite collection. Elle est d'autant plus précieuse, qu'elle renferme, en deux volumes in-8º. la plupart des instructions, noyées, pour ainsi dire, dans une foule de volumes trop prolixes pour atteindre le but qu'on s'est proposé dans la traduction de cet ouvrage.

Adams en a fait l'expérience en Angleterre, Camper en Allemagne, et ces deux ouvrages ont parfaitement rempli leur but. Nous avons cru devoir ajouter à cette collection ce que le voyage de Marcatney a de plus curieux.

 Nous espérons que les pères de famille nous saurons gré de cet ouvrage, et qu'eux-mêmes le liront avec autant de plaisir que j'en ai eu à le traduire.

J. F. ANDRÉ.

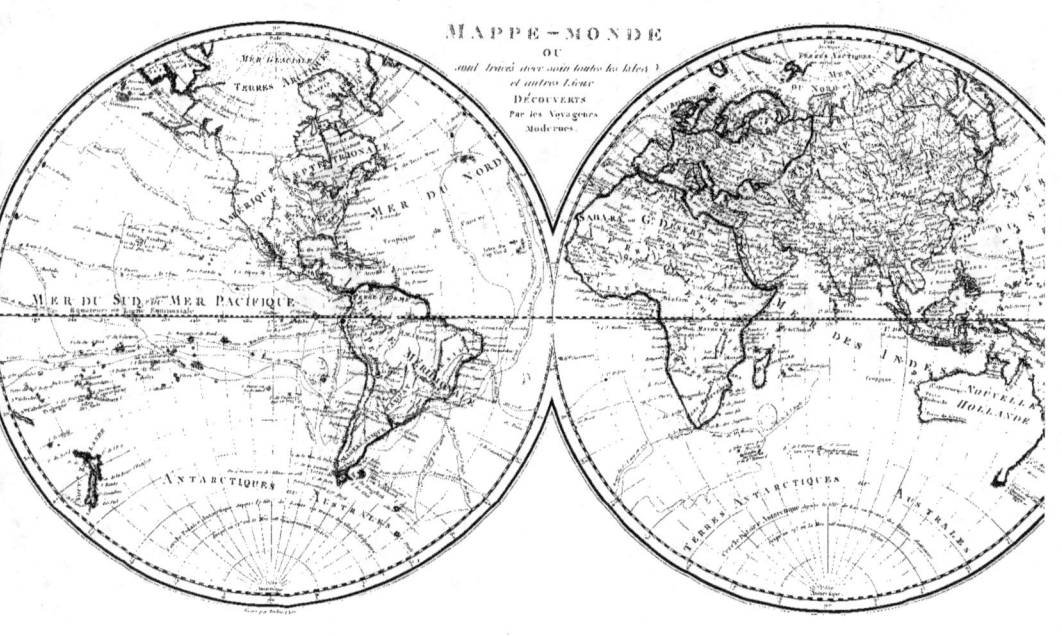

CHOIX

DE

VOYAGES MODERNES.

Précis des Voyages et découvertes des Portugais, pour servir d'introduction a la collection des Voyages modernes, faite par JOHN ADAMS.

L'Europe étoit encore dans la barbarie, quand les Portugais commencèrent leurs premières navigations dans les mers où l'on présume qu'étoit anciennement l'Atlantide. Henri, fils de Jean I, roi de Portugal, mit à profit le peu d'astronomie que les Arabes avoient conservé. Il fit élever à Sagres, ville des Algarves, un observatoire où furent instruits les jeunes gentilshommes qui composoient sa cour. Il eut beaucoup de part à l'invention de l'astrolabe, et sentit le premier l'utilité qu'on pouvoit tirer de la boussole, qui étoit déja connue en Europe, mais dont on n'avoit pas encore appliqué l'usage à [la] navigation.

Les pilotes qui se formèrent sous ses yeux découvrirent en 1419 l'île de Madère q[ui] étoit toute couverte de forêts. On y mit [le] feu, et l'on dit que l'incendie dura sept a[ns] entiers, et qu'ensuite la terre se trouva d'u[ne] fertilité extraordinaire. C'est dans cette î[le] que se récoltent les vins connus sous le no[m] de Madère et de Malvoisie.

Les Portugais dirigèrent ensuite leur cour[s] vers la côte occidentale de l'Afrique. Leu[r]s premières expéditions dans la Guinée n[e] furent que des pirateries. Sous le règne d[u] roi Jean II, prince éclairé, qui le premi[er] rendit Lisbonne un port franc, et fit fai[re] une application nouvelle de l'astronomie [à] la navigation, les Portugais doublèrent l[e] Cap qui est à l'extrémité méridionale d[e] l'Afrique. On l'appela alors le Cap des Tem pêtes; mais le prince qui prévoyoit le passag[e] aux Indes, le nomma le Cap de Bonne-Espé rance.

Emmanuel suivit le projet de ses succes seurs. Il fit partir, le 18 juillet 1497, une flott[e] de quatre vaisseaux sous les ordres de Vasc[o] de Gama. Cet amiral, après avoir essuyé de[s] tempêtes, après avoir parcouru la côte orientale de l'Afrique, après avoir erré sur des mers inconnues, aborda enfin dans l'Indostan. Sa navigation avoit été de treize mois.

L'Indostan forme une des plus riches parties de l'Asie : il est renfermé entre l'Indus et le Gange, deux fleuves célèbres qui vont se jeter dans la mer des Indes à quatre cents lieues l'un de l'autre. Ce long espace est traversé par une chaîne de hautes montagnes qui le coupe par le milieu, va se terminer au Cap Comorin, et sépare la côte de Malabar de celle de Coromandel. La seule épaisseur de ces montagnes y sépare l'été de l'hiver, c'est-à-dire la saison des beaux jours de celle des pluies ; car, à proprement parler, il n'y a point d'hiver entre les tropiques.

A l'arrivée des Portugais, l'Indostan étoit partagé entre les rois de Cambaie, de Delhy, de Bisnagar, de Narzingue et de Calicut, qui tous comptoient plusieurs souverains plus ou moins puissans parmi leurs tributaires. Celui qui régnoit à Calicut étoit plus connu sous le nom de Zamorin, qui répond à celui d'empereur, que par celui de sa ville capitale. Il avoit les états les plus maritimes, et sa domination s'étendoit sur tout le Malabar.

Gama, instruit que cette ville étoit une des plus commerçantes de l'Inde, prit un pilote habile et s'y fit conduire. Il y trouva heureusement un maure de Tunis qui entendoit la langue des Portugais, et qui, frappé des grandes choses qu'il avoit vu faire à cette nation sur les côtes de Barbarie, avoit pris pour elle une inclination plus forte que ses préjugés. Ce penchant décida Mouzaide à servir de tout son pouvoir des étrangers qui s'abandonnoient à lui sans réserve. Il procura donc une audience du Zamorin à Gama, qui proposa une alliance et un traité de commerce avec le roi de Portugal. On alloit conclure, lorsque les musulmans réussirent à rendre suspect un concurrent dont il redoutoit le courage, l'activité et les lumières. Ce qu'ils dirent de son ambition, de son inquiétude, fit une telle impression sur l'esprit du prince, qu'il prit la résolution de faire périr les navigateurs qu'il venoit d'accueillir si favorablement.

Gama averti de ce changement par son fidèle guide, renvoya son frère sur ses vaisseaux. *Quand vous apprendriez, lui dit-il, qu'on m'a chargé de fers ou qu'on m'a fait périr, je vous défends, comme votre général, de mé secourir ou de me venger. Mettez sur-le-champ à la voile et allez instruire le roi des détails de votre voyage.*

Pour concevoir l'opposition des musulmans et le danger où elle pouvoit exposer Gama, il est nécessaire de savoir que les Arabes, connus depuis sous le nom de Sarrazins, de Maures, de Musulmans, après s'être rendus maîtres des côtes d'Afrique, avoient étendu leur domination jusque dans l'Inde; que le commerce de cette contrée avec l'Europe se faisoit alors par la voie de l'Egypte, et que les Portugais déja ennemis des Maures ou Arabes, pour les avoir repoussés de leur pays, devenoient encore des rivaux dangereux, en venant partager avec eux le commerce de l'Inde. Cependant le Zamorin n'osa attenter ni à la liberté, ni à la vie de Gama. Délivré de ce danger, l'amiral reprit la route de l'Europe.

On ne peut exprimer quelle joie son retour répandit dans Lisbonne : on s'y voyoit au moment de faire le plus riche commerce du monde. Ce peuple, aussi dévot qu'avide, se flattoit en même-temps d'étendre sa religion par la persuasion et même par les armes. Les papes donnèrent au Portugal toutes les côtes qu'il découvriroit dans l'Orient, et remplirent cette petite nation de la folie des conquêtes.

On se présentoit en foule pour monter sur les nouvelles flottes destinées au voyage de l'Inde. Treize vaisseaux sortis du Tage, arrivèrent devant Calicut, sous les ordres d'Alvarès Cabral, et ramenèrent au Zamorin quelques-uns de ses sujets qu'avoit enlevés Gama. Ces Indiens se louèrent des traitemens qu'ils avoient reçus ; mais les Maures prévalurent encore dans l'esprit du Zamorin. Séduit par leurs intrigues, le peuple de Calicut massacra une cinquantaine de ces navigateurs. Cabral pour les venger, brûla tous les vaisseaux arabes qui étoient dans le port, foudroya la ville, et de là se rendit à Cochin, ensuite à Cananor.

Les rois de ces deux villes proposèrent de s'allier avec lui contre le Zamorin dont ils étoient tributaires. Les rois d'Onor, de Culan, quelques autres princes encore, firent dans la suite les mêmes ouvertures. Tous se flattoient d'être déchargés du tribut qu'ils payoient au Zamorin, de reculer les frontières de leurs états, de voir leurs ports enrichis des dépouilles de l'Asie. Cet aveuglement général procura aux Portugais, dans tout le Malabar, une si grande supériorité, qu'ils n'avoient qu'à se montrer pour donner la loi. Nul souverain n'obtenoit leur alliance qu'en se reconnoissant vassal de la cour de Lisbonne, qu'en souffrant qu'on bâtît une citadelle dans sa capitale, qu'en livrant ses marchandises au prix fixé par l'acquéreur. Le marchand étranger ne pouvoit former sa cargaison qu'après les Portugais, et personne ne naviguoit dans ces mers qu'avec leurs passe-ports. Les combats qu'il falloit livrer n'interrompoient guère leur commerce. Un petit nombre d'entr'eux dissipoit des armées nombreuses. Leurs ennemis les trouvoient par-tout, et par-tout ils fuyoient devant eux. Bientôt les vaisseaux des Maures, ceux du Zamorin et de ses vasseaux n'osèrent plus paroître.

Les Portugais, vainqueurs dans l'Orient, envoyoient à tout moment de riches cargaisons dans leur patrie. Peu-à-peu les navigateurs de tous les pays de l'Europe apprirent la route du port de Lisbonne. Ils y achetoient les marchandises de l'Inde, parce que les Portugais qui les y alloient chercher, les donnoient à plus bas prix que les négocians des autres nations. Ainsi Gênes et Venise, que ce commerce avoit enrichis, commencèrent à perdre de leur influence, et se disposèrent à nuire aux Portugais auprès du soudan d'Egypte.

Pour conserver les avantages que le Portugal venoit d'acquérir, la cour de Lisbonne envoya dans l'Inde Alphonse Albuquerque, le plus éclairé des Portugais qui fussent passés en Asie. Le nouveau vice-roi se montra plus grand encore qu'on ne l'avoit espéré. Il sentit qu'il falloit au Portugal un établissement facile à défendre, qui eût un bon port, dont l'air fût sain, et où les Portugais, fatigués du trajet de l'Europe dans l'Inde, pussent recouvrer leurs forces : en conséquence, il entreprit la conquête de Goa, situé vers le milieu de la côte du Malabar, et considéré alors comme le poste le plus avantageux de l'Inde. Cette conquête lui coûta peu d'efforts, et le vengea en même-temps du Zamorin de Calicut, puisque cette ville dont le port étoit mauvais, perdit tout son commerce et son éclat, du moment que Goa tomba au pouvoir des Portugais.

Pour régner exclusivement dans les mers de l'Inde, il falloit encore se rendre maître de la Mer Rouge ; Albuquerque n'ignoroit pas que le soudan d'Egypte, sollicité par les Vénitiens et par son propre intérêt, se préparoit à troubler les Portugais dans leurs nouvelles possessions. Mais le soudan n'avoit pas de flotte, et les côtes de la Mer Rouge n'offroient rien de ce qu'il falloit pour la construire. Les Vénitiens levèrent cet obstacle; ils envoyèrent à Alexandrie des bois et d'autres matériaux. On les conduisit par le Nil au Caire, d'où ils furent portés sur des chameaux à Suez. C'est de ce port célèbre qu'on fit partir pour l'Inde, en 1508, quatre grands vaisseaux, un galion, deux galères et trois galiotes. Les Portugais avoient prévu cet orage. Pour le prévenir, ils avoient songé, dès l'année précédente, à se rendre maîtres de la Mer Rouge, persuadés qu'avec cet avantage ils n'auroient plus à craindre ni la concurrence, ni les forces de l'Egypte et de l'Arabie. Dans cette vue, ils avoient formé le dessein de s'emparer de l'île de Socotora, située à quatre-vingt lieues du détroit de Babelmandel. Tristan d'Acunha s'empara de cette île, qui cependant n'empêcha point la flotte égyptienne de pénétrer sans danger dans l'Océan indien, de se joindre à celle de Cambaye, et de battre celle des Portugais.

Le triomphe fut court: les vaincus reçurent des renforts, et prirent la supériorité pour ne plus la perdre. Albuquerque crut devoir la fixer par la destruction de Suez.

Mille obstacles traversoient ce projet. Malgré ses talens, Albuquerque y échoua : sa flotte fut battue par les tempêtes qui l'exposèrent à mille dangers. L'empereur d'Ethiopie briguoit alors la protection du Portugal. Le vice-roi la lui promit s'il vouloit détourner le cours du Nil, en lui ouvrant un passage dans la Mer Rouge. C'en étoit fait de l'Egypte; dans le même-temps il se proposoit de jeter dans l'Arabie trois ou quatre cents chevaux par le golfe Persique, espérant qu'il pourroit piller Médine et la Mecque, remplir ainsi les Mahométans d'épouvante, et arrêter ce prodigieux concours de pélerins, le plus solide appui du commerce, dont il cherchoit à extirper les racines.

La conquête de l'Egypte par les Turcs, quelques années après, rendit nécessaires de plus grandes précautions. Les Turcs, en occupant la Mer Rouge, auroient tiré par le commerce de l'Inde les moyens d'étendre leur fanatisme et leur puissance en Europe. Ainsi, les expéditions des Portugais, le peuple le plus superstitieux de l'Europe, ont sauvé la liberté du monde entier. Albuquerque fit plus : après avoir pris des mesures efficaces pour qu'aucun vaisseau ne pût passer de la mer d'Arabie dans les mers des Indes, il chercha à se donner l'empire du golfe Persique.

Pour y parvenir, il attaqua Ormuz, ville grande, fortifiée, qui ne devoit ses richesses et sa puissance qu'à sa situation, et qui servoit d'entrepôt au commerce de la Perse avec les Indes. L'ennemi vaincu fut obligé de se soumettre ; et déja l'on établissoit un fort qui dominoit Ormuz, quand il s'aperçut qu'une poignée d'hommes étoit toute la ressource du vainqueur. Dès ce moment il songea à les diviser. Il y réussit, il fallut abandonner les travaux commencés, et même trois vaisseaux abandonnèrent Albuquerque; ensorte qu'il fut obligé de renoncer à son entreprise, ou plutôt de la différer. Il reparut devant la place avec un appareil trop formidable pour une cour corrompue et pour un peuple amolli. Ormuz se soumit : Ormuz devoit un tribut à la Perse, et quand le souverain le fit demander aux Portugais, Albuquerque fit apporter devant l'envoyé, des boulets, des grenades et des sabres. *Voilà*, dit-il, *la monnoie des tributs que paie le roi de Portugal*. Ainsi la puissance Portugaise se trouva solidement établie dans les golfes d'Arabie et de Perse, et sur la côte de Malabar. Dès-lors il fut question de l'étendre à l'est de l'Asie.

Albuquerque dirigea sa flotte vers l'île de Ceylan, connue autrefois sous le nom de Toprobane, île très-peuplée, et habitée par deux nations différentes, par les Bedas dont les mœurs et le gouvernement sont les mêmes qu'on retrouve dans les montagnes d'Ecosse, et par les Chingulais, plus nombreux et plus policés. Cette île offroit de grands avantages aux Portugais ; cependant Albuquerque les dédaigna pour la conquête de Malaca, un des pays les plus fertiles et les plus heureux de l'Inde. Cependant ce peuple, accablé sous le joug du despotisme, étoit, comme il est encore aujourd'hui, le plus féroce de l'Inde. Lorsque les Portugais se présentèrent dans la ville, en qualité de commerçans, ils y furent très-bien accueillis, et bientôt après ils y furent égorgés. Albuquerque vouloit en tirer vengeance, et ne la différoit que parce que son ami Araujo étoit du nombre des prisonniers. *Ne pensez*, lui écrivit Araujo, *qu'à la gloire et à l'avantage du Portugal. Si je ne puis être un instrument de votre victoire, que je n'y sois pas au moins un obstacle.* La place fut attaquée et prise après bien des combats douteux, sanglans et opiniâtres. Les Malais vaincus virent s'élever une citadelle pour garantir la stabilité de la conquête. Dès ce moment, ceux à qui la nature avoit donné plus d'énergie se réfugièrent dans les montagnes et sur les côtes. Ils infestent encore aujourd'hui la navigation de ces mers. On peut les tuer, mais on ne peut les dompter.

Après la prise de Malaca, les rois de Siam, de Pégu, et plusieurs autres, demandèrent une alliance avec le Portugal, tant l'effroi de cette victoire avoit fait d'impression sur eux.

Les îles Moluques, au nombre de dix, y compris celle de Banda, furent la suite de cette victoire. Ces îles sont célèbres par leurs productions, qui consistent dans les épiceries dont l'Europe fait une si grande consommation, et dont le commerce est pour la Hollande la plus grande richesse.

Après tant de conquêtes, les Portugais devinrent la nation de l'Europe la plus brillante, la plus riche, et bientôt après l'objet de la jalousie de toutes les autres Nations. Une population aussi petite ne pouvoit pas long-temps suffire à des possessions aussi immenses. Toute la côte occidentale d'Afrique, presque toute la côte orientale, les deux côtes de Malabar et de Coromandel, étoient soumises à un petit nombre d'hommes pour qui le danger n'étoit qu'un nouvel aiguillon de gloire et de conquêtes.

Mais ils se perdirent par l'excès même de leur grandeur, comme un fleuve majestueux qui se perd dans l'océan.

Non contens de tout ce que le génie de la navigation, de la fortune et du courage leur avoit asservi, ils osèrent encore aspirer à des destinées plus florissantes. La Chine, dont Albuquerque avoit ouï parler, leur manquoit.

Ferdinand Andréade, son successeur, osa se présenter devant l'un de ses ports. Comme le nom des Portugais retentissoit dans toute l'étendue des Indes, ils y furent accueillis; de légers services rendus à l'empereur contre un rebelle, leur méritèrent plusieurs établissemens, entr'autres celui de Macao, qu'ils ont conservé même dans leur décadence.

En 1542, la tempête jeta un de leurs vaisseaux sur les côtes du Japon, ils y furent accueillis. Ces insulaires, séparés du monde entier, n'étoient point étrangers à leur gloire. Le nom Portugais avoit retenti jusques dans leurs rochers. Ainsi la domination portugaise s'étendoit sur la Guinée, l'Arabie, la Perse et les deux presqu'îles de l'Inde. Elle comprenoit en outre les îles Moluques, Ceylan, de la Sonde, et leur établissement à Macao leur assuroit le commerce de la Chine et du Japon.

Dans cet espace immense, la volonté des Portugais étoit la loi suprême. Ils tenoient sous le joug les terres et les mers. Leur despotisme ne laissoit aux choses et aux personnes qu'une existence précaire et fugitive. Aucun peuple, aucun particulier, ne naviguoient, ne faisoient le commerce, sans leur aveu et leurs passe-ports. De ce degré d'élévation qu'il devoient à leur industrie et leur courage, ils tombèrent tout-à-coup, et leur chûte fut l'effet de leur despotisme, de leur corruption et de la jalousie que tant de richesses, tant de luxe suscita contre eux.

L'île d'Amboine fut le premier pays qui se fit justice. Dans une fête publique, un Por-

tugais saisit une très-belle femme, et lui fit le dernier des outrages. Génulio un des insulaires, arma ses concitoyens, assembla les Portugais et dit à ces derniers : « Les affronts
« cruels que nous avons reçus de vous, de-
« manderoient des effets et non des paroles :
« cependant, écoutez. Le Dieu que vous
« nous prêchez se plaît, dites-vous, dans les
« actions vertueuses des hommes : et le vol,
« le meurtre, l'impudicité, l'ivrognerie, sont
« vos habitudes ; tous les vices sont entrés
« dans vos ames. Nos mœurs et les vôtres ne
« peuvent s'accorder. En vain la nature l'avoit
« prévu en nous séparant par des mers im-
« menses, vous avez franchi ces barrières.
« Cette audace, dont vous osez vous enor-
« gueillir, est une preuve de la corruption
« de vos cœurs. Croyez-moi, laissez en paix
« des peuples qui vous ressemblent si peu ;
« allez habiter avec des hommes aussi féroces
« que vous ; votre commerce seroit le plus
« funeste des fléaux dont votre Dieu pour-
« roit nous accabler. Nous renonçons pour
« toujours à votre alliance. Vos armes sont
« meilleures que les nôtres ; mais nous avons
« pour nous la justice, et nous ne vous
« craignons pas. Les Itons sont d'aujourd'hui

« vos ennemis déclarés ; fuyez leur pays , et
« gardez-vous d'y reparoître. »

Bientôt la conspiration s'étendit dans toute l'Inde. Ataïde, qui s'étoit distingué dans les guerres de l'Europe, soutint ce colosse de grandeur attaqué de toutes parts , du seul poids de son génie , conserva tout, rétablit l'ordre ; mais après lui tout retomba dans la confusion. Le Portugal, ce petit royaume qui n'est qu'un point dans l'Europe, et qui opprimoit tant de nations lointaines, fut tout-à-coup opprimé chez lui. Le fils de Charles-Quint, Philippe second, roi d'Espagne, aidé de tous les trésors du nouveau monde, opprima et subjugua ce royaume. Les autres nations de l'Europe se disputèrent ses dépouilles, et il ne lui reste plus aujourd'hui que l'ombre de sa grandeur. Il conserve encore dans l'Inde, Macao, une partie de l'île de Timor, Daman, Diu et Goa. Tel est l'état de dégradation où sont tombés dans l'Inde les hardis navigateurs qui la découvrirent, les intrépides guerriers qui la subjuguèrent. Le théâtre de leur gloire et de leur opulence, est devenu celui de leur ruine et de leur opprobre.

VOYAGES

CHAPITRE PREMIER.

De Colomb.

Après que la boussole fut découverte, les savans de l'Europe s'appliquèrent à inventer des instrumens et à calculer des tables qui rendissent plus faciles les méthodes alors en usage pour l'observation du soleil et des astres.

A l'aide de ces inventions, les pilotes traversèrent des mers inconnues ; et le succès de leurs premiers voyages les encouragea à tenter de nouvelles découvertes. Les Portugais longèrent une grande partie des côtes de l'Afrique, et prirent l'île de Madere avec celles du Cap-Vert.

Mais ces premiers essais ne furent que les préludes du plan de Christophe Colomb, génois, qui entreprit d'étendre les limites que l'ignorance avoit données au monde.

La vaste idée que ce grand homme s'étoit faite de la figure de la terre, donna lieu à son dessein. S'il se trompa dans son objet, on doit moins l'attribuer à ses conjectures qu'aux cartes fautives de son temps. Il s'étoit proposé de trouver un passage à la Chine et dans l'Inde, en traversant l'océan occidental. Peut-être fut-il excité à cette découverte, autant par un ressentiment et une jalousie nationale, que par la gloire et les avantages qui en devoient résulter.

Venise et Gênes étoient alors les seules puissances de l'Europe qui devoient au commerce leur état de prospérité. Cette concurrence alluma entre elles des rivalités, des jalousies et différentes guerres. Cependant Venise laissoit bien loin derrière elle sa foible rivale : elle s'étoit rendue maîtresse de tout le commerce de l'Inde, qui de tous temps fut une des premières sources de richesses ; il se faisoit alors par l'Egypte et par la Mer Rouge.

Il est probable qu'une émulation de ce genre ait pu engager Colomb à trouver un passage plus direct aux Indes orientales, et par ce moyen d'en assurer le commerce à sa patrie. Mais Gênes n'étoit pas destinée à jouir du fruit de ses recherches. C'est à elle qu'il fit ses premières propositions ; en cela il remplit le devoir d'un bon citoyen, mais elles furent rejetées.

Ce devoir rempli, il s'adressa à la cour de France, où il ne fut pas mieux accueilli. Alors il envoya son frère Barthélemy auprès de Henri VII, qui régnoit en Angleterre. Ce prince gouvernoit ses états plus en économe prudent qui se plaît à les conserver, qu'en roi qui cherche à les étendre : quelque grand que fût un projet, pour peu que le succès en fût douteux, il ne pouvoit plaire à un esprit aussi rétréci. Il n'est donc pas étonnant que Barthélemy n'ait trouvé aucune espèce d'encouragement pendant les sept années qu'il passa à la cour de ce prince.

Dans ce temps même, Christophe s'étoit personnellement adressé à la cour de Portugal, où ses offres furent rejetées : il y éprouva même des outrages, et y passa pour un visionnaire. Loin de l'abattre, ces mépris ne firent que l'encourager ; la colère et l'indignation ne servirent qu'à le rendre plus opiniâtre dans son projet.

Il vint en Castille offrir ses services à Ferdinand et à la reine Isabelle ; et là, pendant huit années de séjour, sa patience fut mise aux épreuves les plus rudes. Mais il y a une sorte d'enthousiasme dans tous ceux qui ont conçu de grands projets ; enthousiasme nécessaire à leurs succès, et qui les soutient contre les délais les plus fatigans, les insultes les plus choquantes, et les jugemens présomptueux de l'ignorance, souvent plus cruels encore que les outrages. Heureusement que la nature avoit doué Colomb de cet enthousiasme et de cette patience qui s'irritent par les obstacles. Mais sa patience, à la fin, étoit entièrement épuisée : il avoit déja pris congé d'Isabelle et de Ferdinand, pour aller retrouver son frère en Angleterre, quand tout-à-coup la reine de Castille le fit rappeler, subjuguée par les sollicitations et par les prières de Louis de Saint-Angelo son confesseur, qui même lui prêta de l'argent pour faciliter cette vaste entreprise à laquelle il venoit de la faire consentir.

CHAPITRE II.

Convention faite avec Colomb.

On commença par donner à Colomb le titre d'amiral sur l'Océan. Ensuite il fut arrêté qu'il jouiroit de tous les appointemens, prérogatives et priviléges attachés aux pavillons de Castille et de Léon dans les mers de ces deux royaumes. Il fut aussi convenu qu'il disposeroit de tous les emplois civils dans les îles et dans le continent qu'il découvriroit; — qu'il y nommeroit à tous les gouvernemens; — qu'il désigneroit en Espagne les juges à qui seroient confiées les affaires de l'Inde; — qu'indépendamment des droits et traitemens attachés aux titres d'amiral, de vice-roi, de gouverneur, il auroit en outre le dixième de tout ce qui seroit acheté, trouvé ou acquis dans les limites de son amirauté, après en avoir préalablement distrait tous les frais de la conquête. Outre ces avantages, il devoit aussi regarder comme sa propriété le huitième de tout ce que la flotte rapporteroit à son retour, sous la condition qu'il entre-roit pour un huitième dans la dépense de l'expédition.

Ces préliminaires arrêtés, sa commission et ses droits confirmés et revêtus de la signature et du grand sceau de leurs majestés, il se rendit à Palos, pour y équiper trois petits vaisseaux, la Santa-Maria, la Pinta et la Nina.

CHAPITRE III.

Première découverte de Colomb, une des îles de Bahama.

Cette flotille étant approvisionnée et montée par quatre-vingt dix hommes, Colomb mit à la voile le 3 août 1492, pour tenter l'entreprise la plus hardie qui eût jamais été conçue, et dont le sort intéressoit si grandement les deux mondes.

Il eut mille difficultés à soutenir dans ce voyage. La plus frappante fut la variation de la boussole, observée pour la première fois. A la vue de ce phénomène, il fut tenté de croire que les lois de la nature menaçoient de changer, et qu'il alloit être privé du seul guide qu'il avoit pour se diriger à travers l'immensité d'un océan inconnu. Les matelots, toujours mécontens, se mutinèrent, et le menacèrent de l'y jeter s'il ne se hâtoit de retourner. Mais cette commotion violente que la fermeté du chef n'avoit pu réprimer, céda tout-à-coup, quand, après un voyage de trente-trois jours on aperçut la terre.

Du vaisseau que montoit l'amiral, on vit, au troisième jour, un jonc vert, et nager à côté du vaisseau un de ces gros poissons qui habitent vers les rochers. L'équipage de la Pinta découvrit aussi une canne qui flottoit, et ramassa un bâton d'un travail curieux, avec une petite planche et une foule d'herbes que les flots avoient entraînés depuis peu de leurs rives maternelles. Dans le même temps, l'équipage de la Nina aperçut aussi une branche d'épine toute couverte de baies rouges.

Ces signes annonçant donc le voisinage de la terre, l'amiral rappela aux équipages, que le premier qui la découvriroit jouiroit des trente écus de pension promis par le gouvernement Espagnol; il s'engagea aussi d'y ajouter un beau manteau de velours.

Vers les dix heures du soir il se retira dans sa chambre. Bientôt il crut apercevoir une lumière sur le rivage; il appela Pierre Guttières qui, en la voyant, conjectura que c'étoit une chandelle ou une torche qui éclairoit un pêcheur ou un voyageur, parce qu'elle sembloit se mouvoir, disparoître et reparoître alternativement. Ceci les fit redoubler de vigilance et de précaution, sans interrompre toutefois leur course, jusque vers les deux heures du matin, que la Pinta qui cingloit au loin en avant donna le signal de terre. Ce fut un matelot, appelé Rodrigue de Triana, qui le premier l'aperçut à la distance de deux lieues. Cependant la pension fut donnée à l'amiral qui deux heures auparavant avoit aperçu la lumière. Alors les vaisseaux s'arrêtèrent, et l'on attendit le jour avec l'impatience la plus vive de bientôt repaître ses yeux d'un objet desiré depuis si long-temps et avec tant d'ardeur.

A peine l'aube parut qu'ils virent une île d'environ quinze lieues de longueur. Elle offroit à leurs regards une plaine couverte d'arbres, coupée par des ruisseaux délicieux, et traversée dans son milieu par un grand lac. Elle étoit habitée par une foule d'hommes qui coururent au rivage, étonnés de voir des vaisseaux qu'ils prenoient pour des créatures vivantes.

En même temps les Espagnols brûloient de connoître les particularités de cette découverte intéressante. L'ancre est jetée, l'amiral s'avance dans sa chaloupe bien armée; l'étendard royal se déploie; les deux autres capitaines suivent, chacun dans leurs chaloupes, avec les drapeaux particuliers à cette entreprise.

Dès qu'ils furent à terre, ils prirent possession de l'île, au nom de leurs majestés catholiques, avec les cérémonies usitées dans ces occasions. Ensuite Colomb fut reconnu pour amiral et pour vice-roi par ces mêmes Espagnols qui naguère le combloient d'outrages, et lui demandoient maintenant pardon, en jurant de lui obéir comme au représentant de leurs majestés.

Cette cérémonie européenne avoit pour témoins une foule d'Indiens, dont l'apparence étoit très-simple, tranquille et paisible. Colomb leur distribua des bonnets rouges, des chapelets à grains de verre, et autres petites choses de peu de valeur, qu'ils reçurent avec transport ; et quand il retourna à son vaisseau, quelques-uns le suivirent à la nage et d'autres dans des canots, avec des perroquets, des bagatelles, espérant les échanger contre des grains de collier, des clochettes et autres pièces de coton filé, des javelots et autres objets peu considérables. Il y en avoit peu d'entre eux qui parussent avoir plus de trente ans. Ils avaient la taille moyenne et bien prise, le teint olivâtre, les cheveux épais, noirs et lisses : ils les portoient courts ; quelques-uns les laissoient tomber jusqu'aux épaules, et se les attachoient autour de la tête, comme les tresses que portent les femmes ; en général, ils les avoient coupés au-dessus des oreilles. Ils avoient l'air ouvert et les traits réguliers ; mais leur front donnoit un air sauvage à leurs regards. Quelques-uns se peignoient le visage, d'autres le corps, en blanc, en noir et en rouge, d'autres ne se peignoient que le nez et les yeux.

Ils connoissoient si peu les armes d'Europe, qu'ils manioient un sabre nu par le tranchant, sans en soupçonner le danger. Leurs javelots étoient de bois, garnis d'une pointe d'os de poisson, au lieu de fer. Les Espagnols observant qu'ils avoient sur le corps des marques de blessures, leur demandèrent par signes d'où leur provenoient ces cicatrices. Ils répondirent, dans le même langage, qu'ils les recevoient, en se défendant contre les habitans des autres îles qui vouloient les réduire à l'esclavage. Ils paroissoient ingénieux, et avoient une volubilité de langue, telle qu'ils prononçoient très-distinctement les mots qu'ils avoient ouïs.

Le lendemain, ils reparurent en grand

nombre dans leurs canots. Ce sont des troncs d'arbres qu'ils creusent, et dont quelques-uns sont si petits qu'ils ne contiennent qu'une seule personne, d'autres peuvent en contenir jusqu'à quarante. C'est à l'aide de la rame qu'ils les dirigent, et ils sont si légers, que s'ils viennent à renverser, les rameurs sautent dans l'eau, les retournent et y reprennent leur place. Ils se servent de calebasses pour vuider l'eau qui y pénètre.

Ces Indiens se montroient si passionnés pour tout ce qui appartenoit aux Espagnols, que s'ils pouvoient surprendre quelques tessons de poterie, ils s'élançoient du pont dans la mer, et l'emportoient à la nage. Ils n'avoient rien qu'ils n'eussent échangé volontiers pour les objets de la plus petite valeur; ils donnoient jusqu'à vingt et vingt-cinq livres de coton bien filé, pour trois petites pièces d'une monnoye de cuivre qui ne valoit pas deux liards. Ce n'est pas qu'ils crussent à quelque valeur intrinsèque de ces pièces; c'étoient pour eux autant de souvenirs de ces hommes blancs, qu'ils regardoient comme descendus du ciel.

CHAPITRE IV.

De la première colonie.

Colomb découvrit bientôt, à la pauvreté de ces habitans, qu'il ne trouveroit pas vraisemblablement, dans leur voisinage, l'or qu'il étoit venu chercher de si loin. Cependant, en dirigeant sa course vers le midi, il découvrit une île appelée depuis Hispaniola. Toutes les choses nécessaires à la vie y étoient en abondance ; les habitans étoient hospitaliers et humains, et, ce qui lui parut d'un augure bien plus favorable pour l'accueil qui l'attendoit à son retour en Espagne, c'est une quantité considérable d'or, dont les naturels de cette île lui firent présent. En conséquence il se proposa de faire de cette île le centre de ses découvertes, il y laissa donc un petit nombre de ses compagnons, pour y être le noyau de la colonie qu'il vouloit y établir et il retourna en Espagne, dans l'intention d'en ramener les renforts nécessaires.

CHAPITRE V.

Accueil de Colomb en Espagne. Son second voyage.

La cour étoit à Barcelonne, lorsque Colomb arriva en Espagne. Il s'y rendit de Séville, au milieu des acclamations du peuple, accompagné de quelques Indiens, avec de l'or, des armes, des ustensiles, et des ornemens du pays qu'il avoit découvert. Cette entrée dans Barcelonne fut une espèce de triomphe, plus glorieux que celui des conquérans, plus extraordinaire et bien plus innocent.

Il avoit, dans ce voyage, acquis une connoissance générale de toutes les îles semées dans cette grande mer qui sépare le nord et le midi de l'Amérique. Mais il n'imaginoit pas qu'il y eût un océan entre lui et la Chine. Ainsi, les Indes Occidentales furent découvertes à l'occasion du passage que Colomb cherchoit pour pénétrer dans les Indes orientales, et après la découverte de ces îles, on crut qu'elles formoient une partie de l'hémisphère oriental.

La gloire que cette découverte faisoit

rejaillir sur Colomb, fit sur la cour d'Espagne l'impression la plus vive. Autant elle témoigna d'indifférence et de retards à cette expédition, autant elle témoigna d'empressement pour l'accélérer et la rendre complette : aussitôt on équipa une flotte de dix-sept vaisseaux ; on y embarqua tout ce qui étoit nécessaire pour assurer la conquête ou la découverte. Quinze cents hommes, dont plusieurs distingués par le rang et la fortune, se présentèrent pour accompagner Colomb, qui fut alors nommé gouverneur, et revêtu de l'autorité la plus étendue.

Il est impossible de déterminer ce qui mérite le plus notre attention dans ce grand homme, soit qu'il conçoive l'idée de ces découvertes, ou qu'il exécute avec tant de sagacité le plan qu'il a conçu. Au lieu d'errer de mer en mer et de passer d'une île à une autre, comme tant d'autres l'auroient fait à sa place, si on en juge par les motifs ordinaires qui font agir les hommes, Colomb ayant un si vaste champ devant lui, de toutes parts entraîné par des objets nouveaux qui auroient flatté son orgueil ou sa curiosité, s'arrête et préfère au plaisir de visiter tant de contrées inconnues, aux applaudissemens qui en eussent été la suite, l'avantage d'assurer à l'Espagne ses premières découvertes. C'est dans cette vue qu'il se rendit à Hispaniola, qu'il y établit une colonie et fit construire des forts dans les endroits les plus propres à tenir les naturels du pays dans la dépendance des conquérans.

Après y avoir employé un temps considérable et cherché à établir la colonie avec autant de zèle que d'assiduité, comme si ses vues s'étoient bornées à ce seul point, il chercha alors à s'assurer de l'importance de ses autres découvertes, et à examiner de quels avantages elles pourroient être. Il avoit déja touché à Cuba, qui lui avoit paru être riche et d'une grande importance ; mais il ignoroit encore si c'étoit une île ou une partie du continent : c'est ce dont il voulut s'assurer. En longeant les côtes méridionales, Colomb se vit embarrassé dans une multitude d'îles si nombreuses, que dans un jour il en compta jusqu'à cent soixante. Ces îles étoient bien habitées et fournies de toutes les choses nécessaires à la vie ; il les désigna sous le nom de *Jardins de la Reine*, en reconnoissance d'Isabelle sa bienfaitrice, qui étoit toujours présente à sa mémoire. La Jamaïque fut découverte dans le même voyage; mais Colomb fut exposé à tant de difficultés sur une mer inconnue, parmi des rochers, des écueils et des bancs de sable, qu'il retourna à Hispaniola sans avoir rien appris de plus certain sur Cuba, le principal objet de cette entreprise.

Les premiers succès de ce grand homme avoient changé la défiance publique en admiration; la suite des mêmes succès changea l'admiration en envie. Ses ennemis en Espagne remuèrent tout pour le perdre, et il ne leur fut pas difficile de trouver des prétextes plausibles d'accusation, dans l'exécution d'un plan aussi étendu et aussi compliqué. On envoya d'Espagne auprès de lui un officier, qui par son caractère étoit bien fait pour jouer le rôle d'un espion. Colomb sentit la nécessité de retourner en Europe, pour répondre aux objections et aux calomnies de ses ennemis.

CHAPITRE VI.

Découverte du continent de l'Amérique.

CE ne fut pas sans de grandes difficultés que Colomb fut en état de faire un troisième voyage, bien plus fameux encore que les deux précédens. Il fit voile au midi des îles Canaries jusqu'à la ligne équinoxiale; puis il dirigea entièrement vers l'ouest, pour découvrir s'il y auroit un passage vers l'Inde ou quelques îles nouvelles, et quel continent pourroit le récompenser de ses travaux. Dans cette navigation, il fut long-temps couvert d'un brouillard épais, et souffrit excessivement des chaleurs et des pluies, si communes entre les tropiques; enfin il rencontra un vent favorable qui le poussa pendant dix-sept jours vers l'ouest.

Alors un matelot découvrit la terre; c'étoit une île sur la côte de la Guyane, aujourd'hui appelée la Trinité. Après avoir dépassé cette île et deux autres qui sont à l'embouchure de l'Orénoque, l'amiral fut surpris d'un phénomène qu'il n'avoit pas eu occasion de voir auparavant. C'étoit le bruit épouvantable des vagues du fleuve, dont le courant immense et rapide étoit heurté par la marée montante

En naviguant plus loin, il reconnut qu'ils étoient en eau douce, présumant avec raison qu'aucune île ne pouvoit fournir à une rivière aussi vaste, il commença à soupçonner qu'il avoit découvert le continent. Il en fut convaincu lorsqu'il eut laissé la rivière et trouvé que la terre continuoit vers l'Ouest. Satisfait de cette découverte, il céda à l'empressement et à la détresse de son équipage, et porta vers Hispaniola.

Dans le cours de cette découverte, Colomb descendit en différens lieux où il eut la facilité de commercer avec les habitans ; il y trouva de l'or et des perles en assez grande abondance.

Enfin on découvrit des mines d'or si riches dans la Colonie, que les colons fouillèrent pour leur propre compte, payant au roi le tiers de ce qu'ils trouvoient ; et ce travail fut si heureux, qu'un homme quelquefois en ramassoit quarante onces en un jour. Une fois on en trouva une masse qui pesoit cent quatre-vingt-dix ducats.

CHAPITRE VII.

Accusation de Colomb, sa justification, sa mort.

Colomb s'occupoit sans relâche des soins d'appaiser les troubles d'Hispaniola, et d'assurer la propriété de cette île à leurs majestés catholiques. Il étoit loin de songer que pendant ce temps il s'élevoit une tempête terrible prête à fondre d'Espagne sur lui. Les mécontens y avoient fait passer, pendant la rébellion, mille sujets de plaintes. On le représentoit à la cour, comme un étranger insolent qui ignoroit les lois et les coutumes de la nation Espagnole; c'étoit un homme immodéré, incapable de soutenir la dignité du rang auquel on l'avoit élevé; d'une humeur oppressive et cruelle, et d'une avarice telle, qu'il retenoit les appointemens des serviteurs du gouvernement, et tout-à-la-fois d'une dissipation qui absorboit toutes les richesses de l'île. Ils attaquoient encore avec plus d'amertume son frère le lieutenant, et la virulence de leur censure n'épargnoit pas Diégo.

Les amis des mécontens firent circuler ces

invectives jusqu'à la cour, où elles furent accueillies et appuyées par ceux qui envioient la réputation et les succès de Colomb. Les clameurs s'élevèrent au point, que le roi et la reine ne pouvoient paroître dans les rues, qu'ils ne fussent environnés d'une foule d'hommes qui leur demandoient, même jusques dans le palais, justice contre cet étranger tyrannique, contre cet orgueilleux qui faisoit gémir tant de braves Castillans sous le joug de l'oppression, et qui n'avoit découvert une contrée misérable, que pour en faire la ruine et le tombeau de la noblesse espagnole.

On eut recours à d'autres moyens, pour entraîner dans ce parti les favoris de la cour. Ils joignirent leur influence aux importunités du peuple, et Ferdinand et Isabelle se virent forcés, d'envoyer un inspecteur général à Hispaniola, pour informer sur la conduite de l'amiral, et le renvoyer en Espagne, s'il le trouvoit coupable. Ce fut à la fin d'août, l'an 1500, que François de Bovadilla, chevalier de l'ordre de Calatrava, arriva à Saint-Domingue, revêtu de pleins pouvoirs, et de la qualité de commissaire. L'amiral étoit à la Conception, avec le choix de la colonie. Il y rétablissoit les affaires de cette province, où les mécontens avoient attaqué son frère.

Le nouvel inspecteur n'ayant trouvé personne à Saint-Domingue qui osât s'opposer à sa conduite, s'empara de la place de l'amiral, et s'appropria ses effets. Ensuite après avoir assemblé tous ceux qui étoient contraires aux Colomb, il se déclara gouverneur; et, pour attacher le peuple à ses intérêts, il proclama un pardon général, qui s'étendoit non-seulement sur le passé, mais à vingt ans dans l'avenir.

Il ne lui restoit plus qu'à s'assurer de la personne de l'amiral : il lui fît passer l'ordre de venir le joindre, et cet ordre fut appuyé de la lettre du roi, ainsi conçue :

« *A. D. Christophe Colomb*, notre amira*l*
« *de l'océan.*

« Nous avons ordonné au commandeur
« français de Bovadilla, porteur de la pré-
« sente de vous faire connoître notre volonté.
« En conséquence, nous desirons que vous
« lui accordiez pleine croyance et obéissance.
« Donné à Madrid, ce 21 mai 1499.
« Par le commandement de leurs altesses
« Mre. Perez de Alamazan.
     « Moi le roi.
     « Moi la reine. »

Dès que l'amiral eut reçu cette lettre, il partit sur-le-champ pour Saint-Domingue, afin de se rendre auprès de Bovadilla : et celui-ci, sans information légale, aussitôt le fit metre lui et son frère sur un vaisseau, où ils furent jetés dans les fers, sous une forte garde, avec défense de les laisser parler à qui que ce fût.

Ainsi, dans celui qui avoit découvert le continent de l'Amérique, assuré dans ses îles plusieurs établissemens à l'Espagne, dans cet homme accablé par l'ingratitude de cette cour et par les clameurs de ses ennemis, dans l'immortel Colomb, en un mot, on ne vit plus qu'un traître, reconduit en Europe dans les fers. Mais l'injustice et la perfidie n'ont pu lui ôter la gloire d'avoir rendu la moitié du monde connu à l'autre moitié; gloire d'autant plus précieuse, qu'elle ne fut souillée ni par le pillage, ni par la cruauté qui ont déshonoré les exploits de ceux qui vinrent après lui et qui accomplirent l'exécution de son plan.

Il ne lui fut pas difficile de se justifier pleinement devant une cour à qui il donnoit tant de royaumes et des espérances si brillantes. Cette cour chercha donc à réparer un outrage irréparable, en lui rendant une faveur qui lui avoit coûté si cher. Il entreprit encore un autre voyage, dans lequel il souffrit de grandes fatigues. De retour en Espagne, il mourut à Valladolid, en 1506, âgé de 59 ans.

Le roi fit conduire les restes de ce grand homme à Séville, où ils furent honorablement déposés dans la cathédrale. On y éleva un monument sur lequel on a gravé ces mots :

« *A Castilia, y a Leon,*
« *Nuevo mundo diò Colon.* »

« Colomb donna un nouveau monde aux royaumes « de Castille et de Leon. »

CHAPITRE VIII.

De Cabot et d'Améric-Vespuce.

Vers ce temps, l'esprit de découvertes se répandit au loin, et plusieurs aventuriers, dans toute l'Europe, voulurent acquérir la réputation de Colomb ; mais qu'ils étoient loin d'en avoir les talens !

Les Portugais découvrirent le Brésil; c'est encore aujourd'hui ce qu'ils possèdent de mieux; et plus d'une fois on a été tenté d'établir la capitale, la cour, et tous les établissemens politiques, dans cette riche colonie.

Cabot, natif de Bristol, découvrit les côtes d'Amérique au nord-est, dont une partie reconnoît encore la domination des Anglais.

Améric-Vespuce aussi, marchand de Florence, fit voile au sud de l'Amérique : il eut l'honneur de donner son nom à cette moitié du globe : l'adresse dépouilla le génie : mais aujourd'hui cette spoliation des honneurs dus à Colomb n'en impose plus à personne. Tout le monde sait que Colomb fut le premier qui découvrit ce continent.

CHAPITRE IX.

Cruautés barbares des Espagnols dans le nouvel hémisphère.

Les gouverneurs de Cuba et d'Hispaniola, qui succédèrent à Colomb, achetèrent par le sang des indigènes les avantages que ce grand homme en avoit obtenus par l'empire seul de la raison et de l'humanité.

Il y avoit des mines d'or dans ces îles : les Indiens seuls savoient où elles étoient situées. La persuasion et la douceur étoient des moyens trop lents pour l'avarice des Espagnols. Ils se persuadèrent donc que ces malheureux habitans vouloient leur cacher une partie de leurs trésors, et il n'y a point de violence, de cruauté, de barbarie qu'ils n'aient employées pour leur arracher des richesses qu'ils ne possédoient pas.

Le meurtre une fois commencé, la fureur ne connut plus de bornes : le carnage s'étendit au loin comme un incendie ; il parcourut toutes les parties de l'île. Hispaniola avoit trois millions d'habitans, et Cuba environ six cents mille. Tous disparurent en peu d'années, il n'y resta que leurs bourreaux.

Barthélemy de Las-Casas, témoin vertueux de cette dépopulation barbare, dit que les Espagnols chassoient avec leurs dogues ces malheureux Indiens. Presque nus et sans armes, fugitifs comme le daim timide, on les lançoit dans l'épaisseur des forêts. Ceux que les chiens n'avoient pas dévorés y périssoient à coups de fusil, quand on n'avoit pu les surprendre et les brûler dans leurs habitations (1).

CHAPITRE X.

Fernand Cortez : conquête du Mexique.

JUSQU'ALORS les Espagnols n'avoient fait que visiter le continent. Par ce qu'ils avoient vu de leurs yeux ou appris des Indiens mêmes, ils conjecturèrent que cette partie du nouveau monde donneroit lieu à une conquête beaucoup plus importante. Fernand Cortez fut envoyé de Cuba avec six cents hommes, dix-huit chevaux et un petit nombre de pièces de campagne. C'est avec des forces aussi foibles qu'il se proposa de subjuger l'état le plus puissant de l'Amérique ; en un mot, l'empire du Mexique, riche, puissant, habité par des millions d'Indiens,

---

(1) Toutes les Nations ont eu leurs crimes : les Anglais, qui se piquent d'être le peuple le plus philosophe de l'Europe, ont eux-mêmes, il y a quelques années, renouvelé ces actes de barbarie contre les nègres de la Jamaïque. Cette atrocité dénoncée au parlement est restée impunie.

aimant la guerre avec passion, et commandés par Montezuma, dont la réputation dans les armes avoit frappé de terreur toutes les nations voisines.

A dire le vrai, jamais l'histoire ne parut si dépouillée de vraisemblance, ni si romanesque que dans les détails de cette guerre. L'empire du Mexique subsistoit depuis plusieurs siècles. Ses habitans, a-t-on dit, n'étoient ni grossiers ni barbares : tout y annonçoit un peuple intelligent et poli. Ils savoient, comme les anciens Egyptiens dont on admire encore la sagesse en cette particularité, que l'année se forme de trois cents soixante et cinq jours. Leur supériorité dans l'art militaire étoit l'objet de l'admiration, comme il étoit celui de la terreur de tout ce continent. Leur gouvernement, fondé sur la base certaine des lois combinées avec la religion, sembloit défier les outrages du temps.

Mexico, capitale de l'empire, situé au milieu d'un lac spacieux, étoit le monument le plus noble de l'industrie Américaine. Cette ville communiquoit au continent par des chaussées immenses qui traversoient le lac. On y admiroit ses édifices, tous de pierre, ses places, ses marchés, les boutiques où resplendissoient l'or et l'argent, et ces palais somptueux de Montezuma, dont quelques-uns étoient soutenus par des colonnes de jaspe, et tous remplis de ce qu'il y avoit de plus rare, de plus curieux et de plus utile.

Mais toute cette grandeur ne put se soutenir contre les Espagnols. Cortez, dans sa marche, ne trouva qu'une foible résistance le long des côtes du Mexique. Les peuples furent consternés aussitôt que les troupes parurent. Ces coursiers belliqueux que montoient les officiers Espagnols, cette foudre artificielle qui partoit de leurs mains, ces châteaux aîlés qui avoient franchi l'océan; tous ces prodiges de l'industrie humaine qui sembloient annoncer des dieux, frappèrent ces peuples d'une terreur panique si grande, qu'ils furent vaincus avant d'être attaqués.

Par-tout où les Espagnols marchoient, ils n'épargnoient ni l'âge ni le sexe; rien ne leur étoit sacré. Fatigués d'une résistance inutile, trop heureux d'échapper au carnage, les habitans de Tlascala et ceux de quelques états sur les côtes, finirent par s'allier avec leurs meurtriers, pour attaquer de concert le corps même de l'empire.

Cortez avec ces renforts marcha sur México : il eut encore le bonheur de puiser de nouvelles ressources dans un volcan qui lui fournit le soufre et le salpêtre. Montezuma consterné apprenoit tous ces progrès sans oser s'y opposer. On dit, et les Espagnols s'en sont vantés, que cet empereur, lassé d'attendre la foudre qui le menaçoit, avoit cependant pris la résolution d'aller au devant d'elle, que pour cet effet, il avoit ordonné à trente de ses vasseaux d'armer chacun cent mille combattans ; que cependant il n'osa résister à une poignée d'Espagnols, soutenus de quelques Américains, dont le moindre revers auroit changé les dispositions. Telle étoit la différence entre les habitans des deux mondes ; la renommée des victoires Espagnoles étoient pour ce peuple l'éclair qui annonce la foudre qui va frapper.

Montezuma crut éloigner son ennemi, en lui envoyant un riche présent d'or. Il ne fit en cela qu'irriter son avarice, et accélérer sa marche. Rien ne s'oppose à son entrée dans la capitale. Un palais y est préparé pour lui et pour ses compagnons. Ils y sont déja traités comme s'ils étoient les maîtres du nouveau monde. Mais Cortez étoit loin de trop se confier aux honneurs d'une hospitalité dangereuse. Il se doutoit bien qu'on vouloit couvrir, sous ce voile de politesse et de manières affectueuses, sa perte qu'on méditoit; mais il n'avoit aucun prétexte, pour recourir à la violence. Montezuma le combloit de bontés, et le chargeoit d'une profusion d'or plus grande qu'il n'en demandoit. La terreur environnoit le palais de Cortez, et repoussoit tous les traits qu'on auroit voulu lui porter. Son artillerie formidable lui donnoit, aux yeux des Américains, l'air d'un dieu qui préside au tonnerre, et lance la mort par-tout où il veut.

Cortez enfin trouva, dans la circonstance qui suit, le prétexte tant desiré de commencer les hostilités. Pour assurer sa communication par mer, et en recevoir les renforts qui lui seroient nécessaires, il avoit élevé un fort et laissé une petite garnison à Vera-Crux, qui depuis est devenue un lien de commerce entre l'Europe et l'Amérique. Il apprit que les Indiens du voisinage avoient profité de son absence, pour attaquer cette garnison; qu'un Espagnol avoit succombé dans l'action, que Montezuma n'avoit pas été étranger à cette violence; et qu'il avoit donné des ordres pour promener dans les différentes provinces de son empire la tête de cet Espagnol, afin de les détromper de l'opinion dans laquelle on y étoit, *que les Européens étoient immortels.*

Aussitôt que Cortez eut reçu cette information, il se rendit chez l'empereur avec quelques-uns de ses officiers les plus expérimentés. Montezuma chercha à prouver son innocence. Cortez parut très-empressé d'y croire, lui disant toutefois que les Espagnols n'en seroient jamais convaincus, s'il refusoit de venir avec lui jusque dans le palais où il demeuroit; qu'il n'y avoit pas d'autre moyen d'éloigner toute jalousie entre les deux nations.

Le succès de cette entrevue fut encore une preuve de la supériorité des Européens sur l'esprit et l'adresse des Américains. On vit un monarque recevoir des fers, dans son propre palais, des mains d'un Européen qui lui parloit à genoux. Il l'enleva du milieu de ses gardes, et le conduisit, à la vue de son peuple, prisonnier d'une poignée d'étrangers.

Cortez ne vit plus dans le chef de tant de nations, qu'un instrument sacré dont il se serviroit pour les subjuguer. Les Américains avoient pour leur empereur le plus profond respect, ou plutôt une vénération superstitieuse. Cortez, en le retenant en son pouvoir, et lui laissant toutes les marques de la royauté, à sa liberté près; d'ailleurs lui-même, étant d'un esprit assez souple et assez adroit pour le flatter dans ses goûts et dans ses passions, en gouvernant ce prince, gouvernoit aisément l'empire du Mexique. Les Mexicains devenus plus familiers avec leurs vainqueurs, commençoient-ils à les moins respecter? Montezuma, par son exemple, leur apprenoit à rentrer dans le devoir. L'avarice, ou la cruauté des Espagnols donnoit-elle lieu à un soulèvement? Montezuma montoit aux créneaux de sa prison, et par ses paroles, il ramenoit les Mexicains à l'ordre et à la soumission.

Cette comédie cruelle dura long-temps. Mais dans une de ces circonstances où Montezuma, obligé d'avilir son caractère, se montroit à ses sujets pour justifier auprès d'eux les ennemis de sa patrie, un d'eux lui jeta une pierre à la tête, dont il mourut quelques jours après.

Les Mexicains alors, délivrés d'un mannequin qui lioit les destinées de l'empire aux projets des Espagnols, élurent le fameux Guatimosin, qui dès le commencement avoit manifesté une haine implacable contre le nom Espagnol.

Les malheureux Mexicains, sous sa conduite, se précipitèrent contre ces mêmes hommes qu'ils avoient pris pour des Dieux. Mais il n'étoit pas facile de les chasser d'une ville où ils s'étoient fortifiés. Les grands du pays avoient consenti à payer à la couronne d'Espagne un tribut de six cent quatre-vingt-dix-neuf mille marcs d'or pur, outre une quantité prodigieuse de pierres précieuses. Cortez en avoit distribué le cinquième à sa troupe ; et poussés par leur avarice, autant que par leur courage, ces Espagnols eussent préféré de périr, plutôt que de se séparer d'une si riche proie.

Cependant les Mexicains firent de grands efforts pour recouvrer leur indépendance. Il fallut que toute leur valeur et leur désespoir cédassent à ce qu'ils appeloient le *tonnerre Espagnol*. Guatimosin et l'impératrice furent faits prisonniers. C'est ce même prince qui jeta tous ses trésors dans le lac, afin d'en priver les Espagnols, et de faciliter sa fuite. Un des receveurs pour le roi d'Espagne employoit contre lui les tortures les plus violentes, pour savoir en quelle partie du lac il avoit jeté ses richesses. Etendu sur des charbons ardens, il opposoit aux tourmens et à l'avarice de ses bourreaux un silence opiniâtre, quand le grand-prêtre, condamné au même supplice, et vaincu par la douleur, témoigna par les cris qu'elle lui arrachoit, qu'il alloit trahir le secret de son empereur : « Eh ! croyez-vous, lui dit ce prince, que je sois sur un lit de roses ? » Le grand-prêtre resta dans le silence, et mourut dans cet acte d'obéissance à son souverain.

La prise de Guatimose rendit Cortez maître de tout le Mexique. La Castille d'or, le Darien et d'autres provinces tombèrent également aux mains des Espagnols.

CHAPITRE XI.

De François Pizarre, et de la conquête du Pérou.

PENDANT que Cortez et ses soldats étoient à réduire le Mexique, ils apprirent qu'il y avoit au-delà du tropique et de la ligne, un autre grand empire, plus riche en or, en argent et en pierres précieuses, et que ce pays étoit gouverné par un prince plus magnifique encore que Montezuma.

C'étoit l'empire du Pérou, qui avoit près de trente degrés de longueur, la seule autre contrée qui méritât, en Amérique, le nom de royaume civilisé. Soit que le gouvernement Espagnol n'ait eu aucuns renseignemens certains sur le Pérou, ou qu'engagé dans une foule d'autres intérêts il n'ait point voulu se charger d'autres entreprises, il est certain que ce pays, plus important même que le Mexique, fut subjugué par les efforts de trois particuliers, qui entreprirent l'expédition à leurs frais. Voici les noms de ces trois personnes, ou plutôt de cette trinité infernale; François Pizarre, Almagro et le prêtre Lucques, homme d'une fortune considérable. Les deux premiers étoient nés à Panama, hommes d'une naissance douteuse et d'une éducation basse.

Pizarre, l'ame de cette entreprise, ne savoit ni lire ni écrire. Ils s'embarquèrent pour l'Espagne, où ils obtinrent sans peine la concession de tout ce qu'ils pourroient conquérir.

Pizarre partit donc pour la conquête du

Pérou avec deux cent cinquante hommes, soixante chevaux et douze petites pièces de canon, traînées par des esclaves des pays conquis.

Les Péruviens avoient naturellement les mêmes préjugés que les Mexicains, en faveur de la nation Espagnole; en outre, ils étoient moins belliqueux et d'un caractère plus doux : il n'est donc pas étonnant que Pizarre ait soumis le Pérou avec plus de facilité encore que le Mexique ne l'avoit été par Cortez. Ce dernier montra au moins quelquefois du génie dans son entreprise, une grande connoissance du cœur humain et un caractère élevé. Le premier avoit pour tout moyen une audace intrépide, une constance à toute épreuve dans les travaux, qui prenoient leur source et leur activité dans une soif insatiable de l'or.

CHAPITRE XII.

De Ferdinand Magellan.

Dans l'année 1513, Vasco Nunez de Bilboa vit des montagnes de Paneas, dans la province de Panama, la grande mer du sud; et dès-lors Ferdinand Magellan, officier Portugais, conçut le dessein hardi de tourner le globe, en cherchant un passage pour entrer dans cette mer.

Il commença à considérer la terre, comme étant divisée en deux continens environnés de leurs mers respectives : et comme les navigateurs Portugais avoient trouvé qu'en doublant le Cap de Bonne-Espérance, on avoit pu visiter l'ancien continent des deux côtés, il ne douta point qu'il n'existât un autre Cap, d'où il seroit facile de tourner également, et de visiter le nouveau continent par ses deux côtés.

Peut-être l'idée d'un détroit qui les conduiroit à la mer du sud, ne se présenta à son esprit, qu'à l'occasion du cap Vierge, d'où il présuma que ce pouvoit être l'entrée d'un détroit. Sa première pensée avoit été de côtoyer vers le midi, où la terre va en se rétrécissant, et de continuer, dans l'espérance de trouver une pointe qui servît de limite au nouveau continent. Mais il ne savoit et ne pouvoit savoir à quelle hauteur il rencontreroit cette pointe.

Il avoit intention de s'ouvrir une route aux Moluques, moins longue que celle du cap de Bonne-Espérance. Il communiqua ses vues aux ministres de sa cour; mais craignant que par le moyen de ce passage les Espagnols ne revendicassent les Moluques, comme étant dans leur ligne de démarcation, ils ne firent aucune attention à son projet.

Il n'y a rien qui soit capable de rebuter un esprit plein d'un objet de cette importance. L'accueil froid de ces ministres le détermina à tenter sa fortune ailleurs. En conséquence il se rendit en Espagne, où, après s'être fait connoître au premier ministre, il entreprit de prouver que les Moluques et les autres îles opulentes de l'Inde, étoient comprises dans la ligne qui se dirige vers l'ouest, plutôt que dans celle qui se dirige vers l'est (1); et pour le prouver, il s'engagea à trouver le passage qui devoit y conduire.

L'assertion de Magellan fut soumise à l'examen des astronomes et des géographes les plus habiles d'Espagne; et lorsqu'elle fut

---

(1) Pour entendre ce qui a rapport à cette ligne de démarcation entre l'est et l'ouest, il faut se rappeler que, dans le temps des découvertes, les papes confirmoient aux puissances la possession des pays qu'elles découvriroient. Ainsi, ils donnèrent aux Portugais tous les pays vers l'est, et ceux vers l'ouest aux Espagnols.

appuyée de leur approbation, l'empereur Charles-Quint, prince d'un génie entreprenant, qui alors régnoit dans ce royaume, lui donna audience dans la chambre du conseil à Sarragosse ; et après lui avoir conféré l'ordre de Saint Jacques, il l'honora du titre de son général.

Cet encouragement et ces honneurs ne pouvoient manquer d'alarmer la cour de Portugal. Mais Alvaro d'Acasto, ambassadeur de cette cour, tenta vainement de s'opposer à l'exécution de ce projet. Les préparatifs du voyage se firent avec une diligence extraordinaire : on équipa cinq vaisseaux, qui furent bientôt en état de faire voile.

Le 10 août 1519, cette petite flotte laissa Cadix, et dirigea pour Ténériffe, d'où elle partit le 2 de septembre : le 13 décembre elle étoit à Rio-Janeiro, sur la côte du Brésil, où elle resta jusqu'au 27. Après y avoir pris tous les rafraîchissemens nécessaires, à un prix très-modéré, elle leva l'ancre et poursuivit sa route.

Elle longea les côtes du midi, exposée au danger imminent de faire naufrage, jusqu'à ce qu'elle arrivât à un promontoire qui fut nommé le Cap-Vierge. Ce cap ouvroit un passage que Magellan jugea favorable à son dessein. Il jeta l'ancre à l'entrée, et envoya deux vaisseaux pour en examiner le cours. Ces vaisseaux revinrent au cinquième jour, et l'un affirma que c'étoit un détroit, parce que le flux y étoit plus fort que le reflux. L'autre rapporta qu'il n'avoit observé que des brisans et de petites sinuosités.

D'après ces différens rapports, Magellan résolut de s'avancer pour avoir des informations plus précises. En conséquence il leva l'ancre et vint la jeter dans une baie commode, où il envoya d'abord son esquif avec dix hommes, pour reconnoître le rivage, et chargea ensuite le Saint-Antoine d'examiner ces sinuosités jusqu'à une certaine distance. Les matelots, à leur retour du rivage, dirent qu'ils avoient trouvé un cimetière avec plus de deux cents tombeaux ; qu'ils avoient vu le squelette d'une baleine dans une crique sur la rive ; mais qu'ils n'avoient découvert ni maisons ni habitans.

Le compte que rendit le capitaine du Saint-Antoine donna des espérances plus flatteuses. Il dit qu'il avoit pénétré à plus de cinquante lieues; que le cours étoit de l'est à l'ouest, et qu'il ne doutoit nullement que ce ne fût le passage tant desiré. Cette nouvelle fut reçue avec de grandes acclamations. On tint un conseil, où furent appelés les principaux officiers et les pilotes. On y discuta vivement si, dans l'état où les vaisseaux étoient, on ne feroit pas mieux de retourner en Espagne, puisqu'on avoit satisfait au but principal du voyage, ou si l'on iroit plus loin, afin de remplir la promesse faite par le général de se rendre par l'ouest aux îles Moluques. Le pilote du Saint-Antoine, homme habile et d'un jugement saint, insistoit pour le retour et sur la nécessité de ramener une autre flotte pour achever la découverte, alléguant qu'ils avoient encore devant eux une grande mer inconnue à passer, et que si les tempêtes ou les calmes venoient à retarder le passage, toute la flotte périroit inévitablement.

Son opinion fut appuyée par tout le conseil, à l'exception de Magellan, qui déclara que, dût-il être réduit à la nécessité de manger les cuirs qui couvroient les vergues, il persévéreroit dans son entreprise.

Le 28 décembre, Magellan entra dans la grande mer du sud. Les vaisseaux qui l'accompagnoient firent voile sur ce vaste océan pendant trois mois et vingt jours, sans voir aucune terre que deux îles désertes, où ils ne purent se procurer aucune espèce de rafraîchissement.

Enfin, après avoir essuyé toutes les misères dont la nature humaine est susceptible, la faim, la soif et les maladies, ils arrivèrent aux îles Larrons, où ils débarquèrent.

Ils visitèrent aussi différentes autres îles où ils furent bien reçus ; mais à l'île Mathan ils furent attaqués par une armée d'Indiens, et dans l'action, le général lui-même fut atteint d'une flèche empoisonnée, et percé d'une lance à la tête. Ainsi finirent la vie et les actions de ce brave commandant, dont le nom ira avec honneur à la postérité la plus reculée. Le détroit qui lui ouvrit la mer du sud porte encore aujourd'hui le nom de Magellan.

Après sa mort, la trahison s'étendit aussi sur nombre de ses compagnons de voyage. Un roi qui se disoit ami, en fit massacrer une compagnie, dans un repas où il les avoit invités. Dom Juan Serrano, de tous ceux qui étoient descendus à terre, fut le seul épargné, dans l'espérance qu'il seroit échangé contre des armes à feu et des munitions. Mais ceux qui étoient restés à bord, craignant quelque surprise, ne voulurent plus communiquer avec ces perfides infidèles, de manière que le pauvre Serrano fut délaissé à leur merci.

Il n'étoit resté que quatre-vingts hommes à bord des vaisseaux : ils reprirent leur course vers les Moluques, et ils arrivèrent à Terridore, l'une des principales de ces îles, le 18 novembre 1521.

Ils y furent bien reçus, et ils s'y arrêtèrent jusqu'au milieu de janvier 1522.

Il n'y eut qu'un seul vaisseau de toute l'escadre qui put retourner en Espagne : et de deux cent trente-quatre officiers et matelots qui s'étoient embarqués pour cette expédition, il n'y eut de tout l'équipage que treize Espagnols qui revirent leur patrie.

Jean-Sébastien Cano, leur chef, fut reçu avec des marques d'une faveur extraordinaire de l'empereur, qui lui donna pour armes le globe terrestre, avec cette devise : *Primus me circumdedisti*, et le combla en outre de ses bontés.

CHAPITRE XIII.

De François Drake, le premier Anglais qui ait fait un voyage autour du monde.

François Drake sortit du port de Plymouth, avec cinq vaisseaux sous ses ordres, et entra dans la mer du sud, le 6 septembre 1574. Le lendemain, une tempête les ayant chassés vers le midi, ils furent obligés de jeter l'ancre parmi quelques îles, où ils trouvèrent de l'eau douce et d'excellentes herbes.

Dirigeant aussi sur la côte de Chili, ils jetèrent l'ancre à l'île de Mocha, où l'amiral descendant avec dix hommes fut rencontré par quelques habitans qui eurent pour lui beaucoup d'égards.

La cruauté des Espagnols avoit relégué ce peuple jusques dans ces îles, obligés d'abandonner leurs habitations, pour conserver leur vie et leur liberté.

Il arriva donc le lendemain, que Drake ayant envoyé deux de ses hommes, pour prendre de l'eau, les habitans crurent que c'étoient des Espagnols, et comme ils avoient juré de n'en épargner aucun, ils les massacrèrent à l'instant.

Comme l'amiral poursuivoit sa route, il rencontra un Indien dans un canot; et croyant que c'étoient des Espagnols, cet Indien lui dit qu'il y avoit à Valparaiso un grand vaisseau chargé pour le Pérou. Drake l'ayant récompensé pour en avoir reçu cet avis, l'Indien consentit à le conduire jusqu'au lieu où le vaisseau étoit à l'ancre.

Il n'y avoit que huit Espagnols et trois nègres à bord de ce vaisseau. Prenant les Anglais pour des amis, ils firent aussi-tôt battre le tambour, pour leur faire honneur, et les invitèrent à venir boire avec eux du vin de Chili. Les Anglais répondirent à cette invitation, en les chassant jusques dans les écoutilles, et s'emparèrent du vaisseau. Un d'entre eux cependant leur échappa, sauta dans la mer, et nagea jusqu'à Valparaiso où il répandit l'alarme parmi les habitans, qui abandonnèrent aussitôt leur ville.

L'amiral s'étant assuré de sa nouvelle prise, dans laquelle il trouva la valeur de trente mille pistoles d'Espagne, en or pur de Baldivia, se servit de la chaloupe de ce vaisseau et de la sienne, pour aller piller la ville et la chapelle, où il trouva un calice d'argent et deux burettes, dont il fit présent à son chapelain. Il envoya aussi à son bord une provision considérable de vin de Chili; puis, mettant tous ses prisonniers à terre, il dirigea vers Lima, capitale du Pérou.

CHAPITRE XIV.

Prise de trois vaisseaux Espagnols richement chargés. Pillage de Guatulio. Prise de possession de la Californie.

ENTRÉS dans le port de Lima, ils y trouvèrent à l'ancre une flotte de douze vaisseaux, qui n'étoient gardés que par un petit nombre de personnes, parce que les officiers et les matelots étoient presque tous descendus à terre. Il y avoit dans la cargaison de ces vaisseaux une caisse remplie de pièces d'argent, que Drake fit porter sur son bord, avec une riche provision de soieries et de toiles.

Apprenant ensuite que le *Cacafuego*, richement chargé, étoit depuis peu de jours sorti du port pour se rendre à Paita, l'amiral se mit à sa poursuite.

A son arrivée à Paita, on lui dit qu'il venoit de faire voile pour Panama. Mais il en rencontra un autre qui, en quelque sorte, le dédommagea du premier. Il y trouva quatre-vingts livres pesant d'or fin, un grand crucifix d'or, enrichi d'émeraudes, et des cordages utiles.

L'amiral se remit à la poursuite du Cacafuego, et promit à celui qui l'apercevroit le premier, la chaîne d'or qu'il portoit à son cou. Ce fut le partage de Jean Drake qui le découvrit sur les trois heures de l'après-midi. A six heures, ce vaisseau fut abordé, attaqué et pris, après trois décharges qui lui emportèrent son mât de misaine.

Sa cargaison ne démentoit point le récit qui en avoit été fait. Il y avoit treize caisses de pièces d'argent, quatre-vingt-huit livres pesant d'or, vingt-six tonnes d'argent en barre, et une grande quantité de bijoux.

On s'empara donc de cette précieuse proie, puis on laissa au vaisseau la liberté de se rendre à Panama, après avoir donné au capitaine et à l'équipage des toiles et autres objets nécessaires.

En continuant sa course à l'ouest, l'amiral

tomba sur un vaisseau chargé de porcelaines, de soieries, d'entoilages de la Chine. Il en retira ce qu'il y avoit de plus précieux, et sur-tout un faucon d'or massif, qui avoit sur la poitrine une émeraude superbe, après quoi il laissa aller le vaisseau et son équipage, à l'exception du pilote qu'il retint pour son vaisseau.

Sur les informations du pilote, qu'il n'y avoit que dix-sept Espagnols dans la ville de Guatulio, on fit voile pour le port de cette ville. L'amiral y descendit avec une partie de ses hommes; il apprend, en entrant dans la ville, que le conseil étoit rassemblé; il se rend dans la salle d'audience, où le juge alloit prononcer une sentence de mort contre un nombre de malheureux nègres accusés d'avoir voulu mettre le feu à la ville. Aussitôt la scène change : l'amiral, sans respect, sans égard pour le tribunal, juges, témoins et prisonniers, il fait tout conduire à son bord, et de là il ordonne au chef de la justice d'écrire aux habitans qu'ils aient à se retirer de la ville, afin que les Anglais puissent s'approvisionner d'eau sans y être inquiétés. Ceci fait, la ville est mise au pillage; mais on n'y trouva qu'un boisseau de pièces d'argent.

Après avoir mis à terre ses prisonniers espagnols, et un vieux pilote portugais qu'il avoit amené des îles du Cap-Vert, l'amiral fit voile pour l'île de Canno, près de laquelle il jeta l'ancre, le 16 mars, dans une rivière d'eau douce. Le besoin de s'en approvisionner y amena un vaisseau Espagnol chargé pour les îles Philippines. On prit une partie de sa cargaison, après quoi on lui permit de continuer son voyage.

Après toutes ces prises, l'amiral, croyant qu'il avoit assez vengé ses outrages personnels et ceux de sa patrie, commença à délibérer sur la route qu'il devoit prendre pour y retourner avec moins de dangers. En prenant par le détroit de Magellan, le seul passage qui eût encore été découvert, il réfléchit qu'il alloit se jeter entre les mains des Espagnols qui l'y attendoient probablement avec des forces bien supérieures aux siennes; il n'avoit plus alors qu'un seul vaisseau, et ce vaisseau étoit loin de répondre, pour la force, aux richesses précieuses dont il étoit chargé.

Ainsi, tout bien considéré, il s'arrêta au

projet de pénétrer jusques dans les mers de l'Inde, en dirigeant vers l'ouest, d'où il se rendroit en Angleterre, en doublant le Cap de Bonne-Espérance, ainsi que faisoient alors les vaisseaux portugais. Cependant, après un examen plus réfléchi, il crut devoir porter plus au nord dans l'espérance d'y trouver un bon vent qui, en effet, lui fit faire plus de six cents lieues, jusqu'à ce qu'il parvînt au quarante-troisième degré de latitude septentrionale, où il trouva l'air excessivement froid. En se portant plus au nord, le froid lui parut plus insupportable; ensorte qu'il retourna vers le sud jusqu'à ce qu'il eût regagné le trente-huitième degré de latitude septentrionale. Là, il trouva une baie très-commode, dans laquelle un vent favorable le fit entrer.

Les montagnes blanches qui se découvrent au loin dans la mer l'engagèrent à donner à cette contrée le nom de nouvelle Albion, en honneur de sa patrie, dont aussi les montagnes blanchissent aux yeux des navigateurs. Mais à ce nom succéda dans la suite celui de Californie.

Il y avoit sur la côte plusieurs huttes artistement construites pour préserver de la rigueur du froid. Dans le milieu de chacune d'elles étoit un grand feu, et les habitans, couchés sur des joncs, se chauffoient à l'entour, n'ayant rien entre leur corps et la terre que ces lits de joncs.

Les Espagnols n'avoient jamais fréquenté ces côtes ; et il est certain que l'honneur de la découverte en est dû à l'amiral Drake. En conséquence, à son départ il éleva un poteau, où il fit attacher une grande plaque sur laquelle on grava le nom, le portrait, les armes d'Elisabeth, son droit de possession à cette contrée, l'an et jour où l'amiral étoit arrivé sur la côte de la nouvelle Albion, avec le nom de l'amiral.

CHAPITRE XV.

Drake visite différentes îles, double le cap de Bonne-Espérance. Son retour à Plymouth.

Après s'être pourvu d'eau en suffisance et d'autres provisions, l'amiral laissa la Californie, visita plusieurs îles, souffrit beaucoup des vents et des bas-fonds, et arriva à l'île

Baratene. Là, se présentèrent des provisions de toute espèce, et en grande abondance, d'excellentes épiceries, la muscade, le poivre long, le gingembre, le citron, l'orange, le cacao, le plantain, le concombre et particulièrement un fruit de la grandeur de celui du laurier, dur, mais d'un goût fort agréable; et quand il est bouilli, tendre et facile à digérer. Cette île produit aussi de l'or, de l'argent, du cuivre et du soufre. L'humanité et la probité des habitans la rendent encore plus agréable. Honnêtes avec les étrangers, ils mettent dans leur commerce une fidélité dont les chrétiens devroient rougir.

Laissant Baratene, on fit voile pour la grande Java, où l'amiral fut honorablement accueilli. Cette île étoit gouvernée par cinq rois qui vivoient dans une parfaite intelligence. Quatre d'entre eux se rendirent à son bord, et plus d'une fois il y reçut la visite de deux ou trois de ces rois en même temps.

Les Javanais sont robustes et belliqueux; toujours armés du cimeterre, du bouclier, du poignard qu'ils manient fort adroitement. Leur tête est environnée d'un turban; ils portent une ceinture de soie qui descend jusqu'à terre. Ils sont très-sociables entre eux;

car dans chaque village il y a une maison publique, dans laquelle ils se rassemblent et portent leurs provisions pour s'y réjouir et se donner un grand repas.

Le 26 mars l'amiral partit pour le cap de Bonne-Espérance, qui fut doublé le 26 juin. Il eut peu d'obstacles à surmonter dans cette partie de son voyage. Il en conclut que les Portugais en avoient imposé, quand, dans des relations exagérées, ils avoient représenté le cap toujours environné de tempêtes et de naufrages.

Le 22 juillet l'amiral étoit arrivé à Sierra-Leona où il vit plusieurs éléphans, et des arbres dont les sommets, descendant jusque sur la surface de la mer, étoient couverts d'huîtres : ressource aussi agréable qu'utile pour l'équipage, ainsi que les citrons, après les fatigues d'un si long voyage.

Après s'y être arrêté deux jours pour y prendre des rafraîchissemens, on leva l'ancre, et le 26 on étoit à la hauteur des îles Canaries ; comme le vaisseau avoit des provisions suffisantes, il continua de faire voile jusqu'au lundi 26 novembre 1580, qu'il entra dans le port de Plymouth.

Jamais Anglais auparavant n'avoit reçu

autant d'applaudissemens que l'amiral Drake. En effet, ce voyage donnoit à l'Angleterre la gloire d'avoir produit un des premiers marins qui eussent fait le tour du monde ; et par sa valeur il avoit fait craindre le nom Anglais, pendant que par son humanité il le faisoit aimer et respecter.

La reine Elisabeht fut si charmée de toute sa conduite, que l'année suivante elle se rendit, le 4 avril à Deptford, pour voir ce vaisseau et l'homme qui avoit parcouru tant de mers. L'amiral lui donna une superbe fête sur son bord, où cette reine lui conféra la dignité de chevalier.

On conserva pendant bien des années ce vaisseau à Deptford, comme un monument de gloire et de curiosité; et quand il fut entièrement délabré, on fit de ses débris une chaire qui fut donnée à l'université d'Oxford, où elle est encore.

CHAPITRE XVI.

De sir Walter Raleigh.

Ce brave aventurier, également admiré pour ses talens et pour son intrépidité, naquit à Budley dans le Devonshire, en 1552. Il servit avec gloire dans l'armée de Coligny en France et contre les rebelles en Irlande. Mais entraîné par le desir de faire des découvertes, il s'embarqua pour l'Amérique, où il établit une colonie appelée *Virginie*. Mais cette plantation fut ensuite abandonnée, parce que les profits en parurent trop éloignés aux colons. Sir Walter songea à établir, dans une autre partie de l'Amérique, une seconde colonie qui ne fût pas exposée aux inconvéniens de la première, bien persuadé que les Anglais jouiroient des productions les plus riches de cette contrée, pourvu seulement qu'ils eussent assez de courage et de conduite pour en faire le transport.

En conséquence il mit tous ses soins à bien connoître la Guyane. Il feuilleta les livres et les papiers qui avoient parlé de cette partie de l'Amérique ; il consulta toutes les personnes dont il pouvoit recevoir des éclaircissemens. Mais c'est particulièrement de son propre fonds, de sa grande expérience et de ses connoissances profondes, qu'il tira les plus grands secours.

Cependant, comme dans une affaire de cette importance il ne faut rien négliger, il eut encore la précaution d'envoyer le capitaine Whiddon pour reconnoître la côte du pays, et le mettre plus en état de prendre les mesures convenables.

Ce capitaine remplit sa mission avec beaucoup d'intelligence, quoiqu'il eût à lutter contre la violence, et plus encore contre la perfidie des Espagnols qui faisoient tous leurs efforts pour s'approprier cette précieuse contrée.

Lorsque Walter eût bien mûri son projet, il équipa cinq vaisseaux. Le 6 février 1595, il sortit de Plymouth, avec une seule barque et le vaisseau qu'il montoit. Il arriva le 22 mars à l'île de la Trinité, où il passa un temps considérable, pour en examiner avec le plus grand soin les ports et les hâvres.

Après avoir pris la ville de Saint-Joseph, et rendu la liberté à cinq caciques indiens, il entra dans la grande rivière d'Orenoque, et se procura des connoissances certaines sur les nations qui en habitoient les rives. Ensuite il dirigea sa course le long de la montagne d'Aio et une grande île, et le cinquième jour de son entrée dans cette rivière, il jetta l'ancre à Morequito, dans la province d'Aromaia, à trois cent milles de la mer.

Aussitôt il envoya un message au roi d'Aromaia, qui vint le lendemain à pied, et s'en retourna le même soir, quoiqu'il fût âgé de cent dix ans, et que la distance fût de vingt-huit milles.

Ce vieux monarque étoit accompagné de beaucoup de personnes des deux sexes, qui apportoient en abondance, de la viande, du poisson, et des fruits de plusieurs espèces Le vieux roi s'étant rafraîchi sous une tente que sir Walter lui avoit fait dresser, ils s'entretinrent par le moyen d'un interprète, sur les cruautés des Espagnols et sur le meurtre de Moréquito, son prédécesseur. Sir Walter lui fit part du dessein qui l'avoit amené dans son pays, celui sur-tout d'humilier les Espagnols à la Guyane. La reine Elisabeth, dont il vanta les vertus, lui en avoit donné l'ordre, parce que sa plus grande ambition, observa-t-il, étoit de soulager les nations dans leurs malheurs.

Le vieillard l'écouta avec beaucoup d'attention; et comme il répondoit d'une manière claire et sensible à toutes les demandes qui lui étoient faites sur la force, la politique, les alliances et le gouvernement de la Guyane, et quel chemin étoit le plus propre à pénétrer dans l'intérieur du pays, sir Walter ne put s'empêcher de témoigner sa surprise de voir tant de jugement et de bon sens dans une personne qui n'avoit reçu aucun des avantages de l'éducation.

CHAPITRE XVII.

Cataractes du fleuve Caroli.

Après le départ du roi, sir Walter fit voile du côté du fleuve Caroli, c'étoit le chemin pour pénétrer chez les nations les plus puissantes de toutes les frontières. Elles étoient ennemies de l'Inia, autrement dit, l'empereur de Guiane et de Manoa.

Long-temps avant d'y arriver, il entendit le bruit occasionné par les cascades de ce fleuve. Mais dès qu'il entra, dans l'intention de le remonter l'espace de quarante milles, jusqu'aux Casiagotes, le courant lui parut si rapide, que pendant une heure sa chaloupe ne put le remonter aussi loin que le jet d'une pierre, quoiqu'il y employât huit rameurs. Il prit donc le parti de camper sur les rives, et il dépêcha un Indien aux caciques de Canuri, qui demeuroient dans cette province, pour les informer de son arrivée. Il sut de ces Indiens, qu'une nation, dite les Carolines, étoit tout-à-la-fois ennemie des Espagnols et des sujets de l'Inca, et qu'il y avoit dans le voisinage trois nations puissantes qui étoient dans les mêmes dispositions.

D'après ces informations, il envoya une troupe de trente à quarante hommes sur les bords du fleuve, pendant qu'accompagné d'une demi-douzaine et de quelques officiers armés de mousquets, il alla voir les cataractes du Caroli. Pour y parvenir, il fallut escalader une haute montagne d'où l'on voyoit au loin s'étendre le cours du fleuve, et ils virent une cataracte prodigieuse d'où l'eau se divisoit en trois torrens qui couroient avec une rapidité prodigieuse, plus de l'espace de vingt milles. Dans cette course, ils en virent au moins dix à douze dont les hauteurs graduelles ne se surpassoient pas de la hauteur d'un clocher. Ils se précipitoient avec tant de violence, que les vapeurs formoient une fumée aussi épaisse que celle dont les grandes villes sont quelquefois couvertes. Cependant, en approchant de plus près pour mieux en distinguer les effets, elles ressembloient à de fortes ondées, pendant que le bruit prodigieux de ces torrens égaloit le bruit du tonnerre.

Les vallées étoient semées de collines, au pied desquelles on voyoit les eaux se détourner et se séparer en différentes rivières. Les plaines étoient couvertes d'une herbe fine. Le sol l'étoit d'un sable dur, également commode pour la marche, pour les charrois. On voyoit les daims traverser et franchir les sentiers, et les oiseaux dans les arbres touffus saluoient le soleil couchant de mille et mille ramages. Sur les rives du fleuve étoient des grues et des hérons : la blancheur, la pourpre et l'incarnat de leur plumage, offroient à l'œil un spectacle admirable. L'air y étoit rafraîchi par le souffle des vents de l'est, et les pierres vues de près, sembloient recéler des veines d'or ou d'argent.

Sir Walter montra quelques-unes de ces pierres aux Espagnols du Caracas ; ils lui dirent que c'étoit la preuve que les mines n'étoient pas à une grande distance.

Cependant plusieurs raisons ne permirent pas de faire un long séjour dans une contrée qui promettoit tant d'avantages. Les pluies y étoient si abondantes, les torrens tomboient des collines avec tant de rapidité, que dans la soirée on étoit dans l'eau jusqu'au cou, sur les lieux mêmes où le matin ils avoient marché à pied sec. Il y avoit plus d'un mois qu'on n'avoit changé d'habits : ils étoient usés, à force d'être battus par les pluies qui tomboient souvent dix fois par jour. D'ailleurs on n'avoit point d'instrumens propres à fouiller les mines; et si l'on s'étoit avancé plus loin, on auroit eu à combattre un peuple nombreux, civilisé et guerrier. Ces inconvéniens joints à plusieurs autres, firent prendre le parti de retourner aux vaisseaux qu'on avoit quittés depuis plus d'un mois, pendant lequel on avoit fait plus de quatre cents milles en s'écartant des côtes de la mer.

En conséquence, on se rembarqua, et, malgré le vent contraire, on ne fut qu'un jour pour se rendre au port de Morquito ;

car le courant étoit si rapide, qu'on n'avoit pas de peine à faire au moins cent milles par jour.

CHAPITRE XVIII.

Quantité considérable d'or minérai que Walter remporte en Angleterre.

Avant de lever l'ancre, sir Walter voulut avoir une autre entrevue avec le vieux roi, qui se rendit dans sa tente, suivi de beaucoup d'Indiens chargés de présens. Sir Walter lui demanda quel chemin conduiroit le plus facilement aux parties les plus riches de la Guyane. Le vieux cacique lui fit entendre qu'il eût bien à se garder de songer à pénétrer à Monpa, la capitale; parce que ni la saison, ni le petit nombre de ses hommes ne convenoient à cette entreprise.

Pendant le séjour de l'amiral, il se procura plusieurs images et plaques d'argent, moins pour leur valeur, que pour les montrer comme des échantillons; et pour ne pas leur donner à penser qu'il n'étoit venu que pour avoir de l'or, il leur fit présent d'une vingtaine de shellings, valeur à-peu-près égale à celle des pièces qu'il avoit reçues.

Il prit aussi avec lui différens morceaux de minérai, pour donner une idée des richesses du pays; et pour preuve la plus forte qu'il s'étoit concilié la bienveillance des naturels, il emmenoit Cayvoraco, fils du vieux cacique, baptisé depuis en Angleterre, sous le nom de Gualtero.

D'autre part, sir Walter, sur la demande des habitans, leur laissa deux de ses compagnons, un excellent dessinateur qui entreprit de décrire tout le pays très-exactement, et un jeune garçon attaché au service de Walter, dans l'intention de lui faire apprendre la langue des Indiens, en quoi il réussit à merveille. Malheureusement il fut dévoré par une bête sauvage. Enfin le temps devenant très-mauvais, sir Walter se hâta de regagner les vaisseaux, et le lendemain il arriva à l'île de la Trinité, où ils étoient à l'ancre.

Dans tout le cours de cette expédition pénible et surprenante, où ils furent exposés à la rigueur du temps, aux dangers de l'ennemi, manquant à-la-fois de toutes les commodités, et même des choses nécessaires à la vie, sir Walter ne perdit pas un seul homme, à l'exception d'un nègre qui fut dévoré par un crocodile. Malgré tant de désavantages, il remporta en Angleterre une quantité considérable d'or minerai qui se trouva d'une excellente qualité.

Cependant, malgré le grand succès de ce voyage et la probabilité la mieux fondée qu'on pourroit aisément former un établissement dans cette riche contrée, les ennemis de Walter, jaloux de ses grands talens, cherchèrent, par les insinuations les plus envieuses, à décourager toute entreprise dans la Guyane, en révoquant en doute sa véracité. Quelque temps après la mort de la reine, il fut emprisonné et condamné pour un complot prétendu contre le gouvernement. Cependant il fut remis en liberté, et on lui permit enfin de suivre ses découvertes dans la Guyane.

CHAPITRE XIX.

Dernier voyage de Walter Raleigh.

Pour recueillir les fruits que sir Walter se promettoit de ses découvertes dans la Guyane, il convertit en argent la plus grande partie de sa fortune, et il en équipa une flotte sur laquelle il s'embarqua avec son fils aîné et plusieurs de ses amis, qu'il entraîna dans cette expédition. Cette flotte consistoit en sept vaisseaux de grandeurs différentes ; elle sortit de Plymouth en juillet 1612 ; elle n'avoit pas encore dépassé les côtes d'Angleterre, que sept autres vaisseaux vinrent la rejoindre ; ensorte qu'elle auroit été de quatorze vaisseaux s'il n'y en avoit eu quelques-uns qui la quittèrent après.

Ayant fait voile pour les Canaries, il visita Goméra, où les Espagnols cherchèrent à l'empêcher de débarquer. Ils accoururent au rivage et saluèrent la flotte assez rudement, mais l'artillerie des vaisseaux les eut bientôt dispersés.

Sir Walter, après ce traitement, envoya

un parlementaire au rivage, pour dire au gouverneur qu'il n'avoit aucune intention hostile, qu'il ne vouloit prendre dans la ville qu'un petit nombre de provisions dont il avoit besoin, et qu'il se proposoit de payer honorablement; que si quelqu'un de la flotte tentoit de faire la moindre fraude ou violence, il le feroit pendre sur la place du marché. Il tint si bien sa parole, que le gouverneur lui remit une lettre pour le comte de Gondamor, ambassadeur d'Espagne à la cour de Londres, dans laquelle il louoit la conduite honnête de sir Walter, et lui rendoit la justice qu'il méritoit.

Les honnêtetés furent aussi réciproques entre sir Walter et la femme du gouverneur. Cette dame, d'une extraction anglaise, lui envoya du sucre, des fruits et d'autres présens utiles; pour lui en témoigner sa reconnoissance, il lui donna un beau tableau de Marie-Madeleine, une fraise joliment ouvragée, de l'ambre et de l'eau rose, tous objets fort estimés des Espagnols.

CHAPITRE XX.

Recherche d'une mine d'or par le jeune Raleigh.

Sir Walter à son arrivée à la Guyane, fut très-bien accueilli des Indiens qu'il y avoit connus, et des autres habitans de la place, qui lui fournirent journellement les meilleures provisions du pays, s'offrirent de lui jurer obéissance et de le faire leur souverain, s'il vouloit s'établir parmi eux, tant sa conduite précédente leur avoit inspiré de reconnoissance. Il en fait mention dans ses dépêches pour l'Angleterre, avec sa modestie ordinaire.

L'amiral étant indisposé, il fut arrêté qu'il se tiendroit à la pointe de Gallo avec cinq des vaisseaux ; que les autres, sous le commandement du capitaine Keymis, du jeune Raleigh, fils de sir Walter, et de quelques autres gentilshommes, iroient avec cinq ou six compagnies d'hommes de pied, vers l'Orénoque, et des provisions pour un mois, pour y découvrir la mine d'or sur laquelle ils étoient tombés dans leur premier voyage. L'ordre fut de camper jusqu'à ce qu'on eût déterminé la profondeur et la largeur de cette mine. Sir Walter les avertit aussi, en cas de rencontre avec les Espagnols, d'user de prudence avant de faire leur descente, et il finit par leur observer que si la mine ne méritoit pas les frais d'une exploitation, il suffiroit d'en rapporter quelques minérais pour convaincre le roi qu'il n'en avoit pas imposé.

Après ces instructions, les cinq vaisseaux partirent le 10 décembre, abordèrent bientôt à Saint-Thomas, ville nouvelle que les Espagnols avoient élevée sur le principal canal de l'Orénoque, là où Antoine Berreol, que Raleigh avoit pris à la Trinité, avoit fixé le premier établissement. Cette ville pouvoit avoir cent quarante maisons d'une bâtisse légère, une chapelle, un couvent de Franciscains et une garnison. Keymis et les autres, craignant de laisser l'ennemi entre eux et leurs vaisseaux, jugèrent à propos de s'écarter de leurs instructions. Elles portoient qu'un petit nombre d'hommes seulement feroit l'essai de la mine, pendant que les autres camperoient pour les protéger. Il fut aussi arrêté qu'on descendroit en une seule troupe entre la mine et la ville ; malheureusement la descente se fit pendant la nuit, plus près de la ville qu'ils ne l'avoient cru ; et comme ils se proposoient de reposer jusqu'au matin sur le bord du fleuve, ils y furent attaqués par les Espagnols qui avoient été informés de leur arrivée.

A cette attaque imprévue, les soldats furent frappés d'une consternation si grande, que, sans la voix de leurs chefs qui ranima leur courage, ils auroient tous été mis en pièces. Mais se ralliant bientôt à l'exemple de leurs braves commandans, ils firent une défense si vigoureuse que les Espagnols furent mis en fuite, et que les Anglais en les poursuivant se trouvèrent, sans le savoir, dans la ville Espagnole.

Ici le combat se renouvela : le gouverneur lui-même et quatre ou cinq capitaines, à la tête de leurs compagnies, tombèrent sur les Anglais ; mais cette impétuosité fut bientôt ralentie par les efforts du capitaine Walter Raleigh, jeune homme brave et spirituel, à peine âgé de 23 ans. Sans attendre les fusiliers, il se précipite à la tête d'une compagnie de piqueurs, tue un des capitaines ennemis, et lui-même est mortellement blessé d'un coup de feu par un autre. Pendant que l'épée à la main il fond sur celui qui lui a tiré un coup de fusil, l'Espagnol le frappe et l'assomme avec la crosse de son arme : « Grand Dieu, s'écrie le jeune homme, ayez pitié de moi, et favorisez votre entreprise. » A ces mots il expire.

Au même instant le sergent du jeune Raleigh passa sa hallebarde à travers le corps de l'Espagnol ; deux autres commandans furent aussi massacrés. Le gouverneur lui-même, succombant sous ses blessures, expira foulé aux pieds. Alors les Espagnols prirent la fuite : ceux qui se réfugièrent dans les maisons qui environnoient le marché, choisissoient à loisir ceux des Anglais qu'ils vouloient abattre. Comme il n'étoit pas possible de les en déloger, on y mit le feu ; puis on les chassa dans les bois et dans les montagnes.

La ville ainsi réduite, le capitaine Keymis y laissa une garnison, se proposant de faire une tentative sur les mines qui n'en étoient pas éloignées. Mais les Espagnols qui s'étoient sauvés s'étoient emparés des passages, d'où ils lui tuèrent plusieurs hommes.

Le capitaine Keymis trouvant donc que

son entreprise étoit trop dangereuse ; qu'il lui seroit difficile de forcer un endroit que l'épaisseur des bois rendoit impénétrable, et songeant que les Anglais qu'il avoit laissés dans la ville n'étoient pas en état de la défendre contre un ennemi qui pouvoit réunir de nouvelles forces, abandonna son entreprise et retourna à Saint-Thomas qui fut pillé et incendié.

Sir Walter, à la nouvelle de la mort de son fils et du mauvais succès qu'avoit eu cette expédition, dans laquelle ses espérances les plus chères étoient si cruellement déçues, réprimanda sévèrement le capitaine Keymis. Vous m'avez perdu, lui dit-il : en même temps il lui observa que s'il avoit seulement rapporté cent livres de minerais, eût-il dû en coûter la vie à cent hommes, non-seulement cela eût donné de la satisfaction au roi, et conservé sa réputation, mais qu'il en seroit résulté de l'encouragement pour la nation qui y auroit fait passer de plus grandes forces, et auroit conservé au roi un pays qui lui appartenoit.

Keymis, là-dessus, se retira mécontent dans sa chambre. Bientôt après on entendit un coup de pistolet. Sir Walter appela pour savoir ce que c'étoit : le capitaine lui répondit que ce n'étoit rien, sinon qu'il avoit tiré un pistolet parce qu'il étoit chargé depuis trop long-temps. Cependant une heure après son garçon le trouva baigné dans son sang. Il étoit mort ; à côté de lui étoient un pistolet et un long couteau. Ce malheureux, sensible aux reproches de sir Walter, avoit voulu terminer ses jours par un coup de pistolet ; mais la balle en lui cassant une côte, avoit trompé son intention : il eut recours à un couteau qu'il s'enfonça dans la mamelle gauche.

Sir Walter rassembla ses officiers pour délibérer sur le parti qu'il y avoit à prendre. Tous furent d'avis de se retirer à Terre-Neuve pour s'y refaire et prendre des rafraîchissemens. Plusieurs personnes de l'équipage s'étant mutinées en chemin, il les renvoya en Angleterre.

A son arrivée à Terre-Neuve, de violentes émeutes s'élevèrent dans le vaisseau qu'il montoit. Ne pouvant les dissiper, il fallut céder au parti le plus fort, et ce parti fut contre son inclination, de retourner en Angleterre, où de plus grands malheurs l'attendoient encore.

CHAPITRE XXI.

Sir Walter Raleigh décapité.

Arrivé à la fin de juillet à Plymouth, sir Walter y apprit que le roi avoit publié une proclamation, par laquelle il lui étoit enjoint, ainsi qu'à tous ceux qui l'avoient suivi dans son expédition, de paroître pardevant le conseil privé, pour avoir incendié la ville de Saint-Thomas. Il fut arrêté sur-le-champ, et conduit à Londres, où il fut prisonnier dans sa maison. Mais ayant cherché à s'évader pour s'enfuir dans un vaisseau qui l'attendoit à Gravesend, il fut repris auprès de Greenwich, conduit à la tour, d'où le 28 obtobre 1618, à la cour du Banc-du-roi, qui revit et confirma le premier jugement porté contre lui. De là il fut consigné en prison, et décapité le lendemain matin, dans la cour du vieux palais, à l'âge de 66 ans.

Ses derniers momens furent ceux d'un homme courageux et d'un bon chrétien. Dans un discours éloquent et nerveux, il justifia sa conduite ; puis essayant le tranchant de la hache, il dit en souriant : « *c'est une médecine bien aiguë, mais elle guérit de tous les maux.* » Le bourreau frappa deux fois sur cette tête plus malheureuse que coupable.

Toute l'Europe fut étonnée de l'injustice et de la cruauté de ce jugement. Mais Gondamor, cet ambassadeur Espagnol, pour qui il avoit eu une lettre de recommandation, avoit soif de son sang, parce qu'il avoit été, sous le règne d'Elisabeth, le fléau de l'Espagne; et le roi Jacques n'osa lui refuser la vie d'un homme qui, en qualité de soldat, de savant et d'homme d'état, étoit le plus grand ornement de son pays.

CHAPITRE XXII.

Thomas Cavendish. Prise d'un riche vaisseau espagnol à Acapulco.

La reine Elisabeth, voulant donner à l'esprit public tout le ressort dont il étoit susceptible, ne laissoit échapper aucune occasion d'honorer ceux qui rendoient quelque service à leur patrie; et par cette conduite d'une politique éclairée, elle savoit engager les personnes qui avoient de la fortune, à se jeter avec avidité dans le service public.

De ce nombre fut Thomas Cavendish de Trimley, dans le comté de Suffolk. Comme il avoit son bien auprès d'Jpswich, ville qui faisoit alors un grand commerce, ses inclinations le portèrent naturellement vers la mer. Aussi, quand il fut en âge de majorité, il vendit une partie de ses terres, pour équiper un vaisseau et satisfaire sa curiosité : ce vaisseau s'appeloit le *Tigre*, et portoit cent vingt tonneaux. Il le monta pour accompagner Sir Robert Grenville dans la Virginie, en 1585 ; dans ce voyage il souffrit beaucoup et ne gagna rien. Cependant il revint sain et sauf à Falmouth, le 6 octobre de la même année, bien déterminé à faire une seconde tentative, dans l'espérance d'une meilleure fortune.

Pendant son dernier voyage, il avoit vu une partie des îles espagnoles et il avoit conversé avec quelques-uns de ceux qui avoient navigué avec sir François Drake. Cela lui fit concevoir le dessein d'entreprendre un voyage de même nature, espérant tout-à-la-fois réparer ce que le premier lui avoit coûté, et imiter les belles actions de ce grand homme.

En conséquence il vendit la plus grande partie de son bien, pour lever les sommes qui lui étoient nécessaires. Il y mit tant d'activité, pendant l'espace de huit mois, que sa flotte fut en état de mettre à la voile. Son vaisseau principal, le *Desir*, étoit du port de cent quarante tonneaux, et le plus foible, appellé le *Content*, d'environ soixante. Il y ajouta une barque de soixante tonneaux, qu'il appella la *très-brave*. Il mit sur cette flotille des provisions pour deux ans, et cent vingt-six matelots, y compris les officiers, dont quelques-uns avoient navigué avec François Drake, d'ailleurs tous hommes de courage et d'expérience. Après s'être procuré une commission de la reine, il quitta Londres le 10 juillet 1586, s'embarqua à Harwich, sur le *Desir*, arriva à Plymouth, le 18, où il demeura jusqu'au 21, puis il mit à la voile, pour l'expédition qu'il avoit projetée.

Vers la pointe de la Californie, au 23e. degré 24e. latitude septentrionale, un des matelots du *Desir* découvrit du haut du perroquet, un vaisseau, et en donna avis à l'amiral qui se prépara aussitôt pour le combat. Tout étant prêt, il lui donna la chasse, et le joignit vers le soir, en le saluant d'une bordée et d'une décharge de mousqueterie. Il se trouva que c'étoit la *Sainte-Anne*, vaisseau très-richement chargé, qui venoit d'Acapulco et qui appartenoit au roi d'Espagne. Il étoit du port de sept cents tonneaux, et sous les ordres de l'amiral des mers du sud.

Il voulut ensuite en venir à l'abordage ; mais il fut repoussé par la grande supériorité d'hommes, et il en eût deux de tués et cinq ou six de blessés. Alors l'amiral recommença une nouvelle attaque, avec sa grosse et petite artillerie, qui lui fit un grand ravage et lui tua un grand nombre de personnes. Après la seconde bordée, les Espagnols hissèrent le pavillon de trêve, et prièrent l'amiral de leur sauver la vie, en disant qu'ils lui abandonnoient volontiers le vaisseau et sa cargaison. L'amiral y consentit, sous la condition qu'ils diminueroient aussitôt leurs voiles, et passeroient sur son bord. Le capitaine, le pilote, et un des principaux marchands obéirent aussitôt.

Il y avoit à bord de ce vaisseau cent vingt-deux mille pesant d'or, une grande quantité de soie, de satins, de damas, de musc, et de toutes sortes de provisions, qui leur firent presque autant de plaisir que la richesse de la cargaison. Le 6 novembre, ils entrèrent dans le port de Séguro, avec leur prise, où l'on mit à terre tous les Espagnols, hommes et femmes, au nombre de cent cinquante. L'amiral choisit un terrain fertile pour les y établir, leur laissa du vin, des provisions, des voiles et des planches, pour y élever des maisons et autres objets nécessaires dans ce climat.

Après avoir disposé ainsi de ses prisonniers, le premier soin de l'amiral fut de partager le butin. Mais chacun croyant n'avoir pas assez obtenu, il en résulta une émeute, qui cependant ne fut point dangereuse, parce qu'elle céda à la générosité de l'amiral. Elle se perdit entièrement dans une grande fête qui fut donnée à bord, le 7 de novembre, pour l'anniversaire du couronnement de sa majesté.

De tous les prisonniers Anglais, l'amiral ne retint que deux garçons Japonais, trois natifs de Manille, un Portugais qui avoit été à la Chine, et un pilote Espagnol à qui la route d'Acapulco aux îles Larrons étoit très-familière.

Le 19 novembre, l'amiral, après avoir

renvoyé le capitaine Espagnol, mit le feu à la Sainte-Anne, quoiqu'elle portât six cents tonneaux de marchandises précieuses, et il fit voile pour les îles Larrons. Dans ce voyage le *Content* fut séparé de l'amiral; on n'a point su depuis ce qu'il étoit devenu.

CHAPITRE XXIII.

Du capitaine Dampier.

WILLIAM DAMPIER naquit dans le comté de Sommerset en 1652. Il étoit d'une bonne famille; mais ayant perdu fort jeune son père, il fut abandonné à des parens qui négligèrent son éducation, et le mirent, à l'âge de dix-sept ans, en apprentissage auprès d'un maître de vaisseau prêt à faire voile de Veymouth, dans le Dorset-Shire. Il fit avec lui un voyage en France et un autre à Terre-Neuve. Il eut dans ce dernier, tellement à souffrir de la rigueur du climat, qu'à son retour il prit la résolution de ne plus s'embarquer. Mais il ne la tint pas long-temps, il aimoit à courir, et il étoit d'un caractère léger. Etant venu à Londres en 1670, il prit un engagement sur un vaisseau chargé pour Bantam, et ce voyage fut très-heureux pour lui.

Dans l'année 1673, il servit contre les Hollandais, et il eut part à deux combats, étant à bord d'un vaisseau de roi, appelé *le Prince-Royal*, commandé par Edouard Spragg, qui fut tué la même année. Après quoi s'étant rendu dans le comté de Sommerset, il y fit connoissance du capitaine Hellier, riche propriétaire dans la Jamaïque, qui lui persuada d'y aller établir une plantation. Il quitta ce genre de vie une année après, pour aller avec le capitaine Hudson couper du bois dans la baie de Campêche.

Cette occupation lui parut dure, mais lucrative. Il y fit un second voyage, et il eut occasion d'y faire connoissance avec plusieurs flibustiers, parmi lesquels nous le verrons bientôt engagé ; liaison dont plus d'une fois il rougit dans ses dernières années, lorsqu'il lui arrivoit d'y réfléchir. Là, il conçut plusieurs projets sur lesquels il fondoit l'édifice de sa fortune, ce qui le ramena en Angleterre l'année 1678. Après y avoir levé tout l'argent qu'il lui fut possible, et s'y être pourvu des choses nécessaires, il se rembarqua pour la Jamaïque avec le capitaine Knapman.

Son intention étoit d'y charger le bois de Campêche ; mais il changea bientôt ce projet contre celui d'acheter un bien dans le comté de Dorset. Cependant, avant de retourner en Angleterre, il voulut tenter avec un M. Hobby, un voyage sur le continent. Cette expédition n'eut pas lieu. Les hommes qui s'étoient engagés avec M. Hobby l'abandonnèrent pour se joindre à des pirates avec qui il avoit plus à gagner. Dampier lui-même se rangea de la partie, croyant, après la désertion de tout l'équipage, ses services fort peu utiles à M. Hobby.

La petite confédération avoit pour objet de piller Porto-bello, puis traverser l'Isthène de Darien pour se rendre dans la mer du sud. En conséquence, le 5 avril 1680, ils débarquèrent auprès de l'île d'Or, une des Sanboelles. Ils étoient au nombre de 400, pourvus de provisions de toute espèce, et de petites bagatelles propres à se concilier l'amitié des Indiens.

Après une marche de neuf jours, ils tombèrent sur Sainte-Marie, qui fut pillée; mais n'y ayant pas trouvé le butin qu'ils en espéroient, ils ne s'y arrêtèrent que trois jours, après lesquels ils s'embarquèrent pour écumer les côtes de la mer du sud. Le 23 avril ils étoient à la vue de Panama : ayant voulu attaquer Puebla-Nova, le capitaine Sawkins et plusieurs autres y perdirent la vie. Ainsi se termina l'expédition.

CHAPITRE XXIV.

Indien abandonné dans l'île de Juan-Fernandez.

Les vaisseaux étant arrivés auprès de cette île, on envoya un canot à terre avec un Moskite et deux ou trois matelots, pour trouver l'indien Moskite, que le capitaine Watlin y avoit laissé. On ne fut pas long-temps à le découvrir; car lui-même ayant aperçu, le jour précédent, un vaisseau anglais, il avoit tué trois chèvres pour recevoir l'équipage, et s'étoit hâté de descendre des bois pour venir à leur rencontre.

Il y avoit quelque chose de si touchant dans la reconnoissance de ces deux Indiens, et dans la joie de celui qui, depuis trois ans délaissé dans une île déserte, s'imaginoit que ses anciens amis venoient le rechercher ; qu'il seroit difficile de rendre tout le pathétique de cette entrevue ! Des Espagnols qui avoient appris qu'il étoit dans cette île, l'avoient cherché long-temps, mais envain. Il avoit trouvé les moyens d'échapper à leur cruelle industrie : il s'étoit bâti une petite cabane à un demi mille de la mer, et l'avoit couverte de peaux de boucs dont il s'étoit fait aussi un lit et une ceinture ; car il y avoit déja quelque temps que ses habits étoient usés.

Il s'étoit trouvé qu'en descendant dans l'île il avoit un couteau, un fusil, de la poudre et du plomb. Quand cette petite provision fut épuisée, il fit une scie de son couteau en le dentelant. Par ce moyen, il divisa le canon de son fusil en petites pièces, dont il sut tirer, en les amollissant, un feu qui lui avoit fourni la pierre de son fusil, une lance, des hameçons et des harpons. Quand le fer étoit chaud, il se servoit d'une pierre pour le plier, et pour l'émoudre à force de frottemens jusqu'à ce qu'il fût tranchant, ou bien il le faisoit avec son couteau dentelé.

Tels furent les moyens que lui offrit le souvenir de ce qu'il avoit vu faire aux forgerons anglais. Tant d'industrie ne surprendra point ceux qui connoissent celle qui est naturelle aux Indiens : car, sans connoître l'usage du fer, ces Indiens savent faire des haches de pierre qui leur servent à se creuser des canots, à bâtir des maisons et à d'autres usages. Les haches que se font ceux qui habitent la rivière de Blewfield (Champ bleu) ont environ dix pouces de longueur, quatre de largeur et trois d'épaisseur dans le milieu. Elles sont tranchantes des deux côtés ; elles ont un manche d'environ quatre pieds de long auquel ils les assujettissent fortement avec une corde, et par le moyen d'un cran long d'un doigt dans le milieu. Les Patagons mettent au bout de leurs flèches des pierres qu'ils aiguisent avec beaucoup d'industrie.

C'est avec les instrumens que nous venons de décrire, que cet Indien pourvut, pendant trois ans, aux besoins de sa vie, en tuant des chèvres, des veaux marins et autres espèces de poissons.

Nous lui donnâmes le nom de *Will;* car ces Indiens n'ayant point de noms qui les distinguent, regardent comme une grande faveur d'en recevoir des Européens.

CHAPITRE XXV.

Voyage du capitaine Monk dans la mer glaciale.

Le capitaine Monk fut un des navigateurs les plus expérimentés de son temps, et d'une intégrité si reconnue, qu'il ne s'est encore trouvé personne qui l'ait démenti dans l'histoire de son voyage. Ces qualités personnelles furent pour lui une forte recommandation auprès de Christian IV, roi de Danemarck, qui lui donna le commandement de deux vaisseaux, pour chercher, par le nord-est, un passage à la Chine et au Japon.

Monk sortit du Sond le 16 mai 1619, et le 20 juin il dépassa le cap Farewell, terre chargée de rochers, couverte de glaces et de neiges, située au 62ᵉ degré et demi de latitude septentrionale. Ce qui le frappa le plus particulièrement vers cet endroit, c'est qu'un jour le vent y souffla avec tant de violence et de froid, que ses voiles n'étoient plus qu'une pièce de glaces entièrement immobiles, et que dans l'après-midi du même jour, la chaleur fut si étouffante, que les matelots furent obligés d'ôter leurs habits et de travailler en chemise.

Le capitaine Monk arriva, le 17, dans les détroits d'Hudson, et aborda dans une île, en face du Groënland, où quelques-uns de ses matelots étant allés à la découverte du pays, aperçurent des traces d'hommes.

Le jour suivant, quelques-uns des habitans parurent et sembloient surpris à la vue des Danois, vers lesquels ils s'avancèrent d'un air amical, tenant cependant leurs yeux attachés sur leurs armes qu'ils avoient cachées sous un tas de pierres.

L'un d'eux, à qui l'on présenta un petit miroir, parut enchanté de cette acquisition. Après s'y être considéré trois ou quatre fois, il le pressa contre son sein, et se mit alors à courir de toutes ses forces, comme s'il eût craint qu'il ne lui fût repris.

Ces pauvres gens traitèrent avec des marques particulières de respect un des matelots de Monk, qui avoit de longs cheveux noirs et le teint basané à-peu-près comme le leur : peut-être s'imaginoient-ils que c'étoit un de leurs compatriotes qu'on avoit transporté dans son enfance en Danemarck. Cette distinction fit beaucoup rire les autres matelots.

CHAPITRE XXVI.

Difficultés qu'éprouve le capitaine Monk; son arrivée en Danemarck, et sa mort.

A son arrivée à la baye d'Hudson, le capitaine Monk résolut d'y passer l'hiver. Il mit ses vaisseaux à l'abri des inclémences des temps, sous une petite crique ou baie : après cette précaution, l'équipage se mit à se faire des cabanes auprès d'une rivière qui n'étoit pas encore gelée en octobre, quand toutes les terres des environs étoient glacées.

Lorsqu'ils eurent achevé leurs huttes, qu'ils rendirent bien compactes, ils y portèrent des provisions de bois et de volailles sauvages. Monk tua lui-même un ours blanc, dont la chair parut assez agréable.

Au 22 novembre, il leur sembla voir trois soleils. Le 10 décembre, sur les huit heures du soir, il y eut une éclipse de lune, et bientôt après cet astre fut environné d'un cercle brillant.

Le froid se fit sentir alors avec tant de force,

que la bière, le vin, l'eau-de-vie ne pouvoient y résister : tout fut glacé, et les vaisseaux se fendirent en pièces. On étoit obligé, pour se servir de ces liqueurs, de les couper à coups de hache et de les faire fondre au feu. Ils virent des pièces de glace de trois cent soixante pieds d'épaisseur.

Tout l'art que les Danois opposèrent à ce terrible fléau ne pouvoit les sauver. Une dyssenterie et des tranchées violentes les emportoient les uns après les autres, si vîte, que faute de monde le capitaine fut obligé lui-même de se mettre en sentinelle, comme s'il n'eût été qu'un simple particulier.

Au printemps leur affliction fut encore aggravée par le scorbut le plus invétéré ; ensorte qu'au mois de mai, le peu qui avoient survécu étoient si foibles, si malades, qu'à peine pouvoient-ils se remuer. Pour mettre le comble à leurs malheurs, le pain leur manqua : on y suppléa en creusant sous les neiges pour leur dérober une espèce de framboise qu'elles recéloient ; mais si on ne les consommoit pas sur-le champ elles devenoient inutiles.

Au quatrième juin, Monk lui-même tomba dangereusement malade ; il fut quatre jours sans rien prendre : dans cet intervalle il fit son testament, et il prioit ceux qu'une meilleure fortune conduiroit dans ce lieu, de le visiter dans son espèce de tombeau, et de transmettre son journal au roi de Danemark. Cependant quelques jours après il reprit un peu de forces et se traîna hors de sa hutte, pour voir s'il y avoit encore quelques-uns de l'équipage qui fussent en vie : de soixante-quatre qu'ils étoient, il n'en trouva plus que deux. Enchantés de revoir leur capitaine échappé à tant de calamités, ils le portèrent auprès du feu et le rafraîchirent, s'encourageant l'un et l'autre, et promettant de s'entr'aider jusqu'au dernier moment.

Les glaces commençoient à se fondre, et dans les neiges il leur arriva de trouver une racine, qui étoit tout à-la-fois une bonne nourriture et un grand restaurant : l'usage de cette racine, l'exercice de la pêche et de la chasse rétablirent insensiblement leurs forces.

S'étant rendus à bord du plus petit de leurs vaisseaux, ils mirent à la voile, laissant l'autre derrière eux. Ils furent souvent assiégés par les glaces, et délivrés par le changement de temps.

Le 8 septembre, après avoir franchi les détroits, le cap Farewell, et pénétré dans le grand océan, ils furent assaillis d'une tempête violente, qui fit pencher le mât au point que les voiles plongeoient presque dans les flots. Enfin ils arrivèrent à la côte de Norwege, où ils ancrèrent dans une petite anse. La tempête qui continuoit y auroit mis leur vaisseau en pièces, s'ils n'avoient pas eu le bonheur de se trouver entre les rocs et la terre.

Après un repos de quelques jours ils continuèrent leur voyage pour le Danemarck, où ils arrivèrent en peu de temps. Personne ne croyoit que le capitaine Monk fût encore en vie : aussi le roi, satisfait de ses efforts, le reçut avec les démonstrations du plus vif intérêt.

Le capitaine Monk joignoit à l'intrépidité du caractère de grandes connoissances en mathématiques. A peine fut-il à terre qu'il voulut reprendre son projet de découvrir un passage par le nord-ouest. Ses propositions furent accueillies par des marchands de Norwege et par quelques nobles Danois : malheureusement elles furent traversées par un accident imprévu qui occasionna sa mort.

Dans une conférence que Monk eut avec le roi sur les infortunes de son premier voyage, sur les dangers d'une nouvelle entreprise, le roi lui observa que la première avoit déja coûté la vie à un trop grand nombre de braves gens; qu'il ne falloit pas en risquer un autre. Monk prit cette observation pour un outrage qu'il n'avoit point mérité; il y répondit d'une manière peu respectueuse : sur quoi le roi lui donna un léger coup de sa canne sur la poitrine. Monk fut si affecté de cette indignité, que, de retour chez lui, il refusa toute espèce de nourriture, et mourut dans trois jours.

CHAPITRE XXVII.

Voyage de George Spilbergen.

La Hollande étoit en guerre avec l'Espagne, et la compagnie des Indes orientales profitoit de cette guerre pour étendre son commerce dans cette partie du monde. Elle crut pouvoir y réussir en faisant passer dans l'Inde des forces imposantes par le détroit de Magellan : elle arma donc pour cet objet six vaisseaux, dont le commandement fut confié à George Spilbergen, qui avoit de grands talens dans la marine.

Cette flotte sortit du Texel le 8 août 1614, et continua sa route, sans aucun incident remarquable, jusqu'au 20 décembre, qu'elle jeta l'ancre dans la rade d'Ilas Grandes au Bresil.

A son entrée dans la mer du Sud elle s'empara d'un vaisseau qui portoit une petite quantité du trésor, qui fut abandonné aux matelots : c'étoit le prélude d'une affaire bien plus importante. Huit voiles espagnoles étoient sorties des mers du Pérou, sous les ordres de l'amiral dom Rodrigue de Mendoza, parent du vice-roi, pour venir combattre la flotte hollandaise : tel étoit le rapport du commandant du premier vaisseau qu'on avoit pris; et ces huit voiles étoient des vaisseaux de ligne. Le lendemain, les deux flottes furent en présence et se livrèrent un combat sanglant, dans lequel la plus grande partie de la flotte espagnole fut coulée à fond. Les Hollandais perdirent quarante hommes dans cette action, outre cinquante-huit blessés. Après quoi ils firent voile pour Calao de Lima : comme on y avoit fait de grands préparatifs pour les recevoir, ils furent obligés de se retirer hors de la portée du canon.

Le 6 janvier 1616 ils abordèrent à une des

îles Larrons, et arrivèrent à celle de Manille le 9 février : ils y apprirent, le 5 mars, qu'une flotte de douze vaisseaux et de quatre galères venoit les attaquer avec deux mille Espagnols et nombre d'Indiens, de Chinois et de Japonais, afin de les chasser des îles Moluques.

Il ne se passa rien de conséquence entre les deux flottes jusqu'au 12 mai, que M. Castleton, qui commandoit quatre vaisseaux anglais, apprit aux Hollandais que Jean Dirksonlam, un de leurs généraux, parti de Banda au printemps avec douze vaisseaux de ligne, avoit débarqué, le 10 avril, avec des forces considérables à Pulo-Way, la plus riche de toutes les îles qui étoient dans ces parages, et qu'il en avoit aisément fait la conquête ; qu'après cette acquisition, il avoit sommé les habitans des îles adjacentes de se soumettre, et qu'aussitôt elles avoient fait avec lui un traité d'autant plus avantageux à la compagnie, que ce traité lui assuroit exclusivement le commerce de toutes les épiceries de l'Inde.

Spilbergen reçut au mois de mai l'ordre de partir avec deux vaisseaux pour Bantam dans l'île de Java, afin d'établir le commerce de cette place.

Le 26 juin ils allèrent à Batavia, où ils radoubèrent leurs vaisseaux ; et pendant ce temps ils eurent la satisfaction de voir leur commerce s'accroître considérablement ; ils virent quatre de leurs vaisseaux arriver des Moluques, chargés d'épiceries les plus riches ; quatre autres qui venoient de Hollande avec des renforts pour la garnison, et un riche vaisseau venant du Japon avec une grande quantité d'argent et autres effets d'un grand prix.

Le 14 décembre l'amiral partit de Bantam pour retourner en Hollande, avec l'Amsterdam de quatorze cents tonneaux, et la Zélande de douze cents.

Le 14 janvier 1617 ils étoient à Sainte-Hélène, et le premier juin ils arrivèrent en Hollande, après un voyage de vingt-six mois.

On peut dire que la compagnie des Indes orientales ne date en quelque sorte, pour sa réputation et son pouvoir, que de ce voyage. Spilbergen contribua beaucoup à l'une et à l'autre, tant par le voyage qu'il fit autour du globe, que par la conquête des Moluques, à laquelle il contribua beaucoup, et dont il rapporta le premier la nouvelle en Hollande.

CHAPITRE XXVIII.

Du capitaine James, et de son voyage au nord-ouest, pour y trouver un passage dans la mer du Sud.

Des marchands de Bristol, remplis de zèle pour faire fleurir le commerce, tant pour l'avantage de leur patrie que pour le leur, se réunirent en 1630, dans le dessein de découvrir par le nord-ouest un passage à la mer du Sud, et de là au Japon.

Cette expédition fut confiée au capitaine Thomas James, et ce choix fut confirmé par le roi Jacques, qui applaudit beaucoup aux intentions de la société.

Cette entreprise étoit aussi dangereuse qu'utile ; mais le capitaine James étoit rempli d'expérience, et l'on espéroit beaucoup de son habileté.

Le 3 mai 1613 il sortit du canal de Bristol sur un vaisseau de soixante tonneaux ; le 4 juin il étoit à la vue des côtes du Groënland.

Le cinquième jour ils se trouvèrent environnés de grandes pièces de glace : comme il faisoit beaucoup de brouillards, il falloit infiniment d'adresse pour s'en débarrasser. Ils s'attachèrent à une de ces masses, qu'ils opposoient aux attaques réitérées des autres, en les écartant avec des perches qui à la fin se cassèrent. Le jour suivant le danger parut plus grand; les glaces se pressèrent autour du vaisseau en masses si énormes, qu'elles menaçoient de le briser en mille pièces.

Le 10, la mer devint plus agitée : les glaces s'élevoient quelquefois plus haut que leur grand mât de hune : la pouppe de leur bâtiment se rompit ; ce fut avec bien de la peine qu'ils remédièrent à ce désordre : ils y perdirent deux hommes, qui y furent écrasés de la manière la plus horrible.

Le 20 au matin, ayant doublé la pointe méridionale de l'île de la Révolution, ils furent chassés par un vent d'est, eux et les glaces, sur la côte, et pendant l'espace de deux lieues ils eurent à lutter contre les brisans et des montagnes de glace, dont la base avoit plus de quarante toises de profondeur. La mer, refluant des terres escarpées et resserrées de cette île, leur présentoit à chaque flot un danger plus imminent : elle chassoit le vaisseau avec tant de violence dans un labyrinthe immense de rochers et de glaces, que, pour échapper à un naufrage presque inévitable, ils furent obligés de jeter l'ancre de toue et de s'armer de grapins, afin de s'attacher, de chaque côté du bâtiment, à une pièce de glace qui avoit au moins dix toises de profondeur dans la mer.

Ainsi chassés avec ces glaces, elles leur tenoient en quelque sorte lieu de sonde, et les auroient empêché de se briser contre le rivage, si le vent y eût poussé le vaisseau de trop près.

Tout-à-coup la mer étant profonde et la glace très-épaisse, le vaisseau fut poussé sur un roc aigu, comme la marée se retiroit. Dans cette situation extrême, le vaisseau penchant vers la mer, il n'y avoit plus moyen de rester à bord : l'équipage en sortit et se mit en prières sur une pièce de glace, imaginant que le vaisseau ne pourroit jamais se débarrasser. Cependant, à leur grande satisfaction, et au moment qu'ils désespéroient le plus, il commença à se remettre à flot, de manière que, redoublant d'efforts, ils l'écartèrent de ce dangereux voisinage, quoique toujours exposé au péril le plus imminent. Il falloit ensuite s'affranchir des glaces, encore plus à craindre pour eux que les rochers : il fallut en couper une pièce à coups de hache et par d'autres forts instrumens, pour l'empêcher d'entraîner et de submerger le vaisseau.

Le capitaine James descendit au rivage avec d'autant moins de peine, que du port à la côte la glace formoit un pont très-solide. Là, il éleva un fanal de pierres, qu'il appela *le port de la Providence*.

CHAPITRE XXIX.

Détroit d'Hudson.

Le capitaine James, accompagné de quelques-uns de ses hommes, alla examiner la côte orientale de l'île. Il grimpa sur une hauteur, dans l'intention de découvrir une place où le vaisseau seroit plus en sûreté qu'à l'endroit où il étoit.

Pendant qu'il étoit à cette recherche, il entendit un bruit effroyable qui partoit du lieu même où étoit le vaisseau. C'étoit une pièce de glace qui venoit de se fendre en quatre, mais heureusement à une distance qui ne pouvoit l'endommager.

Ils rangèrent la côte jusqu'au 15 juillet; comme le temps étoit fort clair, et que la vue s'étendoit beaucoup plus loin qu'elle n'avoit fait jusqu'alors, ils jetèrent les yeux du côté du nord-ouest, où ils ne virent qu'une vaste étendue de mer glacée. Le capitaine James en conclut qu'il lui seroit inutile, pour cette année, de poursuivre sa découverte par le nord-ouest.

Le détroit d'Hudson peut avoir cent vingt lieues de long; sa largeur est de quinze à vingt. Du côté du midi est une large baie, dont les côtes de part et d'autre sont élevées.

Le 16 juillet, le capitaine James, convaincu que la saison étoit trop avancée pour chercher un passage au nord-ouest, dirigea par l'ouest-sud-ouest vers l'île de Mansfield.

Le lendemain, à trois heures de l'après-midi, ils parvinrent à la vue de cette île, mais ce ne fut pas sans éprouver plus d'une fois le terrible choc des glaces. Ici l'équipage n'eut plus que sa demi-ration de pain; et même les maladies commençoient à le menacer. Deux hommes qui s'en plaignoient furent cependant bientôt rétablis.

Au 18 septembre, on jeta l'ancre à la hauteur de l'île du *Comte - Bristol;* et pendant que le charpentier réparoit le vaisseau, le capitaine descendit au rivage, où il ne trouva aucuns vestiges d'hommes. Le vent souffloit du nord au midi; il n'y avoit nulle espérance de parvenir à la baie d'Hudson; il fallut chercher un autre lieu pour y passer l'hiver. Les uns nommoient le port Nelson; mais le capitaine James alléguoit non-seulement le peu de sûreté qu'on y trouveroit, mais aussi les dangers d'y parvenir à travers les glaces. C'est pourquoi il s'arrêta au parti de chercher vers le sud une anse un peu commode.

Ils mirent à la voile le premier octobre : à peine pouvoient-ils se mouvoir, tant les bancs de sable étoient nombreux.

Le capitaine descendit le 4 à l'île du *Comte-Danby*, mais on n'y trouva que quelques baies.

Le 17, la neige tomba avec tant de violence qu'il fallut recourir aux pelles pour en dégager le pont à mesure qu'elle tomboit. Elle fut suivie d'un si grand froid, qu'aucune provision ne pouvoit y résister, même à côté du feu.

Comme il y avoit plusieurs malades, on leur construisit des chaumières sur le rivage pour les rétablir, pendant que le capitaine avec quelques hommes côtoyoit l'île, afin de découvrir s'il n'y avoit pas quelques habitans.

Au treizième jour, plusieurs personnes de l'équipage ayant demandé la permission d'aller à la découverte dans l'intérieur de l'île, elle leur fut accordée sous la condition de ne point se séparer, et de chercher un port commode. Cette course dura deux jours; on ne découvrit ni port ni créature humaine. Le seul fruit de cette recherche fut un daim bien petit, bien maigre, qu'on rapporta coupé par quartiers.

CHAPITRE XXX.

Etat de la baie d'Hudson pendant l'hiver, d'après les mémoires du capitaine James.

Vers le commencement de l'année, la neige tomba si épaisse, qu'elle s'élevoit jusqu'au toit de la chaumière; ensorte qu'on étoit obligé de s'y couper un passage, et de l'entretenir en jetant avec des pelles celle qui tomboit chaque jour. Quand la neige fut bien consolidée, ce passage servit de galerie au capitaine, et d'un lieu de promenade pour ceux qui ne se portoient pas bien. Car la neige qui le bordoit s'élevoit au moins à une toise au-dessus de la terre.

Bientôt le froid devint excessif. Le soleil et la lune avoient en apparence deux fois autant de longueur que de largeur : c'étoit l'effet de la grande quantité de vapeurs dont l'atmosphère étoit chargée. L'île étoit tout-à-fait couverte de forêts; mais il n'y avoit qu'un petit nombre de rennes et de renards.

Le 31 janvier, l'atmosphère étoit si claire, que le capitaine James eut occasion d'apercevoir nettement deux fois plus d'étoiles que jamais il n'en avoit vues auparavant. La mer geloit chaque nuit de deux à trois pouces. Cette glace se rompoit à mi-flux; mais les glaçons froissés les uns contre les autres, prenoient immédiatement une adhésion plus forte; c'est par ce moyen que la glace acquiert, dans quelques heures de temps, une épaisseur de cinq à six pouces, et que le nombre de ces lames, ou champs de glace, s'accroît à tel point que la mer en est bientôt couverte, de manière qu'elle se refroidit journellement de plus en plus, et qu'elle cesse d'être supportable. Le capitaine James en donne pour preuve l'effet qu'elle produisit sur ses matelots. Au mois de décembre, l'eau se glaçoit à la vérité sur leurs jambes; mais cette impression de froid leur parut à beaucoup près moins sensible qu'au mois de juin, qu'elle leur parut si pénétrante et si aiguë qu'il ne leur fut pas possible de la soutenir.

Un autre fléau les attaqua au mois de février; c'étoit le scorbut, maladie horrible qui les fit saigner à la bouche, gonfla leurs gencives, les rendit noires, putrides, et déchaussa presque toutes leurs dents. Ils avoient si mal à la bouche, qu'ils ne pouvoient plus manger. Les uns se plaignoient d'élancemens douloureux à la tête, les autres dans la poitrine, d'autres souffroient aux reins, aux cuisses et aux genoux, quelques-uns de l'enflure des jambes. Les deux tiers de l'équipage étoient entre les mains du chirurgien, obligés cependant de travailler rudement, sans avoir de souliers à leurs pieds qui n'étoient enveloppés que de torchons. Le froid en plein air étoit insupportable; point d'habillemens à son épreuve, et nuls mouvemens du corps capables d'entretenir la chaleur naturelle. Les paupières se geloient; l'œil perdoit ses fonctions, à peine pouvoit-on respirer.

Le froid avoit moins d'intensité dans les bois; cependant le visage, les mains et les pieds s'y couvroient d'engelures. Dans l'intérieur des chaumières on souffroit moins; la neige en couvroit tout le dehors, et s'élevoit aux deux tiers de leur hauteur : néanmoins au-dedans tout étoit gelé, les glaçons pendoient par-tout. Les couvertures de lit étoient roides et couvertes de gelées blanches, quoique dans un enclos si petit elles ne fussent pas loin du feu. A trois pieds du foyer bien ardent, l'eau dans laquelle le cuisinier faisoit dessaler la viande se geloit. S'il dormoit seulement quelques heures peudant la nuit, et que le feu ne fût pas bien entretenu, les cuviers et les marmites n'étoient plus qu'une masse de glace. Pendant que la viande se dessaloit, même auprès du feu, le côté qui étoit en face étoit bien chaud, et celui du côté opposé avoit un pouce de glace.

CHAPITRE XXXI.

Arrivée du capitaine James à Bristol, et son opinion concernant le passage du nord-ouest.

Au commencement de septembre, ils franchirent les bas-fonds. Les vents étoient variables, et le froid si rigoureux, qu'à peine pouvoient-ils manœuvrer.

Le 8, les bourrasques étoient si violentes, et le roulis du vaisseau si considérable, qu'on craignit plus d'une fois que les mâts ne touchassent à la mer. En outre, les joints du vaisseau laissoient tant d'ouvertures, qu'il falloit continuellement travailler à la pompe. Passé ce jour, ils ne virent plus de glaces. Le vent leur étoit favorable et leur faisoit faire beaucoup de chemin. Ils ne trouvèrent plus rien de remarquable jusqu'au 22 octobre, qu'ils entrèrent dans le port de Bristol.

En examinant le vaisseau, ils se félicitèrent d'avoir pu le conduire jusqu'au port. Car, outre des avaries considérables, il étoit endommagé de plus de quatorze pieds, tant à la quille qu'à la pouppe, et dans ses soufflages. Les bois avoient éclaté, et même la pointe d'un rocher y avoit pénétré d'un pouce et demi au-dessus du radoub.

Le capitaine James, après ce voyage, fut persuadé qu'il n'y avoit point de passage par le nord-ouest, et voici sur quoi son opinion étoit fondée. La marée se fait sentir dans le détroit d'Hudson, et le flux y vient constamment de l'est. A peine la mer y produit-elle quelques poissons. Si ce détroit communiquoit d'autre part à l'océan, il pensoit que les glaces ne pourroient s'y former, ni rester dans un état de solidité; il appuyoit son assertion sur ce que, dans le passage des détroits dans la mer de l'est, il ne trouva point les glaces dans un état de compact. Enfin, il avoit observé qu'à la baie d'Hudson les glaces étoient toujours chassées du côté de l'est.

Il pense aussi que si ce passage existoit réellement, il ne pourroit remplir aucune des vues qu'on pourroit y attacher; parce que les bas-fonds et l'énormité des masses glacées qui envahissent la mer dans ces latitudes, la rendroient impraticable à un vaisseau dont la cargaison seroit de quelque prix. En outre, il assure positivement qu'en naviguant vers le midi, on fera plutôt mille lieues et avec moins de dangers, qu'on en feroit cent à travers ces glaces. Dans ces mers du midi, et vers le cap de Bonne-Espérance, on trouve beaucoup de ressources pour les malades. Dans la mer glaciale, il n'y en a d'aucune espèce. On ne peut rien y gagner que des peines et des maladies.

Cependant il n'expose son opinion qu'avec beaucoup de modestie, ne voulant point décourager pour l'avenir les navigateurs qui pourroient être plus heureux que lui.

CHAPITRE XXXII.

De la formation des glaces.

Voici comment le capitaine James, dans son journal, cherche à expliquer la formation étonnante de ces glaces qui couvrent la surface de la mer aux environs de la baie d'Hudson.

Il pleut rarement, dit-il, après la mi-septembre. Mais chaque jour la neige tombe en grande abondance; le flux emporte cette neige sur les bas-fonds et sur les bancs de sable qui sont en grand nombre dans cette baie. Elle s'y amoncelle chaque jour, se coagule et s'unit de proche en proche aux masses avoisinantes. Si elles rencontrent une île, une suite de rochers, ce sont autant de grands obstacles pour ces masses qui s'arrêtent; de manière que dans cet état de stagnation, elles s'augmentent des neiges que la marée y pousse chaque jour. A la fin elles deviennent si épaisses que l'eau perd, pour ainsi dire, sa fluidité; et c'est dans cet état d'inaction qu'elles sont constamment plus propres à soutenir l'impression de l'eau, et qu'elles se forment en une plaine hérissée de glaces.

CHAPITRE XXXIII.

Naufrage, auprès du Spitzberg, en 1646.

JEAN Cornelius de Maniken, se disposant à la pêche de la baleine en 1646, sortit du Texel le 3 mai; et le 6 juin il se trouva dans le voisinage du Spitzberg : mais les glaces l'empêchèrent d'ancrer dans la baie. En conséquence, il tint la mer, et venant à découvrir deux baleines, il envoya sa chaloupe à leur poursuite.

Pendant qu'ils ramoient çà et là, épiant l'occasion heureuse d'attaquer avec avantage l'une de ces énormes baleines, ils virent flotter au loin une montagne de glace, sur laquelle paroissoit quelque chose de blanc, qu'ils prirent pour des ours. Mais Ellert Johnson qui tenoit le harpon, fut d'un avis contraire, d'autant plus que la montagne étoit en mouvement, et il persuada à ses compagnons de forcer de rames pour s'approcher de cet écueil prodigieux. Après un peu d'altercation, ils se rangèrent à son opinion, et bientôt ils s'aperçurent que c'étoit un signal de détresse, donné par quelque malheureux.

Cette découverte les engagea à s'approcher le plus près qu'ils pourroient, et à leur grand étonnement ils trouvèrent sur cette pièce de glace, quatre hommes encore vivants, et un autre qui étoit mort. A leur langage, ils les reconnurent pour être Anglais. Les ayant reçus dans leur chaloupe, ils les conduisirent à bord du vaisseau, dans la baie.

La faim et le froid les avoient réduits à la dernière extrémité ; ils n'avoient eu, depuis quelque temps pour toute nourriture qu'un ceinturon de cuir, qu'ils s'étoient partagé, et qu'ils avoient mangé. Le chirurgien leur administra tous ses soins : malgré tous ses efforts, trois d'entre eux moururent, en moins de cinq ou six jours. On ne put sauver que le quatrième, qui fut conduit à Delft, sur la Meuse, au mois de septembre 1646, d'où il repassa en Angleterre. Voici le récit qu'il fit de leur naufrage.

Le vaisseau ayant frappé contre la montagne de glace sur laquelle on l'avoit trouvé, l'équipage, qui consistoit en quarante-deux hommes, s'y réfugia, avec quelques outils, des vivres, et leur chaloupe. Ils s'y creusèrent une cave profonde, qu'ils entourèrent des pièces de glace qu'ils en retiroient, pour se mettre à l'abri de la violence des vents et des vagues. Cette précaution leur réussit, en quelque sorte, et ils y demeurèrent pendant quatorze jours.

Quelques jours après s'être réfugies dans cet asyle dangereux, le commandant, trop assuré qu'ils ne pouvoient s'y conserver long-temps, prit la résolution de gagner la terre avec dix-sept hommes dans la chaloupe, qu'il se proposoit de renvoyer pour prendre les autres, s'ils avoient le bonheur d'échapper. Mais on n'ouït plus parler d'eux, et quelque temps après, une tempête s'étant élevée, on ne fut que trop fondé à croire qu'ils n'avoient pu parvenir au rivage.

Ils étoient encore au nombre de vingt-quatre sur leur montagne de glace, et leurs provisions diminuoient tellement à chaque jour, qu'ils étoient réduits à une espèce de famine. N'ayant donc d'autre perspective que la mort, ils résolurent de se séparer; pour cela, ils se mirent sur différentes pièces de glace, dans l'espérance qu'un hasard heureux les porteroit peut-être à terre. Il n'est que trop vraisemblable qu'ils furent engloutis; car Jean Cornelius fit croiser la chaloupe, pour chercher ceux qui auroient échappé à leur cruelle destinée. Toutes les recherches furent vaines.

CHAPITRE XXXIV.

Du climat du Groënland ; végétaux et animaux qui s'y trouvent.

Les rois de Danemarck ont des prétentions sur le Groënland. Ce pays à l'orient, est entièrement inaccessible à cause des montagnes de glace dont la mer est couverte, et qui s'élévent à une hauteur prodigieuse. A l'ouest, vers le détroit de Davis, on n'y voit guères qu'un amas confus de rochers, dont les sommets sont éternellement couverts de glaces et de neiges. La partie méridionale du pays est beaucoup plus connue, et dans tous les lieux où ont pénétré les colonies danoises, le climat n'est pas insupportable. Pendant l'été, qui dure depuis la fin de mai jusqu'au milieu, on y jouit d'un beau soleil, et il y fait très-chaud. On n'y voit point de brouillards, le temps y est toujours agréable et le ciel toujours pur. Les pluies qui y tombent ne sont ni fréquentes ni fortes. Mais tous ces avantages ne se trouvent que

dans les parties méridionales du pays, soumises aux Danois; car vers le soixante-hui-
tième degré de latitude septentrionale, le
froid en hiver y est si excessif, que les
eaux-de-vie les plus fortes de France y gèlent,
à côté du feu.

Comme le temps est très-calme dans ce
climat, les glaces dans les baies et entre
les îles ne se rompent que vers la fin d'août,
et même dans les criques, elles ne commencent
à se fondre que vers la fin de mai. Depuis
le mois de juin jusqu'à celui d'août, le
soleil est toujours sur l'horison, ainsi pendant tout ce temps il n'y a point de nuit;
mais aussi pendant l'hiver le soleil y est
invisible, et le jour y ressemble à notre cré-
puscule du soir et du matin, sans durer plus
de deux heures.

Dans le midi, le pays est couvert d'une
belle verdure; c'est même de sa beauté qu'il
a tiré son nom. On y voit aussi des fleurs
dont les racines ont l'odeur des roses. En
quelques endroits, les choux et les navets
réussissent à merveille, et ces derniers sont
remarquables pour leur douceur. Mais, à
l'exception de petits bouquets de bouleau,
dont les troncs ne sont pas plus gros que la

jambe d'un homme, on n'y voit point d'arbres. Quelques buissons dispersés çà et là, de petits genièvres, et des espèces de groseillers, tels sont les bois du Groënland.

Le chien est le seul animal domestique du pays. Il n'abboie pas ; il gronde, il hurle. Les Groënlandais s'en servent pour leurs traîneaux. Ils y en attellent quatre, six, huit, et quelquefois jusqu'à dix. En outre ils attachent au traîneau cinq ou six grandes voiles. C'est ainsi que souvent ils font dans un jour d'hîver jusqu'à soixante milles sur la glace.

L'ours blanc du Groënland n'est point comme celui des autres pays. Il est beaucoup plus maigre, et plus leste; il a le cou plus long, et sa tête ressemble plus à celle d'un chien qu'à celle d'un ours. Il abboye à-peu-près comme un chien. Il a la peau longue, et douce comme de la laine, et c'est une bonne défense contre la rigueur du froid. On voit de ces animaux qui ont jusqu'à six pieds de haut, et quatorze de long. On dit qu'ils aiment leurs petits si passionnément, qu'ils se laisseroient tuer plutôt que de les abandonner quand ils sont en danger. Souvent on les voit flotter sur la glace, à de grandes distances du rivage. Ils nagent d'une de ces montagnes à l'autre, pour y chercher des carcasses de baleines et d'autres gros poissons. Les personnes qui ont passé l'hiver dans le Groënland, ont observé qu'on n'y voyoit point d'ours dans cette saison.

Le renne du Groënland est très-différent de celui du Lapon. Il a le poil gris, velu, et des cornes comme le cerf, avec trois ou quatre andouillets à chacune, de la longueur d'environ un pied, et de deux pouces d'épaisseur, avec des oreilles longues et une courte queue. Cet animal est maigre au printemps, mais pendant l'été il se nourrit d'une mousse jaune, et devient si gras que ses côtes ont souvent quatre pouces de graisse.

Les serpens et les animaux venimeux ne peuvent vivre dans ce climat. Il n'y a ni fourmis ni abeilles. On n'y est point tourmenté ni des rats, ni des souris, ni des escarbots : ils y sont inconnus.

Mais il y a beaucoup d'aigles, de faucons, de hiboux à grandes taches, et de corbeaux. On y retrouve aussi tous les animaux de terre et tous les oiseaux de mer qu'on voit dans la Norwège. On a vanté beaucoup la salubrité et la saveur des eaux du Groënland.

Le saumon, la truite et l'écrévisse abondent dans les rivières, et la mer y procure une variété inépuisable de toutes sortes de poissons, l'huître exceptée.

Missionnaires du Groënland.

CHAPITRE XXXV.

Pêche de la Baleine.

La pêche de la baleine dans les mers du Groënland, parmi les glaces que des siècles y ont épaissies, est une des plus grandes curiosités de la nature. Ces champs ou pièces de glaces ont souvent plus d'un mille de longueur, et plus de cent pieds d'épaisseur; et quand une tempête vient à les mettre en mouvement, on ne peut rien voir de plus terrible. Les Hollandais, dans une seule saison, y ont eu treize vaisseaux mis en pièces.

Il y a différentes espèces de baleines dans les mers du Groënland; les unes blanches et les autres noires. Cette dernière espèce est la plus estimée, tant pour sa grandeur que pour la quantité d'huile qu'elle fournit. Sa langue d'environ dix-huit pieds de long, est renfermée dans de longues pièces couvertes d'une espèce de crin qui ressemble à celui du cheval. C'est de ces pièces qu'on fait ordinairement usage dans quelques habillemens de femmes; et de chaque côté de sa langue on en compte jusqu'à deux cent cinquante pièces. Quant aux ossemens de son corps, ils sont aussi durs que ceux d'un bœuf, et ne sont d'aucun usage. Avec une langue si prodigieuse, la baleine n'a point de dents; la longueur ordinaire de son corps est de soixante à quatre-vingts pieds; elle a beaucoup de largeur vers la tête, mais de là jusqu'à la queue sa grosseur va en diminuant.

Lorsque les pêcheurs aperçoivent la baleine par les jets d'eau qu'elle fait jaillir, le mot de ralliement aussitôt est donné; chacun s'élance du vaisseau à son bateau; ils s'y mettent au nombre de six ou huit hommes, et ordinairement il y a quatre ou cinq de ces bateaux attachés à un seul vaisseau.

Une fois qu'on est à portée de la baleine, celui qui tient le harpon le lui lance, et le monstre aussitôt se trouvant blessé, s'enfonce précipitamment dans l'abyme, et entraîneroit le bateau avec lui, si on ne se hâtoit de filer le cordage. Mais le bateau est encore exposé à un autre danger, à celui du feu que pourroit y mettre la rapidité du frottement du côté où est la corde; on y obvie en le mouillant, sans discontinuer, avec des torchons. Lorsque la baleine a couru quelques centaines de toises au fond des eaux, elle est forcée de remonter pour respirer l'air, et le bruit qu'elle fait en élançant des torrens d'eau, est si terrible, qu'on l'a comparé au bruit du canon. Aussitôt qu'elle reparoît sur la surface, on lui lance un autre harpon qui la fait replonger comme à la première fois; et lorsqu'elle remonte encore, on l'assaillit de toutes parts à coups de lances, jusqu'à ce qu'elle teigne de son sang les eaux de la mer qu'elle ne cesse de battre de sa queue et de ses nageoires. On continue de la suivre pendant quelques lieues, à travers des flots d'écume et de sang; enfin sa force l'abandonne, et quand elle expire, elle se retourne sur son dos; après quoi on la traîne au rivage ou au vaisseau, si l'on est trop éloigné de la terre. Là, on la dépèce, on en fait bouillir la graisse pour en extraire l'huile, quand on a sur le rivage les instrumens nécessaires. Autrement on l'encaisse par pièces sur le vaisseau, qui en conserve long-temps l'odeur la plus forte.

On retire de chaque baleine entre soixante à cent barrils d'huile, de trois à quatre guinées chacun. Quoique les Danois réclament ce droit de pêche à l'est et à l'ouest du Groënland, les Hollandais se le sont en quelque sorte approprié. Cependant les Anglais, dans ces derniers temps, en ont partagé les profits.

Le Groënland fournit au commerce la baleine, l'huile, les cornes de certains poissons de mer, les peaux de veaux marins, d'ours et de renards. On y porte en échange des chaudrons de cuivre, d'airain, de fer blanc, des chemises blanches, bleues, rouges, et des toiles rayées, de gros draps de laine, de gros hameçons, des scies, des couteaux, des aiguilles et de la clincaillerie; en outre, des miroirs, des perches, des planches, des caisses et des radeaux.

Crantz.

CHAPITRE XXXVI.

Des habitans du Groënland.

D'APRÉS les rapports les plus récens des missionnaires employés pour la conversion des Groënlandais, le nombre des habitans ne se porte qu'à environ neuf cent cinquante-sept. Ils ont la taille petite, presque tous au-dessous de cinq pieds, et il en est peu qui soient au-dessus. Ils ont les cheveux noirs, lisses et longs : on en voit peu qui aient de la barbe, par l'usage où ils sont de se l'arracher. Ils ne sont pas d'un caractère très-vif, mais ils ont de la gaîté, de l'amitié et beaucoup d'insouciance sur l'avenir.

Ils vivent communément de viandes de rennes, de lièvres, de volatiles terrestres ou aquatiques, de veaux marins, de poissons de rivières et de mer, de quelques parties même de baleine. Leur boisson est une eau claire qu'ils gardent à la maison dans un vaisseau de cuivre ou de bois, fait proprement et orné d'os et d'anneaux de poissons, et pourvu d'une cuiller d'étain ou d'un vase.

Les Groënlandais ont leurs habitations d'hiver et d'été ; les premières sont les plus grandes : elles sont creusées bien avant sous terre, élevées cependant au-dessus de leurs cavités par des pierres et un peu de gazon. Leurs lits sont en forme de bancs, ayant une demi-toise d'élévation au-dessus du rez-de-chaussée ; ils prennent pour couvertures des peaux de rennes et de veaux marins. Une grande lampe, dont la forme est celle d'une demi-lune, repose sur le foyer ; elle sert tout à-la-fois à les éclairer et à faire bouillir leurs provisions, en échauffant les casserolles qui les contiennent. Ces ustensiles sont de marbre, d'airain, de cuivre ou de fer-blanc. Ces demeures souterraines tournent en descendant ; l'entrée en est étroite, et les portes si basses, qu'on ne peut s'y introduire qu'en se traînant sur les pieds et sur les mains. C'est pour se préserver du froid qu'ils ont adopté cette structure, et qu'en outre ils en tapissent l'intérieur avec des peaux de veaux marins. Souvent il y a sept à huit familles dans ces demeures ; et quoiqu'on y compte jusqu'à dix et vingt lampes d'huile de baleine toujours allumées, la fumée ne s'y fait cependant pas trop sentir ; car la mousse sèche et petite qu'on met à un des côtés de la lampe, brûle doucement quand elle est allumée, à moins qu'elle n'y soit en trop grande quantité. Ces lampes donnent assez de chaleur pour faire bouillir leurs vivres, et pour faire de la chambre une espèce d'étuve. Cependant ceux qui n'y sont pas habitués en trouvent l'odeur extrêmement désagréable, à cause du grand nombre de lampes remplies d'huile de baleine, et parce qu'on y entasse toutes sortes de viandes crues, de poissons et de graisses.

Leurs habitations d'été consistent dans des tentes soutenues par des perches qui, dans leur ensemble, forment une espèce de cône : la peau du renne et du veau marin en tapisse l'intérieur : le dehors en est aussi revêtu ; mais on a soin d'en ôter les poils ou de les huiler, afin de les rendre impénétrables à la pluie.

Lorsqu'ils se réunissent, ils expriment leurs plaisir par le tambour, le chant et la danse ; et quoique assez indifférens pour les cérémonies et les bienséances, en quoi les autres nations font consister leur politesse, leur conversation est franche, ouverte et agréable. Il n'y a rien qui leur plaise plus que les bons mots et la plaisanterie. Ils vivent fort bien entre eux, et ils ont beaucoup de confiance les uns dans les autres. On entend rarement, ou presque jamais, parler chez eux d'intrigues amoureuses qui soient illicites ; et comme le vol, le rapt et la violence n'y sont point connus, ils n'ont jamais occasion de faire la guerre à leurs voisins. L'hospitalité est une de leurs vertus ; ils ont même beaucoup de choses en commun : celui que l'âge ou des infirmités empêchent de travailler, peut librement s'asseoir à la table de ceux qui ont la jeunesse et la santé.

Situés dans des régions glacées, on seroit en droit de supposer que le feu de leur génie et de leur imagination s'éteint par la rigueur excessive du froid ; cependant (et ceci doit paroître très-extraordinaire) ils ont du talent pour la poésie, et prennent grand plaisir à la cultiver. Leurs poëmes sont une espèce d'odes lyriques, dont l'harmonie dépend du rithme et de la quantité ; car la cadence et le nombre se font sentir dans les vers qu'ils récitent. Ils expriment dans leur poésie toutes leurs passions, comme l'amour, la joie, le chagrin, et plus particulièrement la colère ; car deux personnes viennent-elles à se quereller, elles se portent aussitôt un défi, non de se combattre à outrance, (on ne s'y bat jamais que pour s'amuser), mais à qui fera le mieux des vers; et celui que sa verve abandonne le premier, est censé vaincu : ainsi la querelle se termine sans procès et sans effusion de sang.

Ils sont pleinement convaincus de l'immortalité de l'ame, et croient qu'aussitôt qu'une personne meurt, son ame s'envole *à la terre des esprits*, et qu'elle y jouit du bonheur de chasser éternellement, pendant que le corps se réduit en poussière.

Les missionnaires du Groënland.

CHAPITRE XXXVII.

De la Laponie.

S'IL y a sur la terre un pays qu'on puisse supposer ne pas mériter l'attention des autres, peut-être est-ce la Laponie : cependant, à beaucoup d'égards, elle mérite qu'on en fasse mention. Cette contrée a environ quatre cent quatre-vingts lieues de long, et presque autant de large ; mais le nombre des habitans en est si petit, que la province de France la plus mauvaise en contient plus que cette vaste région septentrionale. Il n'est pas surprenant que les autres nations soient peu tentées d'envoyer des colonies dans un pays situé en partie au-delà du cercle polaire, et qui ne produit pour la nourriture de ses habitans que du poisson et quelques bêtes sauvages ; dans un pays, où l'on n'entendit jamais le chant de l'allouette et du rossignol ; dans un pays, où l'on ne voit, au lieu d'une variété agréable de collines fertiles et de riantes prairies, que des montagnes couvertes de neiges éternelles, et des marais bordés de quelques saules et de bouleaux, arbres nains qui sèchent avant d'avoir atteint la grandeur qui leur est naturelle dans des climats plus doux. Ajoutez à ces raisons, qu'au nord de la Laponie la nuit règne, presque sans interruption, pendant une certaine saison; qu'après le mois de mars, quoique les jours commencent à y être plus longs que dans les contrées situées en-deçà du cercle polaire, le soleil n'y a pas assez de force pour retirer ces terres glacées de leur engourdissement; car il y a des provinces où l'on traverse encore en traîneaux les lacs et les rivières glacés jusque dans leurs profondeurs, quoique le soleil y paroisse pendant dix heures sur l'horison. Ajoutez qu'il y a d'autres provinces où les grands jours d'été y sont accompagnés d'une chaleur si extrême, qu'on y est infesté de moucherons, d'insectes, et qu'ils y sont en nombre si prodigieux, que le soleil en est quelquefois obscurci.

Une vaste étendue de landes, couvertes de mousse, est la première chose qui frappe la vue dans la Laponie : ces landes doivent y être d'une grande utilité aux Lapons, parce que cette mousse est la nourriture ordinaire des rennes, qui sont presque la seule espèce de bétail qu'ils possèdent.

Il y a quelques endroits, particulièrement dans les vallées, sur les bords des rivières et des lacs, où croissent le pin, le sapin, le bouleau, le genièvre, le saule, l'aune et le peuplier, etc.; ensorte que si les habitans vouloient en faire usage, ils ne seroient pas obligés de vivre exposés aux injures de l'air, et de mourir de froid. Il y a aussi des prairies en assez grand nombre, dont les pâturages suffisent au bétail des colonies suédoises : l'herbe y croît quelquefois jusqu'aux pieds des montagnes couvertes de glace; et il est probable qu'en desséchant les marais, on pourroit les convertir en prairies ou en terres labourables. La Laponie produit aussi plusieurs espèces de baies ou pommes noires, dont les habitans font usage ; la peau en est délicate, et la pulpe en est agréable ; cependant la plupart de ces fruits ne sont guères connus que dans les contrées du nord. La main de l'homme semble avoir dédaigné d'y former des jardins : la nature, plus libérale, y a suppléé ; car on voit au pied de quelques-unes de ces montagnes des arbres si bien distribués, que l'art n'auroit pu leur donner une disposition plus agréable. D'ailleurs les forêts de pins sont bien plus utiles aux Lapons et aux habitans de la Bothnie occidentale, que ne le sont les plus beaux vergers aux habitans des provinces les plus fertiles : ils font du pain avec l'écorce de ces arbres ; et cette nourriture, mauvaise en apparence, leur donne de la force et de la vigueur. Les montagnes qu'on y voit à une hauteur prodigieuse présenter un aspect terrible, y ont leur utilité : on diroit que la nature ne les a élevées que pour leur servir de remparts contre la fureur des vents, dont la violence, sans cet abri, replongeroit le pays dans le chaos.

Quant à la tradition qui porte que les nuages enlèvent quelquefois de ces hauteurs et les rennes et les hommes, ce n'est autre chose qu'une fable.

Les Suédois vantent beaucoup les perspectives admirables de ces régions, la blancheur éblouissante de leurs montagnes couvertes de neiges et de glaces, leur contraste avec la mousse, qui fait de leurs collines un tapis de verdure; ils admirent celui de tous ces objets avec une variété d'îles qui s'élèvent au milieu des lacs, avec les rivières qui serpentent, leurs cascades, et les bois qui surchargent les plaines. Mais nous observons avec Maupertuis, que pour aimer, pour admirer des sites aussi enchanteurs, il faudroit les transporter loin de la terre rigide et sauvage des Lapons. Ce n'est qu'avec une exagération extravagante que certains écrivains de cette nation en vantent les beautés : Olaüs Rudbek, par exemple, va jusqu'à dire qu'il y a dans ces contrées des endroits qu'on pourroit aisément prendre pour le paradis terrestre.

La chanson de l'ours est célèbre chez les Lapons. Quand ils l'ont tué, ils commencent par le remercier d'avoir bien voulu ne point leur faire de mal, et ils lui témoignent leur satisfaction de son arrivée : ensuite ils rendent grace à la divinité d'avoir créé les animaux pour l'usage de l'homme, et de lui avoir donné la force et l'adresse pour le domter. On dit aussi que, par suite d'un usage superstitieux, celui qui a eu le bonheur de tuer un ours, doit s'abstenir pendant trois jours de vivre avec sa femme. Les loups s'y trouvent aussi en grand nombre, et y font un terrible ravage, sur-tout des élans et des rennes : la manière dont ces animaux carnassiers chassent et surprennent l'élan est singulière. Dans la chasse que lui donne le loup, il se repose lorsqu'il est fatigué, et l'élan va aussi se reposer un peu plus loin ; mais à peine le loup a-t-il repris ses forces qu'il s'élance contre sa proie ; en effet l'élan succombe : pendant ce repos insidieux ses nerfs se sont roidis, et sa mort devient inévitable.

Les Lapons ne sont pas à apprendre que le monde a eu un commencement; mais leur tradition ajoute que Dieu, avant de produire la terre, se consulta avec Perkel (mot qui, dans leur langage, signifie l'esprit malin), afin de déterminer comment il arrangeroit chaque chose. Dieu se proposa donc de remplir les arbres de moëlle, les lacs de lait, et que les herbes, les fleurs et les plantes porteroient tous les plus beaux fruits : par malheur un plan si convenable à l'homme déplut à Perkel. Il en résulta que Dieu ne fit pas les choses aussi bien qu'il l'auroit voulu. Ils ont quelque connoissance du déluge universel. Leur tradition rapporte que toute la terre étoit habitée avant que Dieu ne la détruisît ; mais comme elle fut bouleversée sens-dessus-dessous, les eaux échappées des lacs et rivières couvrirent la surface de la terre, et engloutirent le genre humain, à l'exception d'un frère et d'une sœur, que Dieu prit sous ses bras et qu'il alla déposer sur le sommet de la grande montagne appelée *Passeware*. Quand l'inondation n'offrit plus de dangers, le frère et la sœur se séparèrent pour chercher si quelques autres avoient échappé : ils revinrent après un voyage de trois ans, et se reconnurent pour frère et sœur. Les voilà qui se séparent pour un second voyage, et qui, à leur retour, se reconnoissent encore. Enfin, après trois autres années de recherches, ils se revirent et ne se reconnurent plus. Dès ce moment ils vécurent ensemble et eurent des enfans, de qui sont descendues toutes les nations qui habitent aujourd'hui sur la terre.

Leur tradition sur leur propre origine est assez plaisante. « Les Lapons et les Suédois, » disent-ils, « sont issus de deux frères, dont le courage étoit bien différent. Un jour qu'il s'étoit élevé une tempête horrible, l'un d'eux fut si épouvanté que, pour se sauver il se glissa sous une planche que Dieu, par pitié, convertit en maison : de ce poltron sont nés tous les Suédois. Mais l'autre, plus courageux, brava la furie de la tempête, sans chercher même à se cacher : ce brave fut le père des Lapons, qui vivent encore aujourd'hui sans s'abriter. »

La langue laponaise n'est pas si barbare qu'on pourroit se l'imaginer ; elle a même eu quelques écrivains : elle est plus douce que celle des Finlandais, plus régulière que la suédoise, et elle exprime les choses avec une grande précision : par exemple, elle a six ou sept termes pour signifier les différentes espèces de chemins, autant pour les montagnes, et environ vingt-quatre pour distinguer le renne selon le sexe, l'âge et les propriétés : les modes de ses verbes sont en plus grand nombre qu'en toute autre langue ; et pour exprimer les rapports de ses noms substantifs elle a au moins treize cas différens.

Outre la connoissance qu'ils ont des arts nécessaires à la vie, il y a long-temps qu'on a vanté leur génie pour la poésie : tout le monde a lu, dans le spectateur d'Addisson, le chant du renne et des landes d'Orra. Cet auteur dit expressément que Sheffer, dans son histoire de ce pays, a conservé ces deux chansons ; qu'il n'a fait que les traduire. Des critiques, à la vérité, ont voulu lui attribuer les honneurs de l'invention ; mais dans l'édition originale de Sheffer on les trouve en langue lapone, avec la traduction littérale de l'auteur.

CHAPITRE XXXVIII.

Voyage de Jean François Gémelli.

Gémelli étoit né à Naples, où il suivoit le barreau. Après avoir essuyé une maladie dangereuse, et quelques chagrins de famille, il se mit à voyager, en 1692, tant pour se rétablir que pour satisfaire la curiosité qui le dominoit et qui lui fit faire le tour du globe avec un courage et une persévérance incroyables. Sa probité égaloit son courage. Par-tout il décrit ce qu'il a vu, avec la précision la plus scrupuleuse ; et, quoiqu'on puisse lui reprocher d'avoir cru trop légérement ce que lui disoient des prêtres et des missionnaires, fourbes ou crédules, néanmoins il est exact et plein de candeur dans tout ce qu'il a observé par lui-même.

Après avoir visité les cours du Grand-Seigneur, du Sophi de Perse, du Grand-Mogol, et de l'empereur de la Chine, Gémelli s'embarqua à Manille pour Accapulco. Chaque année un vaisseau espagnol faisoit ce voyage ennuyeux et terrible. Mais cette route étoit alors inconnue presque à tous les Européens.

CHAPITRE XXXIX.

D'Ispahan, et des ruines du palais de Darius.

PENDANT que les rois de Perse tenoient leur cour à Casbin et à Sultania, Ispahan n'étoit guère alors qu'un village ; mais du moment qu'invité par la fécondité du sol, qu'arrosent plusieurs canaux tirés du fleuve Sanderou, Cha-abbas y transporta le siége de l'empire, cette ville parvint bientôt à un haut degré de splendeur.

La salubrité de l'air, et les avantages qu'y trouve le commerce, ont tellement contribué à la population d'Ispahan, qu'on l'appelle la moitié du monde, et ce n'est pas sans raison, tant pour la diversité des langues qui s'y parlent, que pour la richesse prodigieuse de ses bazars et de ses magasins remplis de toute espèce de marchandises.

Comme beaucoup de personnes préfèrent les ruines du palais de Darius à celles de l'ancienne Rome ou de la Grèce, et même aux pyramides d'Egypte, ou aux monumens d'Alexandre le grand, Gémelli ne pouvoit manquer d'aller les examiner.

Cette ruine superbe est au pied d'une haute montagne, devant laquelle s'étend une plaine qui a environ trente milles de longueur et vingt de largeur. C'est là qu'on suppose qu'existoit la fameuse Persépolis. La façade de cet édifice à l'ouest a cent pas communs de longueur, quatre cents au nord, et deux cent cinquante au midi. A l'est, c'est la montagne qui lui tient lieu de mur. Autant qu'on peut en juger par les dimmensions, sa forme est irrégulière. A certaines distances et decha=

que côté, il est flanqué par des angles, uniformément disposés comme autant de demi-bastions. Les pierres dont il est construit sont d'une grandeur prodigieuse.

Les murs du premier étage, qui sont encore debout, sont incrustés de marbre noir, et ont en quelques endroits, jusqu'à dix, vingt et trente pieds de hauteur.

Sur l'extérieur du mur exposé au midi, on voit taillée dans un espace vide, une inscription de quinze empans de long et large de sept, en caractères que personne n'a encore pu lire jusqu'à présent.

Le grand escalier du palais est sur la gauche. Il consiste en deux rampes, chacune d'elles ayant le mur d'un côté, et de l'autre un balustre du même marbre. Il y a au-dessus un palier où l'on se repose, aussi large que l'escalier. On tourne ensuite à un autre qui conduit au premier étage. Il est d'une magnificence extrême, car il a trente pieds de large, et la pente en est si douce, qu'il faut monter quatre-vingt quinze marches pour s'élever à la hauteur de vingt-deux pieds géométriques. Le marbre dont elles sont faites est d'un beau noir, et si dur que pendant les siècles qui se sont écoulés il a résisté aux injures du temps.

On va du palier à un portique de marbre blanc, large de vingt pieds. L'architrave en est maintenant tombée, mais il paroit par les piliers qui le soutiennent encore, qu'il a été construit avec tant d'art, qu'à peine trouveroit-on dans les ruines de Rome quelque chose qui pût en soutenir la comparaison.

De quelque part qu'on jette les yeux sur le second étage, on y voit encore des bas-reliefs fort intéressans. Ce sont en quelques endroits des hommes qui tiennent des licornes, ou qui combattent contre des lions; en d'autres, des princes, sur leur char de triomphe, accompagnés d'une suite nombreuse.

Dans l'intérieur, exactement au milieu du palais, est l'amphithéâtre où se donnoient différens spectacles et les combats des bêtes féroces entre elles. On y voit aussi les restes de plusieurs bas-reliefs qui représentent des hommes aux prises avec des bêtes sauvages, et des princes assis le sceptre à la main, ou qui se promènent sous des parasols.

Outre le mérite du dessin et l'exécution de toutes ces figures, c'est qu'elles sont aussi très-remarquables par la variété des costumes. Les unes ont de longues barbes qui descendent jusqu'à la ceinture, et d'autre part, les cheveux si courts, qu'à peine vont-ils jusqu'à la nuque. D'autres ont sur la tête un chapeau rond et plat, pendant que leurs robes, semblables à celles des sénateurs, amples et garnies de franges, tombent jusqu'à leurs talons. D'autres figures ne diffèrent de celles-ci que par les yeux qui sont placées un peu plus haut. Mais ce qu'il y a de plus remarquable, c'est que parmi plusieurs centaines de figures, il n'y en a pas une seule de femme, et que le marbre, où ces figures respirent encore, se soit conservé, depuis deux mille ans, sans la moindre dégradation. Il brille avec autant d'éclat que si l'on venoit de le polir.

En s'avançant à une portée de fusil vers la montagne, il se présente une façade de trente pieds carrés, prise dans le roc même, avec des figures de marbre blanc sous ce frontispice. On a coupé une grande arche, dans laquelle sont deux tombeaux taillés dans le roc, ayant sept empans de longueur sur trois de largeur. C'est là qu'on suppose que le trésor royal fut enterré. A une portée de fusil plus loin, est une autre façade ornée de figures semblables aux premières, avec une arche également semblables au-dessous. A cent pas du palais du côté du midi, il y a une colonne qui a sa base dans le roc même.

Quelques savans ont pensé que c'étoient les ruines d'un temple fameux qu'Assuérus fit élever. D'autres sont fondés à croire que c'est le palais de Darius ; mais la tradition en est si ancienne, qu'ils ne peuvent dire à quel prince de ce nom étoit ce palais. Quoique les auteurs les plus anciens n'aient point fait mention de la magnificence de Persépolis, cependant on doit croire, d'après les voyageurs modernes, qu'elle a rivalisé de grandeur avec les villes fameuses de Babylone et de Ninive. Mais comme, par sa situation vers l'est, elle étoit fort éloignée de l'Europe, les voyageurs de cette partie du monde ont eu peu d'occasions de l'examiner, d'autant plus qu'anciennement elle étoit inconnue à leurs historiens. Et d'ailleurs, combien d'autres cités, telles que Memphis et Thèbes en Egypte, ont été célèbres par leur grandeur et par leur antiquité, dont cependant nous n'avons pas les moindres détails.

On ne peut révoquer en doute, que l'ancienne Persépolis n'ait été située dans cette place, sur-tout quand on considère ce qui reste de ces édifices, et le voisinage de l'Araxe, fleuve qui porte aujourd'hui le nom de Bendamir, auprès duquel les anciens l'ont placée. Et si les Européens venoient à fréquenter cette plage, nul doute qu'ils ne rendissent justice à la splendeur digne *véritablement* de la majesté des plus grands rois. Non-seulement ils le considéreroient comme une des sept merveilles du monde, mais ils diroient encore qu'il n'y en a point et qu'il n'y en a jamais eu qu'on puisse *véritablement* lui comparer.

CHAPITRE XL.

Voyage du capitaine Rogers. Description du Brésil et de la rivière des Amazones.

DE toutes les villes commerçantes d'Angleterre, Bristol est peut-être celle qui a montré le plus d'empressement pour découvrir des pays inconnus, et pour faire fleurir le commerce. Aussi la fortune, qu'on dit être aveugle, a souri à l'insdustrie de ses habitans, et l'opulence a répondu à leurs soins et à leurs travaux.

De tous les vaisseaux frétés par cette ville

pour tenter des aventures, il en est peu qui aient fait un voyage plus remarquable que *le Duc* et *la Duchesse*, qu'une compagnie de marchands envoya croiser dans la mer du sud, sous la conduite des plus habiles marins.

Woodes Rogers eut le commandement du *Duc* et la direction de l'entreprise. Le capitaine William Dampier, qui avoit fait deux voyages autour du globe, trois dans la mer du Sud, monta sur ce vaisseau, en qualité de pilote. Thomas Dover, médecin habile et d'un sens excellent, y fut nommé capitaine en second. Le vaisseau *la Duchesse* eut pour capitaines Etienne Courtney et Edouard Cooke.

Les équipages des deux vaisseaux étoient de différentes nations, ainsi que différentes espèces d'ouvriers, au nombre de trente-trois hommes.

Le premier août 1708, on partit de Kingroad, le 5 à midi on jeta l'ancre à la vue de Kinsale.

Au 10 septembre, vers les trois heures après-midi, après une chasse de neuf heures, ils abordèrent un vaisseau suédois qui amena après avoir essuyé deux bordées. Quelques paroles échappées à des hommes ivres firent croire que le vaisseau étoit chargé de contrebande. Mais après avoir strictement examiné le maître et plusieurs personnes de l'équipage, on trouva qu'il étoit en règle; ensorte qu'on le laissa partir sans toucher à sa cargaison. Le capitaine fut si charmé de cette conduite, qu'à son départ il fit présent au capitaine Rogers de deux jambons et d'une petite provision de bœuf salé. On lui donna en retour du cidre et autres bagatelles.

Le 26 septembre, on passa le tropique, où selon l'usage on plongea trois fois à la mer environ soixante personnes de l'équipage qui n'avoient jamais fait ce voyage. Ceux qui voulurent se racheter de cette espèce de baptême, consignèrent un petit écu au profit de l'équipage.

Le 14 octobre, on fut à la vue du Brésil; le 18, on jeta l'ancre à l'entrée de l'île de Grande.

Le 27, le capitaine Rogers, le capitaine Courtney et autres officiers descendirent à Angre-de-Reis, pour voir une procession qui se faisoit en l'honneur de la Sainte Vierge. Le gouverneur portugais les reçut avec beaucoup de politesse, leur demanda la musique de leurs vaisseaux pour assister au service divin. Elle consistoit en deux trompettes et un hautbois qui remplirent les fonctions de l'orgue. Lorsque la procession sortit de l'église, les musiciens marchèrent à la tête. On y voyoit l'encens fumer, une hostie, une image de la Sainte Vierge, ornée de fleurs, environnée de cierges, et reposant sur une châsse portée par quatre hommes. Nos protestans virent cette pompe s'embellir d'un groupe de moines et de prêtres, à la tête desquels marchoient le gardien du couvent, le capitaine Rogers, le capitaine Courtney, et les autres officiers du vaisseau, ayant chacun, par complaisance, un flambeau à la main. Les prêtres les plus jeunes et les principaux habitans de la ville, tous avec leur cierge, fermoient la marche. Après la cérémonie il y eut une jolie fête au couvent, et une autre chez le gouverneur.

Le pays emprunte son nom du bois qui y abonde, et dont la couleur imite le bronze. Au nord du Brésil, et presque sous l'équateur, le climat y est chaud, orageux et malsain, sujet à de grandes pluies et à des vents variables, particulièrement dans le temps des équinoxes; alors il y tombe un déluge d'eau, les orages et les ouragans y sont si fréquens que le pays est inondé. Mais au midi, au-delà du tropique du capricorne, il n'y a pas de pays au monde où l'air soit plus serein, plus salubre, rafraîchi d'une part, par les vents doux qui soufflent de l'océan, et de l'autre, par ceux qui viennent des montagnes.

La terre voisine de la côte est plutôt basse qu'élevée. Coupée par des prairies et des bois, elle offre une perspective singulièrement agréable. Dans l'intérieur et du côté de l'ouest, s'élèvent de hautes montagnes d'où sortent plusieurs grandes rivières qui vont se perdre dans celles des Amazones et de la Plata.

Il n'y a certainement pas une plus grande rivière au monde que celle des Amazones. Elle tire son nom d'une race de femmes fières et guerrières, telles à-peu-près que les Amazonnes de l'ancien monde, et qu'on suppose avoir habité les rives bruyantes de ce fleuve. Mais d'après les recherches les plus exactes, on peut mettre au rang des fables ces héroïnes redoutables, et considérer l'histoire qu'on en a faite, comme une invention des naturels du pays, pour empêcher les Espagnols d'y pénétrer plus loin. Cette rivière prend sa source au pied d'une chaîne de montagnes à huit ou dix lieues à l'est de Quito dans le Pérou. Après avoir promené ses ondes à travers un cours de dix-huit cents lieues, elle entre par quatre-vingt-quatre embouchures dans l'océan Atlantique.

Les habitans du Brésil, ainsi que ceux de presque tous les climats méridionaux sont plus charmés de tout l'appareil du luxe et de la magnificence, que flattés des plaisirs d'une société libre et des plaisirs de la table.

Lorsqu'ils veulent sortir de leurs maisons, ils se font porter dans une espèce de hamac, appelé *serpentines*. Ce siége de la mollesse est appuyé sur un brancard de bambou d'environ douze à quatorze pieds de longueur, que des nègres portent sur leurs épaules. La plupart de ces hamacs sont bleus et ornés de franges de la même couleur. Là, sur un coussin de velours, caché sous un ciel de lit, et environné de rideaux, gît le Brazilien voluptueux, qui, la tête droite ou penchée sur l'oreiller, se dérobe ou se montre, dort, ou salue ceux de ses amis qui se trouvent sur son passage : car l'usage est de s'arrêter ainsi dans les rues, d'y caresser son orgueil, de s'entretenir, de donner et recevoir des complimens, comme si deux monarques abouchés s'entretenoient du haut de leurs trônes.

Le port de Saint-Sauveur, capitale du Brésil, est beau, vaste et commode. Il est bâti sur un rocher élevé et escarpé, ayant la mer d'un côté, et de l'autre un lac en forme de croissant, qui l'environne presque entièrement, et de si près qu'il touche presque à la mer. La ville est peuplée, magnifique, et sans contredit la plus agréable et la plus opulente de tout le Brésil.

Le commerce de cette contrée n'étoit qu'à son enfance lorsque le capitaine Roger y arriva; mais depuis il s'est agrandi, et chaque année ajoute à son accroissement. Ceci ne doit point surprendre : les Portugais peuvent se procurer des esclaves pour leurs travaux, à bien meilleur compte que les autres puissances qui ont des établissemens en Amérique, parce qu'ils sont les seuls qui aient des colonies en Afrique, d'où ils tirent annuellement quarante à cinquante mille nègres, dont la vente ou les travaux chargent les flottes du Brésil pour l'Europe. Il faut comprendre dans ces riches cargaisons, au moins pour cent trente mille livres sterlings de diamans. On aura une idée de l'importance de ce commerce, si on y ajoute le sucre, le tabac, les peaux et les productions qui servent à la médecine et aux manufactures ; objets tous précieux, dont le Portugal consomme une partie, et dont le reste se vend aux autres puissances de l'Europe.

Les denrées principales que les vaisseaux européens y portent en retour, n'équivalent point à la quinzième partie du produit du Portugal. Elles consistent en laines ouvragées de toute espèce, que l'Angleterre, la France et la Hollande y portent, en toiles et dentelles de Hollande, de France et d'Allemagne, en soies de France et d'Italie ; l'Angleterre y porte aussi des bas de fil et de soie, des chapeaux, du plomb, du fer blanc, de l'étain, du fer, du cuivre, et toutes sortes d'ustensiles provenant de ces métaux, ainsi que du poisson salé, du bœuf, de la farine et du fromage. L'Espagne y fournit des huiles ; le Portugal n'y transporte guères que ses vins et quelques fruits. L'Angleterre est maintenant la puissance la plus intéressée dans le commerce du Portugal, tant pour ce qui s'y consomme, que pour les objets qui manquent au Brésil. Cependant la France, dans cette partie du commerce, comme dans tant d'autres branches, rivalise l'Angleterre avec succès.

Les Portugais ont possédé le Brésil pendant long-temps, avant de découvrir les mines d'or et de diamans, qui depuis ont rendu ce pays si important. La baie de tous les Saints est le rendez-vous de leurs flottes. Au mois de mai et de juin, il s'y trouve réunis une centaine de gros bâtimens qui font voile pour l'Europe, avec une cargaison qui n'est guère moins considérable que celle de la flotte et des galions de l'Espagne. On évalue à quatre millions de livres sterlings l'or seul, dont une grande partie est frappée en Amérique.

CHAPITRE XLI.

Histoire d'Alexandre Selkirk.

Le 21 janvier 1709, le capitaine Rogers arriva auprès de l'île de Juan Fernandez. Le lendemain, le capitaine Dover prit la pinasse, dans l'intention de se rendre sur la côte avec l'équipage de la chaloupe. Comme il aperçut un grand feu dans l'île, il craignit de tomber en des mains ennemies, et il revint au vaisseau.

Le 2 de février, les deux vaisseaux se présentèrent pour descendre au rivage. Mais le vent s'éleva tout-à-coup, et les bourrasques furent si violentes et si réitérées, qu'ils se virent obligés d'ôter les voiles du perroquet, et de se tenir aux mâts, dans la crainte d'être emportés dans la mer.

Après avoir examiné la côte, et s'être convaincus qu'il n'y avoit point de vaisseaux dans la baie, le capitaine Dover et M. Frye se hasardèrent d'approcher avec six hommes armés dans la chaloupe. Comme elle ne revenoit point, la pinasse suivit, portant le nombre d'hommes nécessaire. La chaloupe et la pinasse revinrent le soir, et ramenèrent un homme qui paroissoit plus sauvage que les boucs dont les peaux lui servoient d'habillemens.

Il parut charmé de monter à bord du vaisseau; mais il avoit tellement oublié sa langue maternelle, qu'à peine pouvoit-il se faire entendre. Il n'articuloit les mots qu'à moitié. Cependant, quelques jours après il commença à parler, et fit observer que son silence étoit involontaire. En effet, il avoit passé plus de quatre ans dans cette île, nulle créature humaine avec qui il pût s'entretenir;

il avoit entièrement perdu l'usage de la parole. Comme l'eau avoit été sa seule boisson, et qu'il n'avoit trouvé que la nourriture la plus insipide, il fut quelque temps sans pouvoir se faire à celle du vaisseau.

Cet homme étoit natif de Largo, dans le comté de Fise en Ecosse. Son nom étoit Alexandre Selkirk. Le capitaine Dampier, qui l'avoit bien connu, dit que c'étoit un excellent marin, et d'après son témoignage, on le fit contre-maître à bord du *Duc*.

Il avoit fait partie de l'équipage d'un vaisseau appelé les *Cinq-Ports*, commandé par un certain Stradling, qui, d'après quelques différends avec lui, le descendit dans cette île. Il lui laissa un fusil, une livre de poudre, des balles, un couteau, une hache, une petite marmite, des instrumens de mathématiques, une bible, et deux ou trois autres livres utiles, avec une petite quantité de tabac, un lit et des couvertures, etc.

Séparé du monde entier dans ce désert, il fut accablé par la terreur; mais le temps qui guérit tout, lui rendit sa solitude moins insupportable, et ses esprits se calmèrent un peu. Il s'étoit fait deux huttes, dont l'une lui servoit de cuisine, et l'autre de chambre à dîner et à coucher. Il les avoit construites avec du bois de piment, qui lui fournit aussi le feu et la chandelle; car il jette beaucoup d'éclat, et en outre a une odeur fort agréable. Des joncs et de longues herbes firent les frais du toit; et les peaux de chèvres lui fournirent sa tapisserie. Il en avoit tué jusqu'à cinq cents pendant son séjour dans l'île, et il en avoit bien attrapé autant, qu'il remit en liberté après les avoir marquées sur l'oreille.

Quand ses provisions de poudre furent épuisées, c'étoit à la course qu'il les atteignoit. Il y étoit devenu si habile, qu'il n'y en avoit pas une seule qui pût le devancer. Le capitaine Rogers nous rapporte que pendant le séjour de l'équipage auprès de cette île, M. Selkirk sortoit souvent avec les chiens pour aller à la chasse des chèvres; que toujours il les devançoit et les domptoit souvent de fatigue.

Lorsque ses habillemens furent usés, il s'en fit de peaux de chèvres. Par le moyen d'un clou il y formoit des espèces de boutonnières dans lesquelles il inséroit des lanières ou courroies qu'il en avoit détachées avec son couteau, et l'habit se trouvoit fait. Comme il avoit une pièce de toile, il s'en fit une espèce de chemise qui fut cousue de la même façon. Au bout d'un mois il se trouva sans souliers : ses pieds se durcirent avec le temps, au point qu'il ne pouvoit plus en porter sans que ses pieds ne s'enflassent considérablement.

A son retour en Angleterre, on lui conseilla de publier sa vie et ses aventures dans son petit royaume. On dit qu'il remit, dans cette intention, ses papiers à Daniel Defoe. Mais cet écrivain, qui avoit l'imagination vive, se servit de ces matériaux, pour métamorphoser le pauvre Alexandre Selkirk en Robinson-Crusoé ; ensorte qu'on doit cet ouvrage célèbre à l'idée que lui donnèrent ces mémoires, dont l'auteur ne retira rien.

Le climat de l'île Juan-Fernandez est si bon, que les arbres y conservent leur verdure toute l'année. L'hiver ne s'y fait sentir que pendant les mois de juin et juillet, encore ne s'en aperçoit-on que par un peu de gelée, de grêle et de pluies quelquefois abondantes. La chaleur y est aussi très-modérée en été. Rarement il y tonne, rarement il s'y élève des ouragans.

Selkirk, à qui l'équipage donna le nom de

gouverneur de cette île, dit n'y avoir vu aucun animal vénimeux, ni d'autres bêtes que les chèvres, qui s'y étoient propagées depuis que l'espagnol Jean Fernando s'y étoit établi avec quelques familles. Mais les planteurs abandonnèrent cette île quand les Espagnols eurent soumis le Chili, dont le sol plus fécond leur promettoit plus de ressources.

CHAPITRE XLII.

Du Mexique, du Pérou, du Chili; travaux des mines d'or et d'argent.

Le 2 septembre 1709, la terre du Mexique portant au nord-est, à la distance d'environ dix lieues, quelques hommes commencèrent à tomber dans un état de foiblesse et de maladie ; cependant la saignée les rétablit. On doit attribuer leur indisposition à la petite ration de pain, et à l'usage de la tortue qui faisoit leur aliment principal ; excellent préservatif, à la vérité, contre le scorbut, mais nourriture trop foible pour soutenir contre les fatigues de la mer.

Le 4 octobre ils abordèrent aux îles des Trois-Maries, où ils séjournèrent jusqu'au 24, pour s'y approvisionner de bois, d'eau et de tortues. Nous laisserons nos voyageurs, pour nous occuper un moment du Mexique, du Pérou et du Chili.

L'air du Mexique est doux, tempéré et salubre. Le sol y est si fertile, qu'en des endroits le blé produit cent pour un. On y voit dans la plus grande abondance et dans leur perfection, la pomme de pin, la grenade, l'orange, le citron, la figue et le cacao. Mais les mines d'or et d'argent réclament les honneurs principaux du pays : c'est pour elles que l'Espagnol y forma ses établissemens. C'est dans les montagnes les plus stériles qu'elles se trouvent, comme si la nature avoit eu l'intention de les dédommager de leur stérilité.

Les travaux des mines d'or et d'argent se font d'après les mêmes principes. Le minérai qui en est retiré est composé de plusieurs substances hétérogènes, qu'il faut séparer de l'or et de l'argent. Pour cela, on l'atténue sous la meule ; réduit en petites parties, on le lave et on en dégage, par ce moyen, la terre et les autres corps mous qui s'y étoient attachés. Ensuite on le mêle avec le mercure, qui de toutes les substances est celle qui a le plus d'affinités avec l'or, et qui en a plus encore avec l'argent.

Le mercure sépare donc ces deux métaux de toutes les matières hétérogènes. Il en est lui-même séparé par les couloirs et par l'évaporation.

On a parlé beaucoup de l'or et de l'argent qu'on retire des mines du Mexique. Ceux qui paroissent s'en être mieux instruits, font monter les revenus du Mexique à vingt-quatre millions de livres sterl. C'est de cette contrée et des autres établissemens Espagnols que l'Europe reçoit tout l'or et l'argent qui y circule.

La cochenille et le cacao sont les deux objets les plus importans après ces deux métaux. La cochenille est un petit insecte qui se nourrit sur l'opuntia : elle emprunte sa couleur de celle des fruits de cet arbuste ; ainsi, l'écarlate, le cramoisi, la pourpre, doivent tout leur éclat à la cochenille.

Le cacao dont on fait le chocolat est ensuite l'objet le plus considérable dans l'histoire naturelle du commerce du Mexique. Il vient sur un arbre d'une grandeur moyenne, qui porte une cosse assez ressemblante au concombre, et dans laquelle est renfermé le cacao. Les Espagnols en font à présent un commerce immense. La consommation pour l'intérieur et pour le dehors en est si grande, qu'un petit jardin de cacaotiers rapporte annuellement à son propriétaire jusqu'à vingt mille écus de six francs, argent de France. Dans le pays, c'est la nourriture principale ; on la trouve saine, nutritive et convenable au climat. Cette contrée récolte aussi de la soie, mais il s'en exporte fort peu. Le coton y est aussi en très-grande abondance ; sa légéreté fait que les habitans l'emploient communément à s'habiller.

Les mines d'or, d'argent, de mercure, de vermillon, et le sel abondent au Pérou. Les mines anciennes s'épuisent de plus en plus : chaque jour on en ouvre de nouvelles, et ces travaux épuisent aussi la population des villes. Celle de Potosi, quand les mines étoient faciles à exploiter, (car aujourd'hui qu'elles sont plus profondes, elles coûtent plus de travaux), renfermoit quatre-vingts-dix mille ames, tant Espagnols qu'Indiens. Ces derniers y étoient dans la proportion de six à un.

Le quinquina, connu en Angleterre sous le nom de l'écorce des Jésuites, entre pour beaucoup dans le commerce du Pérou. L'arbre qui produit ce puissant fébrifuge, croît sur les hauteurs et parmi les rochers. Cet arbre est grand comme le cerisier, et produit un fruit qui ressemble à celui de l'amandier; mais il n'y a que son écorce qui le rende si précieux dans les fièvres intermittentes et autres maladies.

Le poivre de Guinée ou de Cayenne se trouve en très-grande abondance dans la vallée d'Arica, située dans la partie méridionale du Pérou. On en exporte annuellement pour environ trois millions six cents mille livres de France.

Lima est la capitale du Pérou et de toutes les colonies Espagnoles sur le continent d'Amérique. Le fameux Pizarre, voulant perpétuer sa mémoire, choisit, pour asseoir cette ville, le milieu d'une vallée spacieuse et agréable. Elle renferme environ soixante mille habitans, dont les blancs font la sixième partie. Un fait très-remarquable suffira pour démontrer l'opulence de cette ville. Lorsque le duc de Palada y fit son entrée comme vice-roi, les habitans, pour lui faire honneur, firent paver les rues avec des lingots d'argent, évalués dix-sept millions sterl.

Tous ceux qui ont visité ces contrées ne parlent qu'avec étonnement de l'or, de l'argent, des pierres précieuses qui servent de décorations aux églises, où tout, jusqu'aux murailles, est chargé des ornemens les plus riches. Si quelque chose peut en justifier le récit, c'est la richesse et le commerce immense des habitans. On peut dire que les marchands de Lima trafiquent avec toutes les parties du monde, soit qu'ils agissent en leur nom ou comme facteurs des autres. C'est au port de Lima que les provinces méridionales font passer leurs productions pour y être échangées et approvisionner les habitans du Pérou. C'est au même port que la flotte d'Europe et celle des Indes orientales viennent se rendre : là, les denrées commerciales de l'Europe, de l'Asie et de l'Amérique s'y trafiquent les unes pour les autres. Les marchands de Lima achètent celles qui n'ont pu se vendre, et les gardent dans leurs magasins, sachant bien que tôt ou tard elles s'écouleront par un canal ou par un autre, puisqu'ils correspondent avec tout le commerce du globe.

Le Chili, suivant la langue du pays, signifie le froid : en effet, il est si excessif dans les montagnes de la Sierra-Nevada, qu'il tue les hommes et le bétail, et qu'il préserve de la putréfaction. Almagro perdit un grand nombre d'hommes et de chevaux dans ces montagnes, quand, après la conquête du Pérou, il pénétra au Chili à travers mille dangers.

Cependant le climat et le sol sont beaucoup plus favorables dans les vallées. Non-seulement on y recueille tous les fruits qui mûrissent sous le tropique, mais aussi toutes sortes de grains. Il n'y a point de rivière qui ne charie de l'or.

Cette contrée a fort peu d'habitans. Les indigenes ont en quelque sorte échappé à la conquête et à la civilisation. Dans leur vie errante, ils n'ont qu'un objet, celui de se garantir du joug Espagnol. Leurs peuplades sont peu nombreuses. On n'y compte pas vingt mille Espagnols; il y a trois fois plus d'Indiens de nègres et de mulâtres. Les naturels du Chili se sont plus d'une fois révoltés, de manière à faire trembler le gouvernement.

CHAPITRE XLIII.

Voyage du commodore Anson.

En 1739, la guerre éclata entre l'Espagne et l'Angleterre. Plusieurs projets furent présentés au cabinet de Saint-James, pour l'ouverture de la campagne, et dans l'intention de frapper un coup décisif.

Charles Wagger, qui étoit alors à la tête de l'amirauté, fit adopter au conseil privé le plan des deux expéditions suivantes. Le capitaine Anson devoit prendre le commandement d'une flotte, et se rendre par le cap de Bonne-Espérance à Manille, pendant que le capitaine Cornwall, avec une autre flotte de force égale, pénétreroit par le cap Horn, dans la mer du sud, pour y ranger les côtes du Chili, du Pérou, et du Mexique. Après y avoir ravagé les établissemens espagnols, et s'être emparé des galions et des trésors, il devoit aller joindre la flotte du capitaine Anson aux Philippines, et agir de concert dans cette partie du monde. L'entreprise étoit belle, et d'une grande importance; car les places qu'on se proposoit d'attaquer étoient alors hors d'état de se défendre : l'Angleterre se fût enrichie aux depens de l'Espagne, et cette puissance privée des ressources qu'elle tire annuellement de l'Amérique, se seroit vue dans la nécessité de demander la paix. Ainsi, la guerre se seroit terminée sans effusion desang. Malheureusement ce projet fut éventé ; l'expédition de Manille suspendue ; celle dans la mer du sud, la seule adoptée, fut confiée au brave Anson, qui reçut sa commission d'amiral, le 10 janvier 1740. Des obstacles suspendirent encore son départ jusqu'à la fin de septembre, qu'il mit à la voile, monté sur le centurion, qu'il rendit si célèbre, et portant soixante canons, avec quatre cents hommes. L'escadre, en tout, étoit de cinq vaisseaux de guerre, et de deux cinques, sur lesquelles on avoit embarqué les provisions.

CHAPITRE XLIV.

De Madère.

Le 22 octobre, l'amiral Anson mit à l'ancre dans la rade de Madère. Le climat de cette île est extrêmement sain, tempéré et agréable. Située au 32ᵉ. degré 17 minutes de latitude septentrionale, sa direction de l'est à l'ouest présente une chaîne continue de terres fort élevées, dont la pente, progressive vers le midi, offre la perspective la plus agréable. Le sol y est coupé par des maisons de campagne qui appartiennent à des marchands, et par des vignobles qui produisent ce vin de Madère si généralement estimé et pour son goût délicat, et pour ses autres bonnes qualités.

CHAPITRE XLV.

L'amiral Anson double le cap Horn. Son arrivée à Juan-Fernandez.

L'escadre, en doublant le cap Horn, fut exposée à des maux et à des périls dont il y a peu d'exemples. Elle arriva à l'île Juan-

Fernandez, le 9 juin 1741, dans l'état le plus désespéré. Elle manquoit d'eau, et les équipages étoient si affoiblis par les maladies, qu'on ne pouvoit as en rassembler dix pour les manœuvres, encore s'y présentoient-ils presque tous, boiteux et courbés.

L'intérieur de l'île leur parut vraiment délicieux. Les collines les plus élevées étoient couvertes de bois, dégagées de tous buissons et des broussailles qui auroient pu en obstruer les passages. Dans la partie septentrionale, l'irrégularité des collines et des précipices offroit à l'œil, par la variété de leurs sites, un grand nombre de vallées romantiques. Là, se précipitoient en cascades, et tombant de rocs en rocs, les ruisseaux les plus limpides. A mesure que les hauteurs voisines s'abaissoient vers le fond de la vallée, la pente, devenue plus rapide, présentoit tout-à-coup un obstacle à franchir; plus loin la terre se déroboit à la continuation de leur course vagabonde. Il seroit difficile de trouver dans une autre partie du globe des sites aussi pittoresques. L'imagination épuiseroit toutes ses richesses, toute la magie de sa puissance, qu'elle ne pourroit égaler les beautés que la nature sauvage a répandues dans cette île. C'est là, comme dit Milton, que, vierge encore et dédaignant les règles de l'art, la nature répand avec profusion et en se jouant, ce qu'elle a de plus doux, ce qu'elle a de plus imposant. Pendant que les eaux, en murmurant, descendent les collines, ou que, paisibles, elles se réunissent dans un lac couronné de myrtes.

On ne pourroit exprimer la beauté du lieu que l'amiral choisit pour y dresser sa tente. Qu'on se représente une petite plaine délicieuse au pied d'une montée aisée, à la distance environ un demi-mille de la mer; en face, une grande avenue coupée dans les bois, jusqu'à la baie, et les vaisseaux qui y étoient ancrés. Derrière cette plaine s'élevoit en amphithéâtre un grand bois de myrtes, et au-dessus, une gradation de collines et de montagnes couronnées de forêts qui ajoutoient à la beauté de la vue. A droite et à gauche de la tente, à cent verges de distance, deux ruisseaux d'une onde limpide s'ombrageoient des arbres qui environnoient la plaine et rendoient la symmétrie complète. Ajoutez à leur murmure le chant des oiseaux parmi les myrtes, le doux parfum qui s'exhaloit des arbres aromatiques, et vous aurez une foible image de ce second paradis.

Après le départ des planteurs qui avoient mis des chèvres dans l'île, ces animaux s'étoient fort multipliés. Mais le nombre en étoit diminué, depuis que les Espagnols y avoient transporté des chiens, pour ôter aux boucaniers les moyens de s'y approvisionner. On y prit deux ou trois de ces chèvres à qui la vieillesse avoit imprimé quelque chose de vénérable. Comme elles avoient une fente à l'oreille, on supposa qu'elles avoient autrefois appartenu à Selkirk.

CHAPITRE XLVI.

Prise du Galion de Manille.

Le *Centurion* avoit beaucoup souffert en passant de la mer du sud à l'océan oriental : dans la nécessité de le réparer, il fit voile vers la Chine.

A son arrivée, il écrivit immédiatement au vice-roi de Canton ; il lui exposoit qu'il avoit le commandement en chef d'une escadre anglaise, pour croiser contre les Espagnols, avec lesquels le roi son maître étoit en guerre depuis deux ans dans les mers du sud ; qu'il s'étoit vu obligé d'entrer dans les eaux de l'empire, pour s'y refaire, et réparer son vaisseau. Il le prioit de lui accorder les secours nécessaires.

Le Hoppo, ou le premier receveur des douanes, refusoit de se charger de sa lettre. Cependant il y consentit, quand il vit l'amiral piqué de son refus, déterminé à l'envoyer. Deux jours après, un mandarin du premier rang, accompagné de deux autres d'une classe inférieure, d'une suite nombreuse et d'une bande de musiciens, vint reconnoître le *Centurion*.

L'amiral lui ayant envoyé sa chaloupe, il se rendit à bord avec deux charpentiers qui examinèrent avec la plus grande exactitude l'état du vaisseau, et sur-tout l'endroit par où il recevoit l'eau. A la vue des canons, il parut très-étonné de leur poids ; peut-être en effet n'avoit-on jamais vu un vaisseau de cette force dans cette partie du monde, et l'amiral ne négligea point de tirer parti de cet étonnement qui décéloit un peu d'effroi.

Il s'étendit sur la force de son vaisseau, en faisant observer, comme preuve de la douceur et de la pureté de ses intentions, la manière honnête dont il avoit demandé des secours qu'il ne tenoit qu'à lui de prendre de vive force. En même temps, il le pria de lui faire donner des provisions ; que sans cela, l'équipage se trouveroit réduit à la nécessité de se manger, comme font les cannibales, extrémité qui leur feroit certainement préférer les fruits les plus sauvages de la Chine à la chair de leurs compagnons amaigris.

Ce discours eut l'effet qu'il en attendoit. Le mandarin promit d'exposer l'état des choses et leurs besoins au conseil des mandarins de Canton, formalité qui ne devoit point nuire au fond. Ensuite, conformément à l'état des provisions demandées par l'amiral, il donna des ordres qui furent exactement remplis.

Ces préliminaires arrangés, l'amiral fit servir un repas, où les Chinois eurent un air fort gauche, ne sachant quel usage faire des couteaux et des fourchettes qui étoient devant eux. L'amiral, pour les mettre à leur aise, leur fit découper leurs viandes. Soit superstition, assez commune dans l'Inde, soit défaut d'habitude, le bœuf leur déplut entièrement. Ils s'en dédommagèrent en vidant quatre ou cinq bouteilles de bon vin de Frontiniac, et une de fleur d'orange, qui ne parurent point leur affecter le cerveau. Ils reçurent à leur départ, selon l'usage établi en Chine, un joli présent qui leur fit encore moins de peine.

Le conseil de Canton, après quelques discussions, demanda pour les hommes qu'on enverroit à bord, des ôtages qui furent accordés. En conséquence il envoya nombre d'ouvriers à bord du *Centurion*. Les Chinois, quoique adroits et ingénieux, sont lents dans leurs travaux. Ils mirent trois mois à réparer le vaisseau, et dans cet intervalle, le vice-roi ne cessa d'insister sur son départ, comme s'il eût craint un voisinage aussi redoutable.

Le *Centurion* remit à la voile, croisa près des îles Philippines, pour y attendre le *Galion* de Manille Ce fut le 20 juin qu'on l'aperçut. Aussitôt qu'il vit flotter le pavillon anglais, le *Galion*, au grand étonnement de l'amiral, s'avança lui-même contre lui.

Le combat commença bientôt après. Il continua pendant deux heures et demie, après lesquelles le vaisseau espagnol amena son pavillon. Il perdit dans l'action soixante-sept hommes, et il en eut quatre-vingts de blessés. De ce nombre étoit le général ou l'amiral Don Jéronimo de Montero, gentil-homme portugais qui agit avec une grande bravoure, et qui versa presque des larmes de honte, quand il vit le peu de forces qui l'avoient vaincu. En effet, après l'action, le nombre des prisonniers étoit encore double de celui des vainqueurs.

Le *Centurion* ne perdit que deux hommes. Il eut dix-sept blessés, dont un lieutenant.

La perte considérable du *Gallion* vint particulièrement du choix que l'amiral fit de trente habile tireurs, qu'il plaça dans les vergues, et qui à chaque coup abbattoient ceux qu'ils couchoient en joue. L'amiral Anson, tant que dura le combat, garda par-tout sa présence d'esprit ordinaire, pendant que Keppel portoit ses ordres d'un pont à l'autre, avec beaucoup d'intrépidité.

On donna le nom de *Notre-dame de Cabagonda* à la prise. Elle portoit cinq cent cinquante hommes, et trente-six canons. Sa cargaison fut évaluée à 400,000 livres sterl. La prise elle-même fut employée comme vaisseau de guerre au service de l'Angleterre, où l'amiral arriva le 15 juillet 1744, après avoir échappé, à la faveur d'un brouillard épais, à la flotte française qui croisoit dans la Manche, et après un voyage de trois ans et neuf mois, pendant lequel il désespéra plus d'une fois de la vie. Cette expédition coûta à l'Espagne plus d'un million de livres sterlings.

CHAPITRE XLVII.

Voyage du professeur Kalm.

Monsieur Kalm étoit professeur d'économie à l'université d'Abo, dans la Finlande suédoise. Il fut envoyé au nord de l'Amérique pour y faire des observations sur l'histoire naturelle, les manufactures et les arts : l'académie de Stockolm contribua aux dépenses de ce voyage.

Kalm ayant obtenu du roi la permission de quitter sa chaire de professeur, et s'étant muni de passeports et de recommandations pour les ministres de la cour de Suède auprès de celles de Londres, Paris, Madrid et la Haye, partit d'Upsal le 6 octobre 1747, accompagné de Lars Yungstroem, jardinier versé dans la connoissance des plantes, de la mécanique et du dessin. Il s'embarqua à Gottembourg le 11 décembre ; mais un fort ouragan le força d'entrer dans le port de

Groemstadt en Norwège, d'où il fit quelques excursions à Arendal et à Christiansand. Il se remit en mer le 18 février 1748, et arriva à Londres le 17 du même mois : il resta en Angleterre jusqu'au 15 août ; et dans cet intervalle il visita Woodford dans le comté d'Essex, le petit Gaddesden dans celui d'Hertford, où demeuroit William Ellis, célèbre par ses ouvrages sur l'économie rurale ; mais en le voyant de près, Kalm trouva que sa pratique ne valoit pas sa théorie. Il vit aussi Ivinghoe dans le Buckingham, Eton, différentes autres places, et tous les jardins de Londres et des environs. Ensuite il se rembarqua pour Philadelphie, capitale de la Pensilvanie, appelée autrefois la *nouvelle Suède*, où il arriva le 26 septembre. Il employa le reste de cette année à recueillir des semences d'arbres et de plantes, qu'il envoya en Suède. Il fit aussi plusieurs excursions dans les environs de Philadelphie ; il passa l'hiver chez ses compatriotes à Raccoon, dans le New-Jersey. L'année suivante, 1749, M. Kalm traversa cette province et celle de New-York, en côtoyant la rivière d'Hudson pour se rendre dans l'Albanie, et de là, après avoir traversé les lacs de Saint-George et de Champlain à Montréal et Québec, il revint cette même année ; à l'approche de l'hiver, à Philadelphie, d'où il envoya en Suède une nouvelle collection de semences, de plantes et de curiosités. En 1750, M. Kalm visita l'ouest de la Pensilvanie et la côte du New-Jersey. Yungstroem s'arrêta dans la première province, pendant tout l'été, pour y recueillir des semences; et pendant ce temps, le professeur Kalm passa à New-York et dans les montagnes bleues, alla dans l'Albanie ; puis, suivant le cours du fleuve Mohawk chez les Iroquois, il visita les nations moawkes, les Onéidas, Tutkaroras, Onandagas et Kayagaws : il navigua sur le grand lac Outario, et vit la cascade célèbre de Niagara. A son retour de son expédition d'été, il traversa les montagnes bleues par un chemin différent, et revint en octobre à Philadelphie.

Le 11 février 1751, il s'embarqua à New-Castle pour l'Angleterre ; et après avoir éprouvé beaucoup de dangers, à cause de plusieurs ouragans terribles, il entra le 27 mars dans la Tamise, et deux jours après à Londres. Le 15 mai, il partit pour Gottembourg : le 13 juin, il étoit de retour à Stockolm, après un voyage de trois ans et huit mois, d'où il retourna à sa place de professeur à Abo, où il cultiva plusieurs centaines d'arbustes et de plantes américaines.

CHAPITRE XLVIII.

Détails tirés de ce voyage, sur le serpent noir et la grenouille mugissante de l'Amérique.

« Nous vîmes au nord de New-Jersey un serpent noir, que nous tuâmes; il avoit cinq pieds de longueur : Catesby en a fait la description; il en rapporte les qualités, et il l'a aussi dessiné. Lorsque le serpent noir est dans son plein accroissement, il a communément cinq pieds de long, mais il est très-mince ; le plus gros que j'aie vu avoit, dans sa plus grande largeur, tout au plus trois pouces : il a le dos noir, brillant, et doux au toucher, le bas du devant de la tête blanc et uni, le ventre blanchâtre, bleu, brillant et très-uni. Je pense que cette espèce a ses variétés : nous en vîmes un qui avoit dix-neuf pouces de longueur, cent quatre-vingt-six écailles sur le ventre *(centa abdominalia)*, et quatre-vingt-douze demi-écailles sur la queue *(squamae subcaudales)*. Un autre, qui avoit dix-sept pouces et demi de long, avoit cent quatre-vingt-huit écailles au ventre, et seulement six à la queue : je m'en assurai en les recomptant, comme j'avois fait pour le premier. Il est possible que le bout de sa queue ait été coupé, et que la blessure se soit guérie.

« Ces serpens sont en grand nombre dans le pays : ils sont des premiers à paroître au printemps, et même auparavant, s'il arrive que le temps soit doux ; mais si le froid succède à cette chaleur précoce, on les trouve tout gelés, dans un état de torpeur et de rigidité, ou sur la glace : lorsqu'en cet état on les approche du feu, ils se raniment en moins d'une heure. Ce n'est guères qu'à la fin de mars (vieux style) qu'ils sortent de leurs demeures ; cependant on en a vu au commencement de janvier, quand il fait très-doux.

« Il n'y a point d'espèce de serpens qui aient plus de vivacité que ceux-ci : ils sont si agiles, qu'un chien a bien de la peine à les attraper. S'ils poursuivent un homme, il ne peut leur échapper ; mais sa blessure n'est heureusement ni venimeuse, ni dangereuse. Plusieurs personnes qui en ont été mordues dans les bois, n'ont ressenti d'autre mal que celui qu'ils éprouveroient en se blessant avec un couteau ; seulement la blessure est douloureuse pendant quelque temps. Rarement les serpens noirs font du mal, si ce n'est au printemps, quand ils s'accouplent ; mais alors, si quelqu'un se trouve dans leur chemin, irrités qu'on gêne leurs amours, ils le poursuivent aussi vîte qu'ils le peuvent. Si quelqu'un a l'air de les craindre, il se trouve dans un grand embarras ; ils se mettent à sa poursuite avec la rapidité de la flèche : c'est ce que j'ai appris de plusieurs personnes qui, pour leur échapper dans ces occasions, avoient couru jusqu'à perdre haleine. Cependant, si on a le courage de leur résister, et qu'on les frappe d'un bâton ou de toute autre chose, soit qu'on passe auprès, ou qu'on cherche à les éviter, ils mettent à s'enfuir la même agilité qu'à poursuivre ; quelquefois cependant ils osent attaquer, et ne lâchent prise qu'après avoir reçu un bon coup.

« J'ai su de plusieurs personnes que si on n'a point le courage de leur résister, et qu'on tente de leur échapper en se sauvant, ils s'entortillent autour des pieds, de manière à faire tomber, et ils ne s'en vont qu'après s'être vengés par plusieurs morsures à la jambe ou autre part. Je citerai une circonstance qui confirme ce que j'ai dit. Pendant mon séjour à New-York, le docteur Colden me dit qu'en 1748, au printemps, il avoit à sa maison de campagne plusieurs ouvriers, et dans le nombre il s'en trouvoit un nouvellement arrivé d'Europe, à qui les qualités de ce serpent n'étoient point connues. Les autres ouvriers l'engagèrent de marcher à un serpent noir qui vint à paroître, et de le tuer. Aussitôt il s'arma d'un bâton; mais dès que le serpent l'aperçut, il s'élança sur lui; l'homme s'enfuit épouvanté de tant d'audace, et jeta son bâton pour courir plus vîte : il n'y gagna rien; le serpent l'atteignit, s'entortilla à ses pieds, le fit tomber, le mordit, et l'épouvanta jusqu'à lui faire perdre la raison; il ne put s'en débarrasser qu'en prenant son couteau, et en le coupant en deux ou trois endroits. Cette lutte divertissoit fort les autres ouvriers, qui rioient et ne secouroient point leur compagnon.

« On attribue à ce serpent le pouvoir de charmer les oiseaux, les écureuils, et de fasciner leurs yeux : s'il est couché sous un arbre, et qu'il fixe ses yeux sur l'écureuil ou l'oiseau qui est au-dessus, il les force à descendre et à se jeter directement dans sa gueule. Comme jamais je n'ai vu cette espèce d'enchantement, je ne peux le garantir ; mais je tiens ce fait de plus de vingt personnes, qui toutes m'en ont attesté la vérité ; et dans le nombre, il en est plusieurs d'une autorité respectable. Tous m'ont assuré, sur leur honneur, qu'ils avoient vu, à différentes fois, ce serpent noir fasciner des écureuils et des oiseaux, en attachant sur eux ses regards, du pied de l'arbre où il étoit couché. Ils m'ont dit que l'oiseau et l'écureuil faisoient entendre des sons plaintifs, allant, montant, descendant le long de l'arbre, et toujours se rapprochant du serpent fatal, qui ne les perdoit jamais de vue. Vous eussiez dit que ces pauvres animaux cherchoient à lui échapper, en sautant et en s'élevant au haut de l'arbre : vains efforts ! une puissance inconnue les forçoit à descendre plus bas chaque fois qu'ils avoient remonté ; de manière qu'arrivés plus près de leur ennemi, ils étoient à la fin forcés de sauter dans sa gueule, qu'il tenoit ouverte à cet effet. Cherchons à donner quelque vraisemblance à un fait aussi étrange.

« Il y a dans les bois une foule d'oiseaux

et d'écureuils qui, sautant et courant dans l[a] plus grande sécurité, peuvent avoir reçu d[u] serpent une blessure mortelle ; cette fascina[tion se réduiroit donc à une cause très-natu[relle : le serpent attend sa proie au pied d[e] l'arbre, parce que, l'ayant blessée à mort, [il] faut qu'elle tombe : le chant plaintif de l'oi[seau lui est arraché par la douleur. Mais o[n] peut opposer à ce raisonnement, que l[a] morsure du reptile n'est pas venimeuse ; qu[e] s'il a pu approcher l'oiseau ou l'écureuil d'a[s]sez près pour le mordre, il auroit pu tou[t] aussi bien le saisir, l'envelopper et l'étran[gler, comme cela lui arrive avec la volaille[.] Mais il y a une objection plus forte : elle e[st] fondée sur le récit que je vais rapporter, e[t] que je tiens de plusieurs personnes dont l[e] témoignage ne peut être suspect. « L'écureui[l] « étoit sur le point de se précipiter dans l[a] « gueule du serpent ; mais la sensibilité de[s] « spectateurs étant plus forte que leur curio[« sité, ils tuèrent le serpent ; et dès qu'il eu[t] « reçu le coup mortel, l'écureuil ou l'oiseau[« destiné à périr s'enfuit et quitta son ton[« plaintif, comme s'il avoit échappé à un « filet ». D'autres disent que n'ayant fait que toucher au serpent, de manière à détourner son attention de l'écureuil, celui-ci s'étoit sauvé au plus vîte, et ne s'étoit arrêté qu'à une grande distance. Pourquoi, dans l'écureuil ou l'oiseau cette fuite soudaine, et pourquoi n'arrive-t-elle pas plutôt? Supposera-t-on que la morsure ou le poison les avoit atteints auparavant, de manière qu'ils ne pouvoient s'enfuir de l'arbre, obligés en outre de se rapprocher du serpent? D'où leur viendroit alors la force de s'enfuir quand on l'a distrait ou tué? d'où il semble, que tant qu'il les fixe, ils sont dans un état d'enchantement: cependant rien ne paroît plus étrange, quoique attesté par une foule de personnes respectables. Cette opinion est si générale en Amérique, qu'on ne pourroit en douter sans faire rire tout le monde.

« Le serpent noir tue les grenouilles des plus petites espèces, et les mange : s'il se glisse dans un poulaillier ou vers le nid de quelques oiseaux, il en suce les œufs, étrangle la poule ou l'oiseau. M. Bartram dit l'avoir vu grimper sur les arbres les plus élevés, s'y repaître des œufs ou des petits, et redescendre la tête en bas. Je tiens d'un Suédois, qu'un jour il surprit et tua un de ces serpens, qui tenoit dans sa gueule la tête d'une de ses poules, et qui l'avoit couverte de morsures : la poule n'en mourut pas.

« Ce serpent aime le lait avec passion : s'il s'introduit une fois dans une laiterie, il est bien difficile de l'en chasser ; et il en est si gourmand, qu'on l'a vu manger dans le même plat avec des enfans, qu'il ne mordoit point, quoiqu'il leur arrivât de lui donner de leurs cuillers sur la tête quand il mangeoit trop vîte : je ne l'ai jamais entendu siffler. Lorsqu'il veut regarder autour de lui, il s'élève de la moitié de son corps. Sa peau tombe tous les ans : on dit qu'elle est un excellent remède contre la crampe, quand on la porte continuellement à l'entour du corps.

« La grenouille mugissante est une espèce de grenouille que j'ai eu occasion de voir et d'ouïr aujourdhui. Comme j'étois à cheval, j'ai entendu mugir devant moi, et j'ai cru que c'étoit un taureau qui paissoit dans les buissons de l'autre côté de la digue, quoique le mugissement fût plus rauque que celui d'un taureau : j'ai eu quelques craintes que ce ne fût une méchante bête, et qu'elle ne se jetât sur moi, quoique je ne la visse pas. Je continuai mon chemin pendant quelques heures, occupé de cette idée, que je communiquai à des Suédois. Ce n'est point un taureau, me dirent-ils, c'est une grenouille mugissante que vous avez entendue ; et ils ajoutèrent qu'il y en avoit un grand nombre dans la digue : je m'amusai quelque temps après à leur faire la chasse.

« De toutes les grenouilles du pays, sans contredit, c'est la plus grande. Vers l'automne, quand l'air commence à devenir plus froid, elles s'enfoncent dans la vase des étangs et des eaux marécageuses, où elles séjournent tout l'hiver dans un état de torpeur. Dès que le temps s'adoucit, vers l'été, elles sortent de leurs trous et croassent : si la belle saison commence plutôt, on les voit paroître à la fin de mars ; mais si elle est retardée, elles restent sous l'eau jusqu'à la fin d'avril. On ne les voit jamais dans l'eau courante : ce n'est que dans les fondrières et les étangs qu'elles établissent leurs domiciles. Quand elles croassent à-la-fois, le bruit qu'elles font est énorme ; ce sont les mugissemens du taureau : leur croassement est si bruyant, que deux personnes qui se parleroient à côté de l'étang ne s'entendroient pas. Elles croassent toutes à-la-fois, puis elles s'arrêtent un peu et recommencent. On diroit que, dans cet horrible concert il y a un chef qui donne le signal : s'il commence, toutes mugissent ; s'il s'arrête, toutes gardent le silence : elles ne font pas grand bruit pendant le jour, à moins que le ciel ne soit couvert ; mais la nuit, quand tout est calme, c'est une musique infernale, qui se fait entendre à près d'une demi-lieue. Quand elles croassent, elles sont ordinairement sous des buissons près de la surface de l'eau, et la tête au-dessus : on peut donc s'en approcher doucement sans qu'elles se sauvent. Dès qu'elles sont au fond de l'eau, quelque basse qu'elle soit, elles s'y croient en sûreté.

« Quelquefois on les trouve accroupies sur un tapis vert, assez éloignées de leur étang ; mais au moindre soupçon de danger elles regagnent leurs demeures à grands sauts. Croiroit-on qu'elles franchissent d'un saut quinze à dix-huit pieds de longueur. A ce sujet, voici ce que m'ont raconté de vieux Suédois. Les Indiens sont, comme on sait, d'excellens coureurs : j'en ai vu chez le gouverneur Johnson suivre un cheval à la course, et le dépasser quelquefois. Des Suédois voulant donc éprouver avec quelle vélocité la grenouille regagneroit son étang, gagèrent avec un jeune

Indien qu'il ne pourroit point la rattrapper, si seulement elle avoit sur lui deux sauts d'avance. Le pari accepté, la grenouille mise sur le pré, ils lui brûlèrent le dos : le feu et la course de l'Indien firent sur l'animal une telle impression, qu'elle traversa le pré à grands sauts : l'Indien, au temps donné, la poursuivit de toutes ses forces; mais il ne put l'atteindre; elle regagna l'étang à sauts redoublés, tant le feu et le bruit de l'Indien qui couroit après elle lui causoient d'épouvante, et lui firent redoubler ses efforts.

« Il y a des années où elles sont en plus grand nombre. Les serpens qui dévorent les plus petites, auroient-ils dévoré celles-ci? c'est ce qu'on ignore. Les femmes n'aiment point ces grenouilles, parce qu'elles tuent et mangent les jeunes canards et les petits oisons; même elles emportent dans leurs eaux les poussins qui s'en approchent de trop près. Elles ont de petites dents; mais je ne sais si elles mordent quand on les tient à la main : elles crient presque comme des enfans, quand on les bat. Il y a des personnes qui en mangent les cuisses, et les trouvent agréables. »

Le professeur Kalm.

CHAPITRE XLIX.

CÔTES DES PATAGONS.

Naufrage du Wager, *vaisseau de guerre de l'escadre de l'amiral Anson. Détresses qu'y souffrit le capitaine Byron avec ses compagnons.*

« On avoit mis sur le *Wager* beaucoup de marchandises et toutes sortes de provisions militaires et autres, pour le service de l'escadre. Nous voguâmes avec elle presque jusqu'à l'entrée du détroit de le Maire, et nous étions en avant, lorsque tout-à-coup le vent venant à changer, nous poussa avec la marée sur les rochers de Staten-land *(terre des états)*, où nous fîmes presque naufrage. Cependant, contre l'attente du reste de l'escadre, nous échappâmes, et nous vînmes à bout de la rejoindre et d'y reprendre notre poste. Nous continuâmes ainsi pendant quelque temps ; mais l'agitation de la mer fut si grande, que nous fûmes obligés d'ôter le mât de misaine, dont toutes les attaches s'étoient brisées.

« Le capitaine Cheap persista à diriger vers l'île de Socoro, qui est auprès de Baldivia, vu que l'escadre ne pouvoit s'emparer de cette place sans le secours de notre vaisseau, chargé de l'artillerie et des provisions de guerre.

« Il étoit persuadé que cette attaque imprévue porteroit aux Espagnols un coup de la dernière importance; et comme il étoit ponctuel dans l'exécution des ordres qu'il avoit reçus, il opposa à toutes les difficultés un courage, une résolution qui tenoit de l'opiniâtreté.

« Nous n'avions, depuis quelque temps, que les joncs et les oiseaux pour indices que la terre n'étoit pas éloignée : enfin, nous aperçûmes une éminence que nous prîmes pour une des Cordillères. Cependant la vue n'en étoit pas assez sensible pour ne pouvoir point l'attribuer à l'imagination ; mais si le capitaine fut alors persuadé que le danger approchoit, il n'étoit plus temps d'y remédier ; car les attaches de la grande vergue venant à se casser, elle descendit : il fallut du temps pour la remettre, parce que la fatigue et la maladie avoient mis la plus grande partie de l'équipage hors d'état de travailler. Le peu d'hommes qui restoient virent alors la terre portant au nord-ouest, vers laquelle le vaisseau chassoit rapidement. Les ordres aussitôt furent donnés pour s'en préserver, en dirigeant au midi; mais le temps étoit si orageux, et le vent chassoit avec tant de rapidité sur la côte, que tous nos efforts furent inutiles : nous n'avions que douze hommes en état de manœuvrer : la nuit survint, elle étoit horrible. Pour éviter la côte, nous nous hâtâmes de mettre dehors la voile de perroquet; le vent aussitôt l'enleva des vergues.

« Le matin, vers les quatre heures, le vaisseau heurta : nous en attribuâmes le choc, quoique très-violent, à un coup de mer pareil à ceux que nous avions éprouvés; nous fûmes bientôt détrompés : le vaisseau reçut un second choc, beaucoup plus rude que le premier. Il resta penché, et reçut une large voie d'eau. Tous ceux qui purent se lever se rendirent sur le tillac, ceux mêmes qui n'y avoient point paru depuis plus de deux mois; les malheureux que le scorbut rendoit immobiles, furent noyés dans leurs hamacs.

« Le vaisseau resta quelque temps penché dans cet état d'une détresse épouvantable.

Chacun de nous se croyoit à son dernier moment ; nous n'étions environnés que d'écueils, quand une lame d'eau, grosse comme une montagne, survint, et le jeta au loin. Mais il toucha contre un autre écueil, et le tillac se cassa. Dans cette conjoncture terrible et critique, il eût été difficile d'observer toutes les nuances de l'horreur et du désespoir sur les visages, tant chacun étoit absorbé par son propre danger. Cependant il y en eut de si frappantes, qu'elles ne pouvoient échapper à ceux que la crainte n'avoit pas entièrement privés de la raison. On vit un matelot, dans le délire de son désespoir, se planter sur le pont, faire le moulinet avec un coutelas, se disant le roi du pays, et frappant quiconque l'approchoit. On fut obligé de l'assommer, pour échapper à sa tyrannie. On vit des malades que le scorbut avoit accablés, rouler sur le pont, comme des êtres inanimés, au gré des secousses et des mouvemens du vaisseau. Environnés d'écueils où l'onde se brisoit en écumant, prêts à disparoître tous au fond des eaux, l'un de nos compagnons les plus intrépides, c'est trop, s'écria-t-il, soutenir cet horrible spectacle, et il se précipitoit dans la mer, si on ne l'eût retenu à temps. Mais aussi on en vit d'autres garder une présence d'esprit vraiment héroïque.

« Le pilote, quoique le gouvernail eût perdu son tillac, resta à son poste. Comme un des officiers lui demandoit si le vaisseau iroit, ou n'iroit pas, il prit d'abord son temps pour essayer par la roue ; ensuite il répondit avec autant de sang-froid et de respect que si le vaisseau avoit été dans sa plus grande sûreté : et avec sa tranquillité ordinaire, il se remit à son devoir, persuadé qu'il ne lui convenoit point de le quitter, tant que les planches du vaisseau tiendroient ensemble.

« Le contre-maître, M. Jones, qui non-seulement survit à ce naufrage, mais encore à celui du *Lichtfield*, vaisseau de guerre, sur les côtes de Barbarie, montra, au moment que le vaisseau étoit dans le danger le plus imminent, non-seulement le courage le plus intrépide, mais il tâchoit encore de l'inspirer en disant : « Mes amis, ne nous décourageons pas. Jamais auparavant n'avez-vous vu d'écueils ? du courage, et nous les surmonterons. Allons, prêtez la main. Voici une ancre, et voilà une vergue. Je ne doute nullement que nous ne puissions encore amarrer et sauver notre vie. » Cette courte harangue produisit un si bon effet, que plusieurs, qui sembloient à demi-morts, reprirent une nouvelle activité, et se mirent sérieusement à manœuvrer. M. Jones, en agissant ainsi, n'avoit d'autre intention que d'entretenir le courage des matelots; car il a dit souvent, qu'il ne croyoit pas qu'il pût en échapper un seul. Nous courûmes alors entre les écueils par le moyen des ancres et des vergues, quand, par un coup de la providence, nous parvînmes à nous amarrer entre deux grands rochers qui nous mettoient en quelque sorte à l'abri de la violence de la mer. Nous abattîmes aussitôt le grand mât et celui de misaine. Mais le vaisseau continuoit à battre de telle manière, que nous croyons d'un moment à l'autre le voir se dissoudre. Enfin le jour commença, et le temps qui avoit été si couvert s'étant un peu éclairci, nous aperçûmes la terre à une petite distance. Nous ne songeâmes plus qu'à sauver notre vie. Il falloit du temps, ayant perdu nos mâts, pour mettre les chaloupes à flot. Dès que cela fut fait, tant de personnes s'y précipitèrent, qu'on fut sur le point de périr avant d'arriver à terre.

« Je vins alors au capitaine Cheap, qui avoit eu le malheur de se disloquer l'épaule dans une chûte qu'il avoit faite la veille, en s'avançant pour prendre la vergue-d'avant qui venoit d'être emportée. Je lui demandai s'il vouloit aller à terre. Il me répondit, comme auparavant, qu'il seroit le dernier à sortir du vaisseau ; et il m'ordonna d'aider l'équipage à descendre le plutôt possible. J'avois été souvent auprès de lui dès le premier choc que reçut le vaisseau, parce qu'il m'avoit prié de lui rendre compte de tout ce qui se passeroit. J'observai qu'alors il donnoit ses ordres avec le même sang-froid que dans la première partie du voyage.

« La scène fut bien changée. Plusieurs de ceux qui s'étoient livrés au désespoir quelques minutes auparavant, et qui imploroient à genoux la miséricorde divine, imaginant qu'ils n'étoient plus en danger, s'abandonnèrent à des excès contraires, enfonçant les coffres et les caisses qu'ils trouvoient, s'enivrant des vins et des eaux-de-vie qu'ils versoient dans leurs casques, de manière que, tombant sur le pont, leur corps y rouloit au gré des vagues, comme s'il eût été inanimé.

« Avant de quitter le vaisseau, je descendis

pour prendre dans ma cassette ce qui me seroit le plus nécessaire, il en étoit encore temps. Le vaisseau vint à heurter si rudement, et l'eau y pénétra si vîte, que je fus obligé de remonter sur le tillac, sans sauver que ce qui étoit sur mon corps. Le contre-maître et autres ne vouloient point quitter le vaisseau tant qu'il y auroit une seule goutte de liqueur à boire ; enfin le capitaine Cheap se laissa descendre et transporter au rivage.

« Il est naturel de penser que si près de périr dans un naufrage presque inévitable, le comble de nos vœux étoit d'arriver à terre. Cependant, tout bien considéré, notre situation n'en devenoit guères meilleure. Par-tout où se portoient nos regards, nous ne découvrions que des scènes d'horreur. D'une part, le vaisseau prêt à s'ensevelir, et avec lui tout ce que nous avions au monde pour nous y soutenir ; une mer orageuse qui ne nous présentoit que la perspective la plus affreuse ; et d'autre part, la terre ne nous offroit point une apparence plus favorable. Elle nous préservoit, à la vérité, de périr dans l'abyme des mers ; mais son aspect sauvage, inculte et stérile nous étaloit par-tout l'image de la famine. Enfin nous venions d'échapper à une perte certaine, et, il faut en convenir, c'étoit pour nous un grand objet de consolation. Mais nous avions à lutter contre la pluie, le froid, la famine; et nul moyen de nous en préserver.

« Cependant notre premier soin fut de chercher un abri. Le temps étoit affreux; nous étions foibles, engourdis, presque au désespoir. A une petite distance du rivage, nous découvrîmes une hutte indienne dans un bois. Nous y entrâmes pêle-mêle, serrés l'un contre l'autre indistinctement, à la nuit tombante, la pluie et le vent faisant rage. Là, entassés plutôt que pressés, nous ne pouvions, nous n'osions nous livrer au sommeil que tant de fatigues nous rendoient nécessaire. Des lances et d'autres armes que nous venions de découvrir dans notre hutte, nous faisoient craindre quelque surprise, une attaque de la part des Indiens; nous ignorions leurs forces, leurs dispositions; notre imagination fatiguée des maux passés s'alarmoit vivement de tous ceux qu'elle avoit à redouter.

« Un de nos compagnons, lieutenant d'invalides, mourut pendant cette nuit dans cette misérable hutte. Deux autres encore, parmi ceux que le défaut de place avoit fait chercher un abri sous un grand arbre qui ne leur fut pas d'une grande utilité. Le lendemain, dès la pointe du jour, la faim se fit vivement sentir. Jusqu'alors toute notre attention s'étoit portée vers les obstacles et les dangers les plus urgens ; mais il ne nous étoit plus possible de résister au besoin impérieux de nous refaire. Nous n'avions rien mangé depuis plus de quarante heures. Il étoit plus que temps de chercher quels alimens la vigilance des uns avoit soustraits au naufrage ; et ceux que l'industrie des autres pourroit nous procurer dans l'île. D'une part, nous ne trouvâmes que deux ou trois livres de poussière de biscuit dans un sac ; et de l'autre, qu'une mouette de mer qu'un de nos hommes avoit tuée. Aussitôt on allume un grand feu, et dans une marmitte remplie d'eau, on fait cuire et la mouette et le biscuit. Mais, à peine ce chétif repas achevé, nous ressentîmes des douleurs violentes à l'estomac, des rapports, des vomissemens et autres symptômes de poison. Nous en recherchons les causes, et nous les attribuons à la nature et à la qualité des herbages; nòs alarmes redoublent : enfin nos doutes sont bientôt éclaircis. Nous nous rappelons qu'on a mis dans un sac toutes les parcelles de biscuit qu'on a pu ramasser; qu'il y avoit eu du tabac dans ce sac, qu'il s'étoit mêlé au biscuit, et qu'il en étoit résulté un émétique violent.

« Nous étions cent quarante en débarquant; d'autres encore étoient restés sur le vaisseau, soit par l'ivresse, soit pour le pillage; de ce nombre étoit le contre-maître. Un officier prit la chaloupe et se rendit auprès d'eux pour les engager à rejoindre. Il fut obligé de revenir sans les ramener, tant ils étoient disposés à se révolter; le désordre étoit à son comble. Nous avions l'intérêt le plus grand d'examiner la côte où nous étions, soit pour nous y procurer des vivres ou pour savoir ce que nous avions à craindre, à espérer des sauvages. Nous pensions qu'ils n'étoient qu'à une petite distance, et prêts à fondre sur nous quand nous serions séparés. Nos pelottons firent donc peu de recherches ce jour même; mais dans leurs petites excursions, ils ne trouvèrent qu'une terre marécageuse qui ne promettoit rien.

« Le lieu qui nous avoit reçus étoit une

baie formée par des promontoires élevés. La mer qui les environnoit ne permettoit guères d'en approcher vers le nord ; ce côté étoit si escarpé, que pour le gravir il falloit s'y creuser un chemin. Nous donnâmes le nom de *Misère* à ce promontoire où nous grimpions, quand le temps le permettoit, pour observer. Le promontoire du sud étoit moins inaccessible. Au-delà de ce promontoire, nous parvînmes, moi et quelques autres, à une baie où la mer avoit chassé quelques-uns de nos débris; nous n'y trouvâmes aucune espèce de provisions. De retour auprès de nos malheureux compagnons, nous prîmes un léger repas que nous offrit un peu de céleri sauvage. La nuit suivante fut orageuse, la mer haute et menaçant d'engloutir le vaisseau et ceux qui y étoient restés. Autant ils avoient mis d'obstination à refuser nos secours, autant ils mirent d'empressement à les solliciter. Trouvant que la chaloupe ne venoit point les prendre au gré de leur impatience, sans considérer s'il étoit possible de la confier à la tempête, ils braquèrent un des canons contre la hutte, et nous entendîmes le boulet siffler au-dessus. Nous fîmes encore une tentative pour aller prendre ces furieux. La violence de la mer et, d'autres obstacles occasionnés par le grand mât qui étoit couché le long du vaisseau, la rendirent inutile. De la fureur ils passèrent alors aux outrages. Ils brisèrent tout ce qui leur tomba sous la main; les caisses furent enfoncées, les chambres pillées. Dans leur fougue insensée, unis pour le pillage, et bientôt divisés, ils étranglèrent un de leurs camarades, soit qu'il lui fût échu un lot plus avantageux, ou qu'il eût voulu le leur disputer. Bientôt, raisonnant sur le motif qui les avoit soulevés, ils s'emparèrent des armes et des munitions pour se soutenir dans leur révolte, prétendant que l'autorité finissoit avec la perte du vaisseau. Nous avions un besoin pressant de ces armes; aussi leur furent-elles ôtées, en mettant le pied sur le rivage; et ce fut la fermeté du capitaine Cheap et du lieutenant Hamilton qui les désarma. Parmi les mutins laissés à bord, étoit, comme je l'ai observé, le contre-maître. Au lieu d'employer son autorité pour les retenir dans le devoir, il s'étoit déclaré leur chef. Il étoit couvert d'habits brodés en descendant à terre : indigné de cette mascarade, le capitaine Cheap lui asséna un coup de canne qui le fit tomber.

De longs éclats de rire nous firent un moment oublier nos malheurs, quand, après avoir pillé les effets de leurs officiers, nous vîmes ces mutins en couvrir leurs haillons. On les en dépouilla ainsi qu'on avoit fait pour les armes.

« La continuité des pluies, la rigueur excessive du froid, nous auroient bientôt emportés; la hutte ne pouvoit nous contenir tous. Il fallut donc chercher un autre expédient. Le canonnier, le charpentier et quelques autres eurent ordre de mettre le cutter la quille en haut, et de l'affermir dans cette position. Par ce moyen, on se fabriqua une demeure qui n'étoit point à mépriser. D'autres soins nous occupèrent ensuite, particulièrement celui de parcourir la côte, pour y chercher le peu d'alimens qu'elle pouvoit nous fournir. Nous y trouvâmes quelques oiseaux de mer, des moules et autres coquillages en assez grande abondance; mais, au prix de quelles douleurs, de quelles images affreuses! Nous apèrcevions entre les rochers les corps de nos malheureux compagnons, tout mutilés par les vagues qui les poussoient contre la côte : spectacle hideux, que les horreurs de la faim nous forçoient d'affronter ! Heureux encore, quand nous pouvions rencontrer de ces oiseaux carnassiers attirés par ces cadavres !

« Malgré toutes nos recherches, cette partie de l'île ne pouvoit alimenter tant de bouches. Il fallut donc, en attendant que nous eussions pénétré plus loin, revenir au rivage surpendre quelques débris du vaisseau. Mais cette ressource n'étoit que précaire et de peu de durée. Incertains du temps de notre séjour dans l'île, il falloit non-seulement ménager avec la plus stricte économie ce que nous pouvions retirer du vaisseau ; il falloit en réserver une quantité suffisante, pour sortir de cette terre de désolation. Il seroit difficile de rendre toutes les difficultés que nous avions à surmonter, quand nous voulions visiter notre malheureux vaisseau. Il n'y avoit que le tillac et le gaillard-d'avant qui s'élevassent encore au dessus des eaux. Pour parvenir à en retirer quelque chose, nous attachions des crampons à des perches, et souvent les cadavres qui flottoient entre les ponts nous frustroient de nos espérances, ou nous les faisoient acheter à un prix qui nous coûtoit plus d'une larme.

« Il fallut ensuite mettre en un lieu sûr

les fruits de nos recherches, si nous voulions remplir le but que nous nous étions proposé. Le capitaine Cheap fit dresser une tente auprès de sa hutte. C'étoit une espèce de buffet, d'où l'on ne devoit rien tirer que d'après les mesures proposées par les officiers. Il falloit donc opposer une grande surveillance à tant d'estomacs affamés. Nous crûmes devoir, nous officiers inférieurs, déja fatigués d'avoir pendant tout le jour cherché des alimens, conserver la tente contre les invasions nocturnes, et nous nous distribuâmes également cette tâche. Cependant le dépôt confié à notre garde, fut plus d'une fois violé, en dépit de tous nos soins. Une nuit, entre autres, que j'étois de garde, j'entends remuer sous la tente; je m'avance tout-à-coup sur le voleur, et, le pistolet appuyé sur la poitrine, je le force à se laisser attacher à un poteau, jusqu'à ce que j'aie le temps de le faire mettre en sûreté. Le salut commun exigeoit de punir avec une rigueur extrême cette espèce de déprédations. Cependant notre magasin n'en étoit pas moins au pillage, la faim étoit plus forte que tous les dangers. Comment s'en étonner ? la ration de chacun de nous étoit si chétive, si peu proportionnée à nos besoins, à nos fatigues! Chaque jour il nous mouroit quelqu'un de faim. Je n'oublierai jamais qu'un jeune homme n'ayant rien trouvé à manger ce jour-là, voyant que la mer avoit ouvert et mis en pièces un cadavre noyé, en retira le foie, et qu'il auroit dévoré cet épouvantable mets qu'on eut bien de la peine à lui arracher. Le jour, on les voyoit errans sur le rivage, chercher avec des yeux avides si quelques alimens étoient échappés au vaisseau. La nuit, le même besoin y attiroit les plus affamés. Si la fortune les favorisoit, ils se gardoient bien d'en faire part; rien n'est plus avare que la faim. Ceux donc qui la nuit ne s'écartoient point de la hutte, périssoient de misère. Je dois observer que ce fut le 14 de mai que nous fîmes naufrage, et que ce ne fut que le 29 du même mois que les provisions de la tente furent distribuées, avec quelque régularité.

« La terre que nous habitions étoit à près de quatre-vingt-dix lieues au nord de l'embouchure occidentale du détroit de Magellan, au 47, ou 48e. degré de latitude méridionale, d'où nous pouvions clairement distinguer les cordillères, et par deux lagunes que nous avions au nord et au midi, et qui s'étendoient vers ces montagnes, nous conjecturâmes que c'étoit une île. Mais nous n'avions encore aucun moyen de nous assurer parfaitement si c'étoit une île ou la terre ferme ; car les bois que nous avions à peu de distance, étoient impénétrables à cause de leur épaisseur, et jusqu'alors la nécessité de donner tous nos soins à nous pourvoir d'une misérable subsistance, avoit absorbé tout notre temps. La saison et le climat ne nous permettoient point de tenter aucune espèce d'aventures. La côte, aussi loin que l'œil pouvoit s'étendre, n'offroit qu'une chaîne d'écueils épouvantables que les matelots les plus intrépides n'oseroient jamais affronter dans une frêle chaloupe : et ce promontoire, si justement nommé de *Misère*, ne nous flattoit d'aucune espérance du côté de la terre. Des bois élevés, des montagnes encore plus hautes, nous fermoient tout accès. Pour connoître enfin notre situation réelle, il ne nous restoit donc d'autre expédient que celui de nous confier aux chaloupes du vaisseau. La plus longue étoit encore dans le sein même des tempêtes. Nous envoyâmes pour la dégager du navire. Occupés de ce travail, tout-à-coup nous découvrîmes trois canots indiens qui ramoient vers nous. Ils venoient des lagunes méridionales. La crainte les saisit; il fallut du temps pour les rassurer et les engager à venir à nous. Ils se rendirent enfin aux démonstrations d'amitié que nous fîmes éclater. Nous leur offrons des présens, ils les acceptent, ils se laissent conduire au capitaine qui leur présente aussi les siens. Ces nouveautés les surprirent étrangement, sur-tout l'inspection des miroirs. Ils s'y voyoient, et n'en concevant pas le prestige, ils se cherchoient derrière la glace, sans pouvoir deviner le charme de cette douce imposture.

« Ils avoient la taille petite, le teint fort basanné, des cheveux longs, noirs et crépus leur couvroient le visage. Leur grand étonnement, leur conduite entière, et leur dénuement absolu de tout ce qui appartient aux blancs, tout en eux prouvoit que jamais ils n'en avoient vu. Ils avoient pour habits une portion de peau à la ceinture, et un tissu de plumes à leurs épaules; aucun mot qui appartînt à une des langues que nous connûssions, aucun moyen de se faire comprendre, d'où nous conclûmes, aucun commerce avec les Européens. A leur départ, ils nous laissèrent quelques moules; à leur retour, deux jours après, ils nous amenèrent trois brebis : grand objet de surprise pour nous ! D'où leur venoient ces animaux, dans un coin du monde si éloigné des établissemens espagnols, séparés de toute communication avec eux par une côte inaccessible, par une terre inutile ? c'est ce qu'il est difficile de concevoir. Il est certain que du détroit de Magellan jusqu'à notre arrivée au voisinage du Chili, nous ne vîmes aucun de ces animaux, nous n'entendîmes rien de ce qui les concerne. Sans doute quelque accident étrange les en avoit rendu possesseurs; mais il ne fut pas en notre pouvoir de nous en instruire. Dans cette entrevue, nous leur achetâmes un chien ou deux, que nous fîmes rôtir. Quelques jours après ils nous firent une autre visite, séjournèrent auprès de nous avec leurs femmes, puis nous quittèrent.

« Le temps étoit devenu moins humide, et le froid plus excessif. Nous arrachâmes encore quelques provisions au vaisseau naufragé, et nous les déposâmes sous la tente. Tant de difficultés à nous procurer une légère subsistance, produisirent à la fin l'humeur et le mécontentement; car il n'y avoit nul espoir que notre sort s'améliorât. Les uns se séparèrent de notre habitation ; les autres abandonnèrent entièrement le capitaine pour un voyage qui n'avoit ni objet ni plan concerté. Pour moi, à qui aucun de ces partis ne pouvoit plaire, voyant que tout le monde s'isoloit, je me construisis aussi à l'écart une petite hutte pour moi et un pauvre chien indien que j'avois trouvé dans les bois, et qui savoit se procurer sur le rivage, et dans les basses eaux, les moules dont il se nourrissoit. Cet animal avoit conçu pour moi tant d'attachement, il m'étoit si fidèle, qu'il mordoit tous ceux qui approchoient de ma hutte. Outre les scissionnaires dont je viens de parler, d'autres formèrent le projet de nous abandonner entièrement. Ils étoient au nombre de dix, presque tous des coquins déterminés. Ils avoient résolu de faire sauter la hutte du capitaine en partant, et déja ils avoient disposé tout auprès un baril et une longue traînée de poudre, quand le remords et l'humanité se réveillèrent dans l'un de ces scélérats. Il les fit renoncer à cet affreux complot. Ils partirent : errans dans les bois, ne pouvant y trouver aucune issue, bien convaincus enfin que ce n'étoit point la terre ferme, mais une île d'environ quatre ou cinq lieues, ils revinrent s'établir à une lieue de nous, déterminés cependant à gagner le continent aussitôt qu'ils pourroient se procurer une barque. Avant d'effectuer ce projet, nous regagnâmes l'armurier et l'un des charpentiers, qui tous deux s'étoient imprudemment engagés dans ce grouppe, et qui nous étoient d'une grande utilité. Les autres se firent un canot avec un des mâts du vaisseau, partirent pour une des lagunes, et jamais nous n'entendîmes plus parler d'eux.

« Leur départ, loin de nous affliger, ne fit qu'ajouter à notre sûreté. »

CHAPITRE L.

Extrémité à laquelle ils sont réduits. Ils mangent le chien favori de Biron.

« De petits détachemens se rendirent alors aux lagunes pour y chasser les oiseaux de mer, et souvent ils y réussissoient. Un jour que nous aperçumes les Indiens en mer, nous mîmes à l'eau pour aller à leur rencontre, dans la crainte qu'ils ne dirigeassent vers nos déserteurs, qui n'auroient pas manqué de s'emparer d'un de leurs canots pour regagner le continent.

« Les ayant pris dans notre chaloupe, il se trouva que leur intention étoit de s'établir parmi nous ; car ils avoient amené leurs femmes et leurs enfans. Ils étoient en tout environ cinquante personnes. Ils se firent des huttes à côté de nous, et paroissoient aimer beaucoup notre société. Si nous avions su nous bien conduire à leur égard, ils nous auroient été d'un grand secours pour nos subsistances ; car nous avions encore cent bouches. Mais nos hommes avoient secoué le frein de toute discipline : nous ne pûmes les empêcher de séduire les femmes indiennes; outrage dont les maris furent si choqués, qu'ils nous abandonnèrent dans notre île, sans aucune espérance de les y voir revenir.

« Ce départ ne fit qu'ajouter à nos regrets, à l'empressement d'achever notre long bateau, pour chercher un autre asyle. Le charpentier avoit beaucoup avancé son travail ; le vaisseau nous avoit encore fourni des outils et autres articles : ensorte que nous délibérions déja sur le chemin que nous tiendrions pour retourner en Europe. L'opinion la plus générale étoit de prendre par le détroit de Magellan : cette idée leur étoit venue d'un livre que le capitaine Cheap m'avoit prêté, et qu'ils avoient parcouru avidement : c'étoit le voyage de John Narborough. Ils proposèrent ce plan au capitaine, qui ne l'approuva point, son intention étant de se porter au nord, d'y saisir un des vaisseaux ennemis, et de rejoindre l'amiral. La vue du bâtiment et des travaux ne fit qu'ajouter à leur impatience ; le desir du retour leur faisoit mépriser toute espèce de danger : ils avoient sous les yeux les écueils où ils s'étoient brisés ; leur imagination ne leur en présentoit aucun dans un voyage presque impraticable, caressant dans leur espoir le charpentier qui, à la vérité, étoit un excellent homme, et méritoit bien tous leurs encouragemens.

« De cent quarante-cinq nous étions réduits à cent personnes ; la famine avoit emporté les autres, laissant à ceux qui restoient la perspective effrayante de les suivre bientôt, nonobstant tous les soins qu'ils prenoient pour se pourvoir. Un jour que j'étois dans ma hutte avec mon chien, quelques-uns d'entre eux m'abordèrent ; il falloit, me dirent-ils, qu'ils mourussent de faim, si je ne leur abandonnois pas mon pauvre chien : j'insistai en sa faveur ; je leur représentai son attachement, sa fidélité, ses services. Sans me répondre, ils l'enlèvent, le tuent, le mangent ; et moi aussi, j'étois pressé de la faim : me croyant bien le droit d'en avoir ma part, j'allai m'asseoir à côté d'eux, et partager leur repas. Trois semaines après, me rappelant le lieu où ils l'avoient tué, je fus bien heureux d'en retrouver les pattes, la peau à-demi pourries, et de les manger.

« Quelque subtile que fût l'industrie de nos gens, à peine venoit-elle à bout d'émousser l'aiguillon de la faim : dans le nombre des inventions ingénieuses qu'elle leur suggéra, on peut citer celle-ci : Un nommé Phips, compagnon du contre-maître, imagina d'attacher à une espèce de corbeille ou panier, qu'il avoit trouvé, deux troncs d'arbres, l'un de chaque côté ; puis il se mit à courir les aventures, dans cette pièce, aussi frêle qu'originale. Par ce moyen il se procuroit souvent des oiseaux de mer, pendant que nous mourions de faim ; car il falloit que le temps fût bien mauvais, pour l'empêcher d'aller à sa provision journalière : quelquefois il alloit au loin, et s'absentoit tout le jour. Cependant il eut une fois le malheur d'être renversé par une lame d'eau : il s'étoit fort éloigné du rivage, et il auroit infailliblement péri, sans un rocher qui se trouvoit à portée, et qu'il gagna, quoiqu'il ne sût point nager. Comme il étoit un peu escarpé, il eut bien de la peine à y grimper : il y resta deux jours sans aucune espérance d'être secouru, parce que le rocher ne pouvoit se voir du rivage. Heureusement pour lui, qu'une de nos chaloupes se mit en mer pour se procurer quelques oiseaux : elle l'aperçut aux signes de détresse qu'il fit, et le ramena dans l'île. Son courage fut plus étonné qu'abattu par cet événement : il eut recours à une autre invention, aussi singulière au moins que la première. Avec une peau de bœuf, qui servoit sur le vaisseau, à tamiser la poudre, et nommée, à cause de ce service, *peau de canonnier*, il se fit, par le moyen de quelques cerceaux, une espèce de canot, dans lequel il tenta quelques voyages qui lui réussirent. De notre côté, quand le temps le permettoit, nous ne manquions guères de sortir avec les chaloupes ; mais ce climat est si affreux, le soleil le visite si rarement, que l'atmosphère y est toujours chargée d'une brume épaisse de pluies orageuses et de tempêtes.

« Cependant nous recueillîmes quelque avantages de ces vents orageux et de la violence des ondes ; car, du plus au moins, elle nous envoyoient toujours différentes choses au rivage ; mais on ne pouvoit compter sur ces secours passagers : aussi ne laissions-nous échapper aucune lueur de beau temps, si variable toutefois, qu'il venoit à changer tout à-coup, et nous exposoit à de grands dangers. Dans une de nos courses sur un misérable bateau que nous avions construit, à peine deux de mes compagnons et moi avions nous grimpé sur un rocher élevé, qu'il fut emporté par un coup de vent. Nous étions à trois lieues du rivage ; nous eussions péri sur notre rocher, si l'un de nous, au risque de la vie, n'eût sauté dans la mer, et nagé pour le rattraper.

« Parmi les oiseaux que nous pouvions tuer, il y avoit des oies, dont le plumage brilloit des couleurs les plus vives et les plus variées, et d'autres oiseaux plus grands encore que l'oie ; ils couroient et voloient à moitié sur la surface de la mer, ce qui nous les fit appeler chevaux de course. Quant à la terre, quelque avant que nous eussions pénétré dans les bois, nos succès furent bornés à un petit nombre d'oiseaux : nous n'y vîmes que trois bécasses ; M. Hamilton en abattit une, et moi une autre. Ces bécasses, quelques oiseaux, qui bourdonnoient plutôt qu'ils ne chantoient, et une grande espèce de rouge-gorge, voilà tout ce que l'île nous offroit d'oiseaux, à l'exception d'un petit, qui avoit deux grandes plumes longues à la queue. Ils n'habitoient que les rochers, et ils étoient si apprivoisés, qu'ils venoient sur mes épaules pendant que je ramassois des moules. De très-grands oiseaux de proie, à la vérité, nous rendoient aussi visite ; mais ce n'étoit que par occasion, alléchés par l'odeur d'une baleine morte, comme il nous arriva une fois d'en voir une, ou par quelque autre monstre marin. Quand nous avions le bonheur d'en tuer un, nous étions sûrs d'être à une distance assez considérable de notre demeure. Dans une de mes courses, ayant aperçu un de ces oiseaux sur une éminence, je me glissai, à la faveur des bois dont elle étoit couverte, par derrière, et j'allois lui lâcher un coup de fusil, quand tout-à-coup j'entendis à côté de moi un grognement qui me fit retirer : l'épaisseur du bois rendoit le lieu si sombre, que je ne pus rien apercevoir ; mais ce bruit me suivit jusqu'à ce que j'en fusse sorti. Je fis bien ; car à mon retour quelques-uns de nos gens me dirent qu'ils avoient vu dans les bois une très-grosse bête : la description qu'ils m'en firent étoit trop imparfaite, pour y compter. Outre les bois aromatiques dont l'île abonde, il y a du bois de fer, d'une couleur rouge foncée, et une autre espèce d'un jaune brillant. Toutes les terres basses étoient fort marécageuses. A un pouce ou deux de profondeur, on trouvoit des lits de coquillages au sommet des plus hautes montagnes.

« Notre grande barque étoit presque achevée : nous choisîmes quelques-uns des nôtres pour aller dans la chaloupe reconnoître la côte vers le midi. Nous entrâmes, la première nuit, dans un port excellent, à quelques lieues au midi de l'île de Wager ; nous y trouvâmes une chienne prête à mettre bas, nous la tuâmes, et la mère et les petits, nous mangeâmes tout : nous eûmes, comme à l'ordinaire, à braver un mauvais temps et une grosse mer remplie d'écueils ; elle devint si haute le troisième jour, que, pour éviter de périr, nous cherchâmes notre salut au premier passage qui se présenta. A peine y étions-nous entrés, que nous vîmes une baie assez belle, où nous mîmes la chaloupe en sûreté ; puis nous descendîmes au rivage. Mais il pleuvoit fort ; et n'y trouvant rien pour subsister, nous dressâmes dans le bois, et vis-à-vis la grande baie, une tente que nous avions apportée. Comme nous ne pouvions pas tous nous y abriter, je proposai à quatre de nos gens d'aller au bout de la baie, à deux milles de distance, dans une caverne indienne que j'avois découverte lorsque nous y abordâmes pour la première fois ; ensuite nous nous fîmes un rempart contre le vent avec des joncs ; nous allumâmes du feu pour nous sécher, puis nous nous étendîmes, dans l'espérance que le sommeil viendroit assoupir notre faim. Mais à peine étions-nous ainsi disposés, qu'un des nôtres sentit au visage le souffle d'un animal prêt à le dévorer ; il vit, à la lueur du feu, une grosse bête devant lui : heureusement qu'il ne perdit point la présence d'esprit ; il se saisit d'un tison encore ardent, le lui jeta contre les narines, et le fit sauver. Cela fait, il nous réveilla, et, l'horreur peinte sur le visage, il nous raconta le danger qu'il avoit couru. Nous n'étions pas sans crainte d'une autre visite de la part de cet animal : cependant la fatigue l'emporta sur la crainte ; nous nous remîmes à dormir tout le reste de la nuit, et la bête ne revint plus. Le matin, nous n'étions pas sans inquiétudes pour nos compagnons ; elles furent bien plus vives, quand nous vîmes sur le sable les pas de l'animal dirigés vers la tente; l'impression en étoit profonde, et l'on distinguoit nettement un pied rond et large, bien armé de griffes. Lorsque nous eûmes raconté notre histoire à nos compagnons, ils nous dirent qu'ils avoient reçu la même visite, et qu'ils s'en étoient débarrassés de la même manière.

« Nous revînmes de notre croisière à l'île Wager, avec un vent fort, sans avoir poussé plus loin nos découvertes, tant la côte étoit dangereuse par la grande agitation de la mer. Nous aperçûmes, à notre retour, des quartiers de chiens suspendus, et nous en augurâmes que les Indiens nous avoient apporté de nouvelles provisions. Ils étoient venus dans six canots ; et nous apprîmes leur manière de prendre le poisson : c'étoit à l'aide de leurs chiens; ceux-ci chassoient le poisson dans un coin de l'étang ou du lac, d'où les sauvages l'enlevoient aisément. »

CHAPITRE LI.

Départ de l'île Wager. Dangers effrayans.

« L'impatience de sortir de l'île commençoit à se faire vivement sentir, d'autant plus que les jours étoient dans leur plus grande longueur, et vers le milieu de l'été de ce pays-là. Mais on n'eût pas dit, au temps qu'il y faisoit, qu'il y eût de la différence dans les saisons.

« Le 15 décembre, le jour étant assez beau, nous dîmes donc au capitaine Cheap, qu'il falloit en profiter pour traverser la baie.

« Avant de s'embarquer, il se rendit avec deux ou trois d'entre nous, au promontoire de Misère, d'où nous faisions nos observations. Il nous dit, après avoir regardé à travers sa lunette, que la mer au loin étoit fort agitée.

« Ce rapport fit peu d'impression sur des esprits déterminés à braver tous les dangers, pourvu qu'ils sortissent de cette île. Je dois observer que l'intention du capitaine Cheap étoit de gagner l'île de Chiloë, d'y aborder, s'il étoit possible, un des vaisseaux ennemis et de s'en emparer. Il étoit bien sûr d'y réussir s'il avoit le bonheur d'y parvenir.

« Nous lançâmes nos deux bateaux, et nous y transportâmes tout ce que nous avions. Le capitaine Cheap, le chirurgien et moi, nous entrâmes dans la barque avec neuf hommes. Le lieutenant Hamilton, M. Campbell et six autres se mirent dans la chaloupe. Il n'y avoit pas deux heures que nous étions en mer, quand le vent tourna tout-à-coup vers l'ouest; sa violence et l'agitation de la mer étoient si impétueuses, qu'il nous fut impossible de diriger vers le cap où nous tendions. Du mont de Misère, pendant notre séjour dans l'île, ce cap nous paroissoit en face et à la distance de vingt à trente lieues. Quoique la chaloupe ne fût pas éloignée, la mer, dont les vagues s'élevoient comme des montagnes, nous la faisoit perdre de vue de temps à autre. Nous nous attendions, dans les deux bateaux, à être engloutis à chaque moment, et pour empêcher les vagues d'y pénétrer, nous nous serrions de très-près, afin de les recevoir sur le dos. Pour alléger les bateaux, nous fûmes obligés de jeter dans la mer toute notre viande et jusqu'à nos grapins. La nuit n'étoit pas loin, et nous courions sur une côte où la mer se brisoit d'une manière épouvantable. Aucun de nous ne pouvoit se flatter d'échapper à un naufrage certain. Comme nous approchions du rivage, et que nous nous attendions à être mis en pièces par les brisans, nous aperçûmes une petite ouverture entre les rochers; nous y pénétrâmes, ce passage étroit nous conduisit à un port où les deux bateaux furent abrités; la masse des eaux y étoit aussi calme, aussi immobille que le rocher même.

« La chaloupe y étoit entrée avant nous, et notre joie fut grande de la revoir, après l'avoir cru perdue. Nous mîmes les bateaux en sûreté et montâmes sur un rocher. La pluie fut excessive bien avant dans la nuit, et le froid extrême. Nous n'avions ni linge sec, ni bois; ensorte que nous fûmes obligés de passer la nuit dans cette situation désagréable, sans avoir de quoi nous couvrir; transis, grelotant dans nos habits mouillés. La gelée survint le matin, il nous fut impossible de fermer les yeux. Le jour précédent nous avions jeté nos provisions hors des bateaux, et nous n'avions aucun espoir d'en trouver sur la côte. Le matin nous sortîmes de la crique, mais nous fîmes peu de chemin tant la mer étoit grosse. Après avoir lutté contre les vagues pendant toute la journée, nous arrivâmes le soir entre de petites îles; nous descendîmes à terre, mais nous ne trouvâmes qu'un marais. Comme le temps continuoit, nous passâmes cette nuit comme la précédente. Quelques coquillages furent toute notre nourriture, mais le lendemain nous fûmes plus heureux. Le chirurgien prit une oie et nous trouvâmes de quoi faire bon feu. Comme le vent ne nous permit point d'en sortir, nous séjournâmes trois ou quatre jours. Dès que le temps le permit, nous dirigeâmes au nord vers une grande baie, dans l'espérance qu'elle nous ouvriroit un passage. Vains efforts! il n'y avoit point d'issue; il fallut reprendre le même chemin, sans avoir trouvé de tout le jour rien qui pût soulager notre faim.

« La nuit suivante nous entrâmes dans une petite crique; comme il y avoit une grande quantité de bois rouge, nous lui donnâmes ce nom. Le lendemain un vent frais du midi nous fit faire beaucoup de chemin vers le nord; et sur le soir, nous étions auprès d'une assez grande île. Descendus au rivage, nous la vîmes couverte des plus beaux arbres que nous ayons jamais vus. Leurs troncs s'élevoient à une hauteur prodigieuse, sans nœuds, sans branches, aussi droits que des cèdres. Il fait un très-bon feu, mais il jette tant d'éclat et d'étincelles, que nous trouvâmes à notre réveil nos habits brûlés en plusieurs endroits.

« Le temps étoit calme, le lendemain matin; nous reprîmes la rame, et quand nous eûmes dépassé l'île, le vent s'étant élevé, nous parvînmes au fond d'une grande baie que nous avions au nord, espérant y trouver quelque passage. Comme il n'y en avoit point, nous longeâmes la côte vers l'ouest, environ à cinquante lieues de l'île Wager. C'est là seulement qu'on trouve un passage, qui nous auroit épargné bien des peines, si nous avions pu en être informés. J'aurai occasion d'en parler ci-après.

« Forcés par le vent de tenir la côte, nous arrivâmes à un cap d'où l'on découvroit une très-grande baie vers le nord, e t un autre cap éloigné à l'ouest. Nous fîmes nos efforts pour y parvenir directement. Il est rare que des bateaux puissent suivre cette direction. En effet, le vent s'étant élevé, nous fûmes obligés de retourner au premier cap et d'abriter nos deux bateaux dans une petite crique. Ici il nous arriva un accident qui nous alarma fort. Après avoir mis nos bateaux en sûreté, nous grimpâmes sur un rocher qui n'étoit pas assez large pour tout notre monde. Nous n'avions rien à manger. Nous eûmes, comme à notre ordinaire, recours au sommeil. Nous voilà donc à faire bon feu, à nous étendre à l'entour, comme nous le pûmes. Mais deux de nos hommes se trouvant gênés faute de place, allèrent un peu plus loin se nicher dans un petit réduit au-dessus duquel étoit suspendue une petite élévation qui leur servoit de dais. Tout-à-coup un bruit sourd, pareil à celui d'un tremblement de terre, nous reveilla au milieu de la nuit. Nos craintes étoient d'autant plus fondées, que nous en avions déja ressenti plusieurs secousses dans cette partie du monde. Elles devinrent bien plus vives quand nous entendîmes des gémissemens, des cris étouffés. Nous nous levons aussitôt, nous courons à l'endroit d'où partoient ces cris, nous y trouvons nos deux hommes presque ensevelis sous la terre et sous les pierres qui s'étoient détachées, ne traînant après elles les arbres et les rochers de cette petite éminence, un peu au-delà du lieu où ils s'étoient abrités. Cependant nous les retirons tout meurtris de la terre qui s'étoit éboulée sur eux.

« Le lendemain matin nous partîmes de bonne-heure, sous les auspices d'un vent d'ouest, ramant vers le cap que nous avions aperçu la veille. Nous n'y trouvâmes point de port : obligés d'entrer dans une baie sablonneuse où nous restâmes toute la nuit sur nos rames, exposés aux coups de vents et à des torrens de pluie. A ces maux, se joignit une faim si urgente, que nous mangeâmes les souliers que nous avions aux pieds, et qui étoient faits de peau de veau marin. Le matin, nous sortîmes de la baie, si accablés du mauvais temps de la nuit, que nous étions indifférens pour toute espèce de dangers, et le soir, les bateaux étant entrés dans une baie, pour comble de malheur nous y perdîmes presque notre chaloupe qu'un brisan remplit d'eau et fit courir sur le rivage. C'étoit le jour de Noël, autant qu'on puisse s'en rapporter à nos calculs, interrompus plus d'une fois par tant d'événemens malheureux. En voyant le danger imminent de la chaloupe, la barque alla chercher un mouillage dans une autre baie au nord de la première. Il étoit plus facile; mais la côte étoit si escarpée, que nous ne pûmes y débarquer. La chaloupe vint nous rejoindre pendant la nuit. Le lendemain il fit si mauvais temps, que nous désespérâmes de regagner le cap, de manière que nous ramâmes dans la baie, croyant y retrouver des veaux marins, que nous y avions apperçus la veille. Ce fut sans succès. Ainsi nous regagnâmes la baie où nous avions mouillé la nuit précédente. Comme la mer étoit moins agitée, nous trouvâmes un peu de coquillages sur la côte. Nous partîmes le lendemain de bonne heure, dans le dessein de doubler un cap qui étoit à trois lieues de nous, et la terre la plus occidentale que nous pussions apercevoir du côté de l'ouest. Le vent étoit si fort, la mer si agitée, que nous fûmes obligés de retourner dans la baie d'où nous étions sortis le matin. Mais la nuit nous surprit en chemin, et nous en éprouvâmes toutes les horreurs, couchés sur nos rames.

« Le mauvais temps continua; le matin nous nous rendîmes au rivage, qui ne nous offrit aucune espèce d'alimens. Comme le temps ne nous permit point, pendant quelques jours, de doubler le cap que nous avions en vue, nous allâmes chercher des provisions. Nous trouvâmes quelques lagunes à la pointe de la baie, qui nous offrirent des coquillages, et quelques veaux marins, ressource délicieuse. Nous fîmes une seconde tentative pour doubler le cap. Après avoir passé la première pointe, car il en avoit trois d'une égale hauteur, nous entrâmes dans une mer horrible. Les flots s'y heurtoient avec tant de violence, que nous fûmes trop heureux de regagner notre premier asile, sans trop espérer toutefois, que nous pourrions repasser le cap.

Le lendemain, comme le temps devenoit très-mauvais, tout l'équipage descendit pour chercher quelques provisions ; il ne resta dans chaque bateau que le nombre d'hommes nécessaires pour les garder. Ce soin nous étoit confié tour-à-tour, et c'étoit le mien pour cette fois de m'en charger avec un autre. La chaloupe étoit amarrée auprès de nous. La nuit, l'impétuosité du vent redoubla, la mer se brisoit violemment contre le rivage; nous avions tout à craindre. Cependant, excédés de fatigue, nous tombâmes endormis.

Bientôt le mugissement des vagues, l'agitation extraordinaire du bateau, me réveillèrent. J'entendis des cris d'effroi, je regardai, je vis la chaloupe renversée et disparoître. William Rose, quartier-maître, disparut avec elle. Un autre de nos hommes fut lancé contre le rivage, et la tête enfoncée dans le sable, où il auroit péri s'il n'en eût été dégagé par ceux qui étoient à terre. Nous attendions le même sort dans la barque, où la mer se brisoit violemment. Pour échapper à une mort certaine, il fallut s'écarter du rivage, et passer ainsi exposés dans une grande mer le jour suivant. Pour ajouter à notre mortification, nous contemplions sur le rivage nos compagnons assis autour du feu, et des veaux marins qu'ils mangeoient, pendant que nous étions mourans de faim et de froid. Il y avoit un mois que nos hardes n'avoient cessé d'être mouillées.

« Le lendemain, le vent s'étant abattu, nous nous rapprochâmes du rivage, d'où nos compagnons nous jetèrent du foie de veau. Nous le dévorâmes; mais les suites nous en furent si funestes, qu'après une maladie excessive, la peau nous tomba entièrement de la tête aux pieds.

« Pendant que nos gens étoient à terre, M. Hamilton fit rencontre d'un veau marin énorme, ou plutôt d'un lion de mer. Il le perça de deux balles, après quoi l'animal vint sur lui gueule béante. Hamilton lui présenta la baïonnette, et la lui enfonça dans la gorge, avec une bonne partie du fusil qui s'y brisa aussi facilement qu'une baguette. Malgré ses blessures, l'animal échappa aux nouveaux coups qu'on alloit lui porter.

« Je donne à cet animal le nom de *veau*, parce qu'à plusieurs égards il ressemble au premier, si ce n'est qu'il est beaucoup plus grand, et que sous ce rapport on peut le ranger dans une autre classe. M. Walter, dans son Voyage de l'amiral Anson, a donné la description de ceux qu'on trouve auprès de Juan-Fernandès. Mais ils ont, dans d'autres climats, des apparences et des qualités différentes, comme j'ai eu occasion de l'observer dans ce voyage, et dans un autre que j'ai fait depuis. Comme on a déja parlé beaucoup du lion de mer, je n'en rapporterai que deux particularités; l'une relative à sa grandeur, et aux qualités qui le distinguent de ceux dont il a fait mention. Ceux que je vis n'avoient point de grouin, ou de trompe au bout de la mâchoire supérieure; mais les mâles avoient une grande crinière velue, qui leur donnoit un air très-formidable; et loin d'être foibles et faciles à tuer, comme l'étoient ceux qu'il vit, nous en trouvâmes au contraire à un mille de la mer, d'assez courageux pour venir sur nous lorsque nous les troublions, et avec tant d'impétuosité et d'agilité, qu'il étoit difficile de les éviter ou de les tuer.

« Ayant perdu notre chaloupe, et ne pouvant, sans nous exposer, nous mettre tous dans la barque, nous laissâmes quatre de nos compagnons sur le rivage. Ils parurent insensibles à cet abandon, tant les dangers, les calamités de toute espèce les avoient découragés; et je pense que le plus grand nombre d'entre nous auroit témoigné la même indifférence. Le capitaine distribua à ces pauvres malheureux des armes et des munitions. Quand nous partîmes, ils se tinrent sur le rivage, nous dirent adieu, en s'écriant trois fois, et criant *god bless the king!* que Dieu sauve le roi! Nous les vîmes un peu après partir pour leur malheureuse destinée, s'aidant l'un l'autre à grimper sur une suite hideuse de rochers. Mais en considérant les obstacles qu'ils avoient à surmonter pour gravir par ce chemin, le seul qui fût en leur pouvoir, car les bois et les marais rendoient tous les autres impraticables; en considérant aussi que les mers rendent cette côte inhabitable, et qu'il n'y a même aucune espèce de coquillages, il n'est que trop probable qu'ils ont tous fini malheureusement.

« Nous ramâmes le long du rivage vers l'ouest, afin de tenter encore une fois de doubler le cap. Mais à peine arrivés auprès de la première pointe, la mer devint si menaçante, que nous craignîmes un moment d'être submergés. Cependant, la vie ayant en quelque sorte perdu pour nous tous ses attraits, nous luttâmes contre les vagues jusqu'à une baie qui s'ouvroit vers le nord. Je n'ai vu de mes jours une mer aussi redoutable. Elle se brisoit à plus d'un demi-mille de la côte. Voyant qu'il n'étoit au pouvoir d'aucun bateau de doubler ce cap, nos matelots s'avancèrent à coups de rames presque jusqu'à la portée des brisans, prêts à être engloutis sous le choc des vagues qui s'élevoient comme des montagnes. Je crois que leur intention étoit de terminer tout-à-coup leurs misères, car tous, au plus fort du péril, gardoient le silence le plus morne. Le capitaine Cheap, à la fin, leur dit qu'il falloit ou qu'ils pérîssent immédiatement, ou qu'ils eussent à s'éloigner de la côte; que cependant ils feroient comme il leur plairoit. A ces mots, ils reprirent courage, et après des difficultés infinies, ils revinrent à la première éminence, désespérant de jamais doubler le cap. La nuit tomba avant que nous fussions rentrés dans la baie où nous avions délaissé nos quatre compagnons : sacrifice aussi douloureux que nécessaire au salut de tous les autres; car tous auroient certainement péri, si nous étions entrés plus de seize dans un bateau si petit ! Nous donnâmes le nom de *Marine* à cette baie : nous y trouvâmes la vague si courroucée, que toute la nuit nous fûmes à nos rames. Alors nous nous vîmes réduits à la nécessité de retourner à l'île de Wager pour y passer le reste de notre malheureuse vie, n'ayant plus aucun espoir de revoir notre patrie.

« Avant de partir il fallut nous pourvoir de quelques veaux marins, tant pour effectuer notre passage, que pour nous soutenir en arrivant, bien assurés que nous aurions de la peine à trouver quelque chose. En conséquence, nous prîmes le parti de nous rendre à cette lagune où nous nous étions déja procuré quelques veaux ; mais nous ne sortîmes de la baie qu'après avoir cherché les compagnons que nous avions laissés sur le rivage. Si nous avions pu les retrouver, nous étions bien déterminés à les reprendre, quoique assurés de périr ensemble. Dans tout autre temps c'eût été le comble de la folie ; mais nous étions résignés à notre destin, que nous ne croyons pas fort éloigné de nous. Nous ne trouvâmes d'eux d'autres vestiges qu'un mousquet sur le rivage.

« En retournant à la lagune, nous fûmes assez heureux pour y tuer quelques veaux que nous fîmes bouillir, et que nous mîmes en réserve pour notre provision de mer. Pendant que nous suivions le rivage, en pelottons détachés, cherchant les alimens qu'il auroit pu nous offrir, notre chirurgien, qui marchoit seul, découvrit une caverne assez profonde dans un rocher. Quelque sauvage ou naturelle qu'elle parût, on voyoit cependant que la main de l'homme y avoit ajouté. Le chirurgien hésita d'y pénétrer, incertain de l'accueil qu'il y recevroit, si elle étoit habitée. La curiosité l'emporta sur la crainte ; il osa y entrer en se blotissant sur les mains et sur les genoux ; car l'entrée étoit fort basse. Après s'y être ainsi traîné pendant quelque temps, il arriva à une chambre spacieuse qui recevoit le jour par un trou pratiqué au sommet. S'il étoit naturel ou de main d'hommes, c'est ce qu'il ne put pas déterminer d'abord. Il y avoit au milieu de la chambre une espèce de bière faite avec des bâtons qui se croisoient, et soutenue par des appuis d'environ cinq pieds de hauteur. Sur cette bière étoient étendus cinq ou six corps qui paroissoient y avoir été déposés depuis long-temps, et qui n'avoient souffert aucune dégradation. Ils n'étoient point couverts, leurs chairs étoient dans un état de sécheresse parfaite ; mais nous ne pûmes deviner si nous devions l'attribuer à quelques secrets de l'art ou aux qualités de l'air. A la vérité, le chirurgien ne trouvant rien à manger dans cette caverne, où il ne s'étoit introduit que pour cet objet, ne s'amusa pas à de longues recherches qu'il auroit faites dans un autre temps ; il ressortit de la grotte comme il y étoit entré, et nous raconta ce qu'il y avoit vu. J'oubliois de dire que sur une autre plate-forme sous la bière, il y avoit une autre rangée de corps déposés de la même manière. Ce lieu étoit probablement le cimetière de leurs princes ou caciques; mais nous ne pouvions concevoir d'où on les y avoit apportés, parce qu'il n'y avoit aucune trace d'établissemens indiens aux environs. Nous n'avions point vu de sauvages depuis que nous avions quitté l'île, ni observé, dans les criques et baies que nous avions visitées au nord, aucuns vestiges de feu ou de vieux *Wigwams* qu'ils ne manquent jamais de laisser derrière eux; et il est probable, par la violence des mers sur cette côte, par l'horrible aspect qu'elle présente, par le terrain marécageux qui la borde, qu'elle est peu fréquentée.

« Nous retraversâmes la première baie, pour regagner le cap que nous avions abandonné le jour de Noël, et nous étions dans un état de grand abattement : car nous étions en quelque sorte dans notre première traversée, soutenus par l'espérance que nous approchions insensiblement de la fin de nos maux. Maintenant il nous restoit le même cercle de malheurs à parcourir, avec la perspective affreuse qu'après en avoir surmonté les dangers et les obstacles, tant de travaux n'aboutiroient qu'à une mort inévitable et misérable. Comment imaginer que sur cette côte déserte où nous retournions, il fût possible que nous ne mourussions pas de faim ! Nous en avions épuisé les coquillages, la seule espèce de subsistance que cette île fournisse ; et nous avions trouvé dans les Indiens si peu de sensibilité, que nous n'avions aucun espoir de réussir auprès d'eux par ce moyen. Ils nous avoient déja refusé d'échanger leurs chiens contre ce que nous avions de plus précieux ; de manière qu'il n'est pas surprenant que nous eussions perdu toute espérance.

« Le mauvais temps ne nous avoit pas quittés. La nuit survint encore avant que nous eussions pu entrer dans la crique ; ensorte que nous fûmes obligés de tenir jusqu'au jour l'avant du bateau opposé aux vagues et aux brisans. Le matin, nous fîmes nos efforts pour gagner jusqu'à cette île, où nous avions observé ces arbres élevés et droits dont nous avons fait mention ; île que le capitaine Cheap avoit surnommée *Montrose*. Mais à peine avions nous le cap à notre ouest, qu'un coup de vent faillit de renverser notre bateau. La vague l'avoit presque rempli ;

nous fîmes usage de nos mains, de nos chapeaux, de tout ce qui pouvoit la contenir, pour nous en défaire promptement ; circonstance alarmante où une seconde vague nous eût engloutis ! Nous prîmes le parti de retourner à notre crique, où le mauvais temps nous retint deux ou trois jours. Nous y serions morts de faim sans la petite provision de veau marin que nous avions faite pour ce pénible retour.

« Enfin nous abordâmes à l'île Montrose. Cette terre est sans contredit la meilleure et la plus agréable que nous eussions vue dans cette partie du monde, quoiqu'il n'y ait rien à manger qu'une espèce de baie, qui ressemble assez, pour le goût, à nos groseilles. Elles sont noires, et croissent dans un terrain marécageux, sur un arbre beaucoup plus grand que nos groseilliers. Nous demeurâmes quelque temps dans cette île, où nous vécûmes de ces groseilles et de ce qui nous restoit de veaux marins, quoique ce ne fût pour ainsi dire que de la pourriture. Trois à quatre fois nous tentâmes de sortir de notre île ; trois fois il fallut y rentrer, tant la mer étoit mauvaise ! Un de nos compagnons étoit d'avis de terminer nos jours dans cette île, plutôt que dans celle de Wager : malgré la justesse de son opinion, il fut obligé de partir avec nous.

« A peine étions-nous sortis, qu'un vent furieux s'éleva. Un brouillard épais nous fit perdre de vue la terre ; nous ne savions plus quelle route tenir. Mais nous entendions les flots s'amonceler et mugir contre les brisans. Nous redoublons d'efforts pour les éviter : à peine en étions-nous éloignés de la longueur du bateau. Cependant les vagues en se brisant, le remplissent presque d'eau. Leur choc étoit si violent, que trois de nos compagnons et moi, nous fûmes précipités au fond du bateau, où nous faillîmes d'être submergés avant de pouvoir nous relever.

« Jamais nous ne fûmes si près de périr ; tous, et même le capitaine Cheap, avoient entièrement perdu l'espérance. Cependant, par une espèce de prodige, nous entrâmes dans la crique du bois rouge, où le temps continua d'être si mauvais toute la nuit, que nous ne pûmes y entretenir de feu pour nous sécher. Le lendemain, le vent s'étoit un peu abattu. Il falloit ou périr de faim, ou se remettre en mer. Nous choisîmes ce dernier parti. Trois jours après, nous regagnâmes l'île de Wager notre premier asyle. Depuis plusieurs jours nous n'avions eu pour toute nourriture que des herbes de mer : à notre départ, nous n'aurions pu imaginer de situation plus douloureuse que la nôtre. Cependant nous la regrettions à notre arrivée dans l'île, tant nous étions accablés de fatigues, de misères, de faim! Selon nos calculs, il y avoit deux grands mois que nous étions errans dans cette grande baie formée au nord par cette terre haute que nous avions observée du mont de Misère.

« Notre premier soin en arrivant, fut de mettre en sûreté le bateau. C'étoit notre seule ressource du côté de la mer. Ensuite nous nous rendîmes à nos huttes ou cabanes, dont la suite irrégulière formoit une espèce de village ou de rue. Le chaume qui les couvroit nous offroit un abri supportable contre l'inclémence de l'air. Mais quelle fut notre surprise! l'entrée d'une de ces cabanes se trouvoit fermée avec des clous. Nous l'enfonçâmes, et nous y vîmes différens morceaux de fer arrachés aux débris de notre vaisseau avec beaucoup de peines. Nous en conclûmes que les Indiens y étoient venus pendant notre absence, et qu'ils n'étoient point de la même tribu que ceux avec qui nous avions commercé auparavant, puisqu'ils n'attachoient aucune valeur à ce métal. Comment, et de quelle région étoient-ils venus? c'est ce que nous ne pouvions déterminer. Mais ils n'avoient pu apprécier ni connoître l'usage du fer, qu'en communiquant avec les Espagnols. Les sauvages en général ont une dextérité singulière à voler les étrangers, quoiqu'ils respectent rigidement entre eux les droits de la propriété. Il est certain qu'ils avoient pillé toutes nos maisons; qu'avant de partir ils en avoient enlevé les meubles les plus précieux; c'est-à-dire, les ballots de toiles et de draps. »

CHAPITRE LII.

Rencontre d'un cacique indien. Arrivée de Biron et de ses compagnons à l'île de Chiloé.

« Quelques jours après notre retour, deux canots indiens abordèrent dans l'île; leur surprise de nous y retrouver fut égale à la nôtre. Il y avoit parmi ces Indiens, un homme de la tribu des Chonos qui vivent dans le voisinage de Chiloé, île sur la côte occidentale de l'Amérique, et l'établissement le plus méridional des Espagnols sur cette côte. Il parloit espagnol, mais avec un accent si sauvage, qu'il ne pouvoit se faire entendre qu'à ceux qui sont bien versés dans cette langue. Il étoit le chef de la tribu; car il portoit pour marque de son autorité le bâton à tête d'argent, qui indique dans les colonies espagnoles les emplois civils et militaires.

« M. Elliot, notre chirurgien, sachant quelques mots espagnols, chercha à lui faire comprendre que nous voudrions, s'il étoit possible, nous rendre sur quelques-uns des établissemens espagnols, que nous ignorions le chemin pour y parvenir avec plus de sûreté, et comment dans le voyage nous pourrions nous procurer des vivres. Il lui promit, s'il vouloit se charger de nous y conduire, le bateau et tout ce qu'il contenoit quand nous serions arrivés.

« Le cacique eut beaucoup de peine à y consentir. Enfin, après avoir fait nos préparatifs, nous nous embarquâmes au nombre de quinze personnes, y compris le cacique Martin et son domestique Emmanuel.

« Le lendemain, nous parvînmes au fond d'une grande baie, où notre guide avoit laissé sa femme et deux enfans dans une hutte. Nous y restâmes deux jours, que nous employâmes à ramasser des coquillages sur la rive.

« Après avoir reçu à bord la famille du cacique, nous continuâmes notre voyage. Nous eûmes à lutter contre le courant d'une rivière si rapide, qu'avec tous nos efforts, du matin au soir, nous ne pûmes gagner sur lui que très-peu de chemin. Enfin, après avoir supporté tout ce que le froid, la faim et la fatigue ont de pénible, nous arrivâmes dans une île située au midi de Chiloé, à trente lieues environ de distance. Nous y restâmes deux jours, attendant une occasion favorable pour traverser la baie. Cette seule pensée épouvantoit le cacique, au point de le jeter hors de lui-même : ses craintes n'étoient que trop bien fondées; car la mer y est terrible, dangereuse pour tout bateau ouvert; mais mille fois plus pour le nôtre qui étoit si délabré. Enfin il eut le courage de s'y résoudre, après avoir fait des signes de croix pendant une heure, et attaché à une perche une espèce de voile qu'il fabriqua avec *des* lambeaux dont il se couvroit le corps. Nous partîmes : le passage fut terrible, l'eau entroit dans le bateau par le fond. Comme nous approchions du rivage, le cacique, dont la frayeur étoit extrême, voulut y descendre : nous faillîmes tous de périr, car il avoit avancé presque au milieu des écueils où la mer poussoit avec tant de violence sur les rochers, qu'aucun Indien même n'auroit pu se sauver, et sur-tout dans un temps de nuit. Nous prîmes le large et gagnâmes une eau douce pour débarquer dans l'île de Chiloé, quoique ce fût du côté où elle n'étoit pas habitée.

« Toute la journée suivante nous restâmes exposés à une neige très-épaisse ; mais nous avions besoin de nous remettre un peu après tant de fatigues. Cependant il faisoit un froid excessif ; nous n'avions ni souliers ni bas ; nous vîmes le moment où nous perdrions nos pieds. Le capitaine Cheap étoit si mal, que s'il eût fallu faire quelques lieues de plus sans secours, il auroit infailliblement péri.

« Il m'est impossible de décrire la situation misérable où nous étions réduits. Nous étions si maigres qu'à peine avions-nous la figure d'hommes. Combien de fois, pendant les nuits les plus froides, couché sur la terre, en plein air, exposé à la grêle et à la neige, m'étois-je vu dans la nécessité, pour me procurer un peu de repos, de me dépouiller de mes hardes, parce que la vermine dont elles fourmilloient m'empêchoit de prendre un moment de sommeil! La faim étoit cent fois moins cruelle pour nous. Le pauvre capitaine Cheap étoit, à cet égard, bien plus à plaindre qu'aucun de nous. Je pourrois dire que son corps n'étoit qu'une fourmillière, qu'il étoit en proie à des milliers d'insectes. Il ne lui étoit plus possible de chercher aucun soulagement, car il avoit perdu toute connoissance, ne se rappelant le nom d'aucun de nous, pas même le sien. Sa barbe étoit longue comme celle d'un Hermite, couverte, ainsi que son visage, d'ordures et de crasse, par la longue habitude de prendre pour oreiller le sac dans lequel il tenoit renfermés les débris de veaux marins, dans la crainte qu'on ne les lui enlevât pendant son sommeil. Ses jambes étoient enflées, grosses comme des barres de moulin, et cependant il paroissoit n'avoir que la peau et les os.

« Notre cacique eut grand soin de cacher sous terre les débris du naufrage qu'il avoit

apportés avec lui. Si les Espagnols en avoient
été instruits, ils lui auroient enlevé jusqu'au
dernier clou. Nous partîmes vers le soir; sur
les neuf heures, nous vîmes, à notre grande
joie, l'approche d'une maison. Elle appartenoit à une des connoissances de notre cacique. Et comme il avoit mon fusil, et qu'il nous
restoit encore une charge de poudre, il nous
pria de lui apprendre comment il falloit
s'en servir. Nous le chargeons, puis le lui
remettant entre les mains, il se tient droit,
retire autant qu'il peut sa tête en arrière,
fait feu et tombe à la renverse au fond du
canot. Les Indiens n'ayant aucune connoissance des armes à feu, sortirent de la maison
et coururent épouvantés se cacher dans les
bois. Mais quelque temps après, le plus
hardi monta sur une éminence, et élevant
la voix de toutes ses forces, il nous demanda
qui, et ce que nous étions. Notre cacique
alors s'étant fait connoître, ils descendirent
et nous apportèrent du poisson et des patates
en abondance. Ce fut le mets le plus agréable
que nous eussions mangé depuis plusieurs
mois. Notre repas fini, nous ramâmes encore deux milles plus loin, jusqu'à un petit
village où nous débarquâmes. Ici notre cacique

fit tant de bruit qu'il éveilla tous les habitans, nous fit ouvrir les portes de l'un d'entre eux, et fit sur-le-champ un grand feu (car le temps étoit rude, c'étoit au mois de juin qui répond au plus fort de l'hiver, dans ce climat). Dès ce moment les Indiens vinrent en foule autour de nous, et à mesure que le cacique leur racontoit ce qu'il avoit pu apprendre de nos malheurs, ils nous témoignoient une grande sensibilité. Il ne put leur dire de quel pays nous étions. Souvent il nous avoit demandé si nous étions Anglais, Hollandais ou Français, les seules nations dont ils avoient ouï parler, après les Espagnols. Nous avions toujours répondu que nous venions de la Grande-Bretagne ; paroles qu'il ne pouvoit comprendre. En nous disant Anglais, comme nous étions en guerre avec les Espagnols, nous avions à craindre qu'il n'eût refusé de nous conduire à Chiloé.

« Ces Indiens avoient le cœur si bon, qu'ils sembloient se disputer à qui prendroit le plus de soin de nous. Ils étendirent devant le feu un lit de peaux de brebis, sur lequel ils couchèrent le capitaine Cheap ; et certes, sans leurs secours, il n'auroit pas survécu trois jours à notre arrivée. Quoiqu'il fût environ minuit, ils allèrent tuer un mouton, qu'ils firent bouillir aussitôt; ils y ajoutèrent un pain d'orge qu'ils firent cuire. Je défie à l'imagination la plus forte de se former une idée du plaisir que nous fit ce repas, à nous malheureux, qui depuis si long-temps n'avions goûté ni pain, ni aucun mets supportable.

« Lorsque nous fûmes rassasiés, nous nous mîmes à dormir auprès du feu que les Indiens avoient le soin d'entretenir. Le matin les femmes les plus éloignées, comme les plus proches, vinrent nous voir, portant, chacune d'elles à la main, un vase où il y avoit de la volaille, du mouton bouilli, des patates, des œufs et autres comestibles.

« A notre arrivée, on avoit expédié un courrier à Castro, ville à quelque distance de nous, pour en informer le corrégidor espagnol. Il revint au bout de trois jours avec ordre aux caciques indiens de nous conduire au lieu de sa résidence.

« Quand nous arrivâmes chez le corrégidor, nous trouvâmes sa maison remplie de monde. C'étoit un vieillard d'une grande taille, portant un manteau long, une perruque mouée, et à ses côtés une épée d'une longueur immense. Il nous reçut dans un grand appareil et avec beaucoup de formalités. Mais, faute d'interprête, nous ne pûmes entendre ses questions, ni y faire de réponses.

« Il nous fit servir du jambon froid et des volailles, et quoique nous ne fussions que trois, nous dépécâmes en peu de temps ce qui auroit suffi à dix convives d'un appétit ordinaire. Nous avions à craindre les indigestions, autant que nous avions redouté la famine ; car du moment que nous mîmes le pied chez ces bons Indiens, nous ne cessâmes de manger. Nous ne pouvions nous rassasier, et pendant plus d'un mois nous ne laissâmes échapper aucune occasion, remplissant nos poches furtivement, et nous relevant jusqu'à trois fois pour nous bourrer pendant la nuit. Cependant nous n'eûmes point d'indigestion. Le capitaine Cheap disoit qu'il étoit honteux d'avoir un appétit si dévorant. Après le souper, le corrégidor nous conduisit au collége des jésuites. Nous étions environnés de soldats et suivis de la populace. Le collége devoit nous tenir lieu de prison, en attendant les ordres du gouverneur qui demeuroit à Chaco, ville éloignée de trente lieues. Le corrégidor recommanda au père provincial de s'informer de quelle religion nous étions, si toutefois nous avions une religion. Après quoi, s'étant retiré, les portes se fermèrent, et nous fûmes conduits dans une cellule. Nous y trouvâmes des espèces de lits, étendus sur le plancher et quelques lambeaux de chemises : comme elles étoient propres, cette trouvaille fut pour nous une espèce de trésor. Les premiers alimens qui s'offrirent à notre appétit, après les horreurs de la famine, nous avoient fait moitié moins de plaisir que ces haillons.

« La maison des jésuites étoit vaste et spacieuse; cependant ces religieux n'y étoient qu'au nombre de quatre, et même il n'y en avoit pas d'autres dans l'île. Le père provincial envoya chercher le capitaine Cheap le lendemain matin. Ils ne purent s'entretenir qu'en latin, et je soupçonne qu'ils ne l'entendoient guères mieux l'un que l'autre. A son retour, le capitaine Cheap me dit que le jésuite n'avoit cessé de toucher une corde fort délicate. Il s'agissoit des effets que nous avions pu dérober au naufrage et tenir cachés par devers nous. D'après l'avis de ces bons pères, notre meilleur parti étoit de leur en faire le transport. Il ne fut pas question, pour cette fois, d'un seul mot de religion ; mais deux ou trois jours après, le corrégidor ayant appris que nous étions des hérétiques, chargea ces bons pères de notre conversion. Cependant nous en fûmes quittes pour la peur, graces à l'observation que lui fit un des révérends. Il lui dit que ce seroit perdre du temps et beaucoup de peine que de vaquer à cette sainte entreprise, dans une île qui n'avoit pas assez d'attraits pour nous induire à changer de religion ; que l'occasion en seroit bien plus favorable quand nous serions au Chili, pays délicieux où les plaisirs amèneroient naturellement notre prompte conversion. Nous restions dans notre cellule jusqu'au moment où l'on sonnoit le dîner. On nous conduisoit dans une salle où il y avoit deux tables, l'une pour les pères et l'autre pour nous. Après une longue prière en latin, on s'asseyoit et l'on mangeoit sa portion, en observant aux deux tables le silence le plus religieux. Après quoi l'on disoit une autre longue prière, qui cependant nous paroissoit moins ennuyeuse que la première ; puis nous retournions à notre cellule. Nous passâmes huit jours de cette manière. Aucun mouvement qui se fît entendre dans la maison. On auroit cru qu'il n'y avoit pas une ame; car, excepté l'heure du dîner, le silence le plus absolu y régnoit par-tout.

« Le soir du huitième jour, un bruit violent se fit entendre à la porte. A peine fut-elle ouverte, que nous vîmes paroître un jeune officier, botté, éperonné, qui dit aux pères que le gouverneur l'avoit chargé de nous conduire à Chaco. Ainsi, nous partîmes pour cette ville.

« A notre arrivée, nous fûmes reçus avec beaucoup de politesse, et nous eûmes la liberté d'aller chez tous ceux qui nous invitoient.

« Dans le nombre des maisons où nous étions reçus, il y en avoit une qui appartenoit à un vieux prêtre, qui passoit pour une des personnes les plus riches de l'île. Il avoit une nièce qu'il aimoit avec beaucoup de tendresse, et qui devoit être son héritière : il avoit pris un grand soin de son éducation, et elle passoit pour une des personnes les plus accomplies de Chiloé. On ne pouvoit pas dire qu'elle fût d'une beauté parfaite ; mais elle étoit bien : cette jeune fille m'honora de son attention, plus qu'en vérité je ne le méritois. Elle proposa à son oncle de me convertir, ensuite de consentir à son mariage avec moi.

« Il y consentit d'autant plus volontiers qu'il la chérissoit. En conséquence, il me fit part de la proposition de la jeune demoiselle, en m'assurant qu'il y joignoit de bon cœur son approbation ; puis, me conduisant dans une chambre où il y avoit plusieurs commodes et armoires, il me fit voir les belles robes de sa nièce, et la belle garde-robe qu'il avoit aussi. Entre autres effets qu'il me montra, il y avoit une pièce de toile, qu'il destinoit à me faire des chemises. J'avoue que ce dernier article me tenta fortement : j'eus cependant assez de courage pour ne pas succomber, et je fis de mon mieux pour faire agréer mes excuses, car je parlois déja assez bien l'espagnol pour me faire entendre. »

CHAPITRE LIII.

De Saint-Jago, capitale du Chili.

« Quelque temps après, le corrégidor reçut l'ordre du président de nous envoyer à Saint-Jago, capitale du Chili.

« Il y avoit alors dans cette ville plusieurs

vaisseaux de Lima, qui y vendoient leurs cargaisons ; de manière que chaque jour il y avoit un grand nombre de mulets qui y portoient des marchandises. Le corrégidor fit venir un de ces conducteurs de mulets, et lui ordonna de nous prendre avec lui. L'homme lui demanda comment il seroit payé de la dépense qu'il feroit pour nous, pendant les cinq jours de route qu'il avoit à faire. Le corrégidor lui dit de s'arranger comme il le voudroit, car il ne vouloit pas avancer un seul denier. Nous prîmes congé de l'honnête corrégidor, qui nous chargea même de porter pour lui quelques petites bagatelles. Le premier jour nous fîmes quatorze milles ; nous couchâmes en plein air, selon l'usage des conducteurs et voituriers, qui s'arrêtent où leurs mulets peuvent trouver de bonne eau et de bons pâturages ; le lendemain matin nous grimpâmes la haute montagne Zapata : de là, traversant une plaine, nous franchîmes une autre montagne, très-difficile pour les mulets, chargés de deux lourds ballots et d'environ cent livres pesant chacun.

« Les mulets du Chili sont plus beaux qu'en toute autre partie du monde : quoique en route continuellement, et n'ayant à manger que la pâture qu'ils trouvent la nuit dans les champs, ils sont aussi gras et aussi luisans que les chevaux les mieux nourris d'Angleterre. La quatrième nuit, nous couchâmes dans une plaine, à la vue de Saint-Jago, à quatre lieues à-peu-près de distance : le lendemain, comme nous approchions de la ville, notre conducteur, qui étoit d'un caractère doux, et qui nous avoit bien traités pendant toute la route, me prit à part, et me dit de bien me garder de songer à rester à Saint-Jago, parce qu'il n'y avoit dans cette ville qu'extravagance, vice et folie ; que je ferois plus sagement de continuer à suivre les mulets, en quoi je serois bientôt au fait ; que ce genre de vie étoit aussi heureux qu'innocent, et cent fois préférable aux plaisirs de la ville. Je lui témoignai beaucoup de reconnoissance, en lui disant qu'avant d'accepter sa proposition, je voulois un peu connoître la ville : comme il étoit fort poli à notre égard, je l'aidois sur la route à ramener les mules qui vouloient s'écarter, et c'étoit le moins que je pusse faire pour reconnoître ses honnêtetés : c'est à ces soins officieux que je dus l'honnête proposition de notre conducteur.

« A notre arrivée à Saint-Jago, notre guide

nous remit au commandant de la garde du palais, et celui-ci au président don Joseph Manso, qui nous reçut très-civilement, et delà nous envoya à la maison où étoient le capitaine Cheap et Hamilton. Nous les trouvâmes fort bien logés chez don Patrice Gedd, médecin écossais. Il y avoit long-temps que don Patrice demeuroit dans cette ville, où ses talens et son caractère lui avoient concilié l'amitié des Espagnols. Aussitôt qu'il avoit appris qu'il y avoit quatre prisonniers anglais dans la ville, il étoit allé chez le président lui demander la permission de les loger chez lui : cette demande lui fut accordée, et pendant deux années que nous demeurâmes dans sa maison, il mit tous ses soins à nous la rendre agréable. Nous étions épouvantés de la dépense qu'il faisoit pour nous : aucune de nos représentations ne put l'engager à la diminuer. Je ne crois pas qu'il y ait jamais eu d'homme aussi humain que lui. Deux ou trois jours après notre arrivée, le président fit inviter M. Campbell et moi à dîner avec l'amiral Pizarro et tous ses officiers. C'étoit une cruelle mortification dans l'état de dénuement absolu où nous étions, et cependant nous n'osions nous refuser à cette offre obligeante. Le jour suivant, nous reçûmes la visite d'un officier espagnol, attaché à l'escadre de l'amiral Pizarre. Don Manuel de Guirro (c'étoit le nom de cet officier) nous fit l'offre de deux mille dollars : cette offre étoit d'autant plus généreuse, qu'il n'avoit aucune espérance d'en être jamais payé : en cela, il n'avoit suivi que les mouvemens de son cœur. Nous lui témoignâmes toute la reconnoissance due à un service aussi extraordinaire : nous ne prîmes que six cents dollars, que nous payâmes en lettres-de-change sur le consul d'Angleterre à Lisbonne. Alors, nous nous vêtimes décemment à l'espagnole; et comme nous étions prisonniers sur notre parole, nous allions nous divertir où bon nous sembloit.

« Cette ville est située au 33e. degré 30 minutes de latitude méridionale, au pied, et à l'ouest de cette chaîne immense de montagnes qui forment les Cordillères. Elle est dans une belle plaine d'environ trente lieues d'étendue. Elle fut fondée par don Pedre de Baldivia, qui conquit le Chili : il la divisa, d'après le plan de Lima, en différens carrés. Chaque maison riche a sa cour, ses portes cochères et son jardin ; chaque rue a son petit ruisseau, qui court entre deux murs qui le renferment proprement; de manière qu'on rafraichit et qu'on arrose à volonté les rues et les jardins. Toute la ville est très-bien pavée : les jardins sont remplis d'orangers superbes, et de toutes sortes de fleurs qui parfument les maisons, et même toute la ville. Les églises sont riches d'or et d'argent : la cathédrale et le palais épiscopal sont à l'ouest de la ville. Les maisons en général n'ont qu'un étage, à cause des tremblemens de terre qui y sont fréquens; mais la façade de ces maisons est très-agréable. »

CHAPITRE LIV.

Retour de Biron en Angleterre.

« Nous venions de parcourir, d'une manière aussi nouvelle qu'inouie, entre l'embouchure occidentale du détroit de Magellan et la capitale du Chili, une solitude immense; région qui ne peut se comparer à aucune partie du globe, en ce qu'on n'y trouve ni fruits, ni grains, ni même de racines propres à soutenir l'existence de l'homme; région, dont la mer qui en baigne les côtes est aussi stérile que les terres, et n'offrant, ce qui est plus rare encore, qu'un rivage inhabitable, battu sans cesse par les tempêtes, et presque aussi stérile que la terre.

« Après deux ans de séjour à Saint-Jago, nous nous embarquâmes à bord de la *Lys*, frégate qui appartenoit à Saint-Malo. Nous devions nous rendre à la Conception, afin d'y prendre trois autres vaisseaux français, chargés pour Saint-Malo. C'étoit le temps de l'année où les vents du sud dominent sur la côte, ensorte que nous dirigeâmes au loin vers l'ouest, du côté de l'île Jean-Fernandez : nous mouillâmes dans la baie de la Conception le 6 janvier 1745, et le 31 octobre nous étions à l'ancre dans la rade de Brest. Comme la *Lys* étoit richement chargée, elle fut amarrée auprès d'un vaisseau de guerre : l'argent fut bientôt débarqué, et les officiers et les matelots, qui depuis plusieurs années n'avoient point vu leur patrie, se rendirent à terre : il ne resta à bord qu'un ou deux hommes pour surveiller le vaisseau et deux Anglais, prisonniers de guerre avec moi. Il ne nous fut pas permis de quitter la frégate : le temps étoit extrêmement froid, et nous le ressentions vivement, nous qui avions habité des climats chauds pendant long-temps, nous qui étions vêtus très à la légère : nous n'avions ni feu ni chandelle; car il est défendu d'en avoir sur aucun des vaisseaux dans le port, pour ne pas exposer à des accidens les magasins qui sont auprès du bassin. Quelques-uns des officiers de la frégate avoient la bonté de nous envoyer journellement des vivres, sans quoi nous serions morts de faim; car M. l'intendant n'eut pas même l'honnêteté de faire demander de nos nouvelles ; et dans le nombre des officiers de l'escadre qui se trouvoit dans la rade, il n'y en eut pas un seul qui fît une visite au capitaine Cheap. Dès les cinq heures du soir, nous étions obligés de rester dans l'obscurité ; et si nous avions envie de souper, il falloit le placer à notre portée avant la nuit, sans quoi, nous n'aurions pu le trouver.

« Sept à huit jours s'étoient écoulés dans cette triste situation, quand nous vîmes s'approcher de notre bord une espèce de galère, où il y avoit beaucoup d'Anglais que des corsaires français avoient pris. On nous fit passer avec eux et remonter la rivière, pendant quatre lieues, jusqu'à Landernau. On nous laissa prisonniers dans cette ville, sur notre parole : nous prîmes les meilleurs logemens que nous pûmes ; et nous y étions depuis trois mois, quand il vint un ordre de la cour d'Espagne de nous mettre en liberté.

« A cette nouvelle, nous nous rendîmes à Morlaix, d'où un vaisseau hollandais étoit sur le point de partir ; cependant nous fûmes obligés de l'y attendre pendant six semaines. Nos arrangemens faits, nous le payâmes d'avance, pour nous débarquer à Douvres.

« Après avoir descendu la rivière jusqu'à la rade, un corsaire français, prêt à faire voile, menaça de nous couler à fond, si nous n'ancrions pas auprès de lui jusqu'à son départ : il fallut obéir, et rester trois jours à maudire ce corsaire, qui partit enfin, en nous laissant la même liberté. Notre passage fut long et désagréable : au neuvième jour nous vîmes Douvres, au lever du soleil, et nous rappelâmes au Hollandais sa promesse : il nous trompa ; car après l'avoir confirmée de nouveau, nous nous aperçûmes le matin, que nous nous éloignions des côtes de France. Nous nous plaignîmes hautement de cette scélératesse, et nous insistions pour qu'il nous débarquât à Douvres, quand nous vîmes venir à nous un vaisseau de guerre anglais : c'étoit l'Ecureuil, commandé par le capitaine Matterson, qui envoya sa chaloupe avec un officier : nous y descendîmes, et le capitaine nous envoya aussitôt à Douvres, sur un des cutters qui l'accompagnoient. Nous y débarquâmes après-midi : nous prîmes sur-le-champ des chevaux de poste pour Cantorbery : le capitaine Cheap, trop fatigué pour continuer sa route, y coucha. Le lendemain, ne se trouvant pas en état de partir, il fut convenu que M. Hamilton et lui iroient dans une chaise de poste, et moi à cheval. Ici nous fûmes arrêtés par une circonstance assez malheureuse ; car après nous être partagé notre peu d'argent, il se trouva que nous n'en avions pas assez : à peine avec mon lot pouvois-je payer les chevaux, et il ne me restoit pas un sou, ni pour manger, ni pour payer les barrières; aussi, je les passois au grand galop, sans m'arrêter aux clameurs des commis ; je supportai la faim et la soif comme je le pus. Lorsque j'entrai au faubourg, je pris une voiture pour me conduire dans la rue Malborough, où demeuroient mes amis à mon départ d'Angleterre; mais je trouvai la porte de la maison fermée. Il y avoit si long-temps que j'étois absent, et pendant tout ce temps je n'avois ni donné, ni reçu de nouvelles ; ensorte que j'ignorois si mes parens étoient morts ou en vie ; à qui d'entre eux je devois m'adresser, et même comment payer ma voiture : je me rapellai d'un marchand qui ne demeuroit pas loin de là, et chez qui ma famille alloit acheter du drap ; je m'y rendis aussitôt, et ma voiture fut payée. Je m'informai ensuite de ma famille : on me dit que ma sœur étoit mariée au lord Carlisle, et qu'elle demeuroit en Soho-Square : j'y allai sur-le-champ, et je frappai à la porte ; mais ma figure déplut au portier ; j'étois mis moitié à la française, moitié à l'espagnole ; j'avois en outre une grande paire de bottes, toutes couvertes de poussière, de sorte qu'il alloit me refermer la porte au visage, si je n'avois insisté· »

» Il n'est pas nécessaire de dire à mes lecteurs avec quelle surprise et quelle joie je fus reçu de ma sœur. Elle me donna aussitôt l'argent qui m'étoit nécessaire, pour paroître comme mes compatriotes. C'est là seulement que finirent tous les malheurs que j'avois éprouvés pendant plus de cinq années d'absence. »

CHAPITRE LV.

Détails du capitaine Wallis, sur les Patagons.

Après avoir reçu ma commission, datée du 19 juin 1766, je vins à bord du *Dauphin*; le même jour je hissai le pavillon, et je fis entrer les matelots ; mais je ne pris, d'après les ordres qui m'étoient donnés, aucuns domestiques, ni pour moi, ni pour les autres officiers.

Le 16 août je me déterminai de mettre à la voile, et à prendre le sloop l'*Hirondelle*, et *le Prince-Frédéric*, vaisseau d'approvisionnement. Au 6 décembre, sur les quatre heures de l'après-midi, nous étions près du cap de la Vierge-Marie, sur la côte des Patagons. Nous en vimes plusieurs à cheval, qui nous faisoient signe d'approcher : une demi-heure après nous ancrâmes dans une baie, tout près du côté méridional du cap, l'eau ayant dix toises de profondeur, sur un fond de gravier. L'*Hirondelle* et le vaisseau qui portoit les provisions jetèrent l'ancre entre nous et le cap. De-là court un banc de sable à la distance d'environ une demi-lieue : on peut aisément le reconnoître par les herbes qui croissent dessus. La marée s'y élève de vingt pieds.

Pendant toute la nuit, les naturels du pays firent de grands feux en face du vaisseau, et poussèrent souvent de grands cris : nous en vîmes un grand nombre se mettre en mouvement, à la pointe du jour, qui nous faisoient signe d'approcher. Vers les cinq heures, j'ordonnai aux chaloupes de l'*Hirondelle* et du *Prince-Frédéric* d'aller à terre, et dans le même temps nous descendîmes la nôtre : je les garnis d'hommes bien armés et de rameurs; ensuite j'avançai vers le rivage, après avoir recommandé au contre-maître de tenir les flancs du vaisseau tournés vers la côte, et les canons tout prêts et chargés à mitraille. Nous abordâmes vers les six heures : avant de descendre de la chaloupe, je fis signe aux naturels de se retirer à quelque distance; ce qu'ils firent : je descendis alors avec le capitaine de l'*Hirondelle* et plusieurs autres officiers. Les marins descendirent également, et les chaloupes furent amarrées au rivage.

Je fis signe alors aux naturels d'approcher

et de s'asseoir en demi-cercle ; ce qu'ils firent avec ordre et avec joie : après cela, je leur distribuai des couteaux, des ciseaux, des boutons, des colliers, des peignes et autres bagatelles, et particulièrement des rubans aux femmes, qu'elles reçurent avec plaisir et respect.

Après leur avoir distribué mes présens, je cherchai à leur faire comprendre que j'avois aussi d'autres objets à échanger avec eux. Je leur fis voir des hachettes, des crochets, pour des autruches et autres vivres qu'ils avoient, et que je leur montrois du doigt, faisant signe en même temps que j'avois besoin de manger. Ils ne purent ou ne voulurent point m'entendre : je comprenois fort bien qu'ils étoient fort amateurs de mes hachettes et autres objets ; mais ils n'entendoient pas me donner de leurs provisions : ainsi, il n'y eut aucun trafic entre eux et nous.

Hommes et femmes, tous avoient chacun son cheval, avec une selle, des éperons et une bride. Les hommes avoient des éperons de bois, à l'exception d'un seul qui en avoit une grande paire, telle que ceux dont on se sert en Espagne, avec un cimeterre espagnol, sans fourreau. Nonobstant ces distinctions, il ne paroissoit pas avoir d'autorité sur les autres. Les chevaux paroissoient bien faits et vifs : ils avoient environ quatorze palmes de haut.

Ils avoient aussi des chiens qui paroissoient être de race espagnole, ainsi que les chevaux.

Comme j'avois un bâton à mesurer, nous en fîmes le tour, et nous mesurâmes ceux qui paroissoient les plus grands. L'un d'eux avoit six pieds sept pouces de haut, plusieurs autres étoient de six pieds cinq pouces, et de six pieds six pouces ; mais la taille moyenne étoit de cinq pieds dix pouces à six pieds.

Ils ont le teint d'une couleur foncée de cuivre, comme les Indiens de l'Amérique méridionale, les cheveux lisses, et presque aussi durs que la soie du cochon. Ils les attachent par derrière, avec un fil de coton; mais les femmes et les hommes ne portent aucune espèce de coiffure. Ils sont bien faits, robustes et membrus ; ils ont les pieds et les mains d'une petitesse remarquable.

Ils sont vêtus de peaux de guaniques, qu'ils cousent ensemble pour leur donner environ six pieds de longueur et cinq de largeur. Ils s'enveloppent ainsi tout le corps, au moyen d'une ceinture portant sur la peau le côté de la fourrure. Quelques-uns d'entre eux avoient aussi ce que les Espagnols ont appellé un *Puncho* : c'est un carré d'étoffe faite avec les poils du guanique ; on y pratique un trou pour la tête, et le reste descend tout autour jusqu'au genou. Le guanique est un aminal qui, pour la grandeur, la taille et la couleur, ressemble au daim ; mais il a une bosse sur le dos, et il n'a point de cornes.

Ces sauvages portent aussi une espèce de caleçons qu'ils remontent fort haut et fort serré, et des brodequins qui vont depuis la mi-jambe, jusqu'au cou-de-pied, et embrassent le talon. Le reste du pied demeure à découvert.

Nous observâmes dans plusieurs, qu'ils avoient à l'œil gauche un cercle peint en rouge ; que d'autres s'étoient fait peindre les bras et différens endroits du visage. Toutes les jeunes femmes avoient leurs paupières peintes en noir.

Ils avoient tous à la ceinture une arme de jet d'une espèce singulière. Elle consistoit en deux pierres rondes couvertes d'un cuir, pesant chacune environ une livre attachées aux deux bouts d'une corde d'environ huit pieds de longueur. Ils s'en servent, comme de la fronde. D'une main ils tiennent un bout de la corde, et l'autre bout tourne rapidement à l'entour de la tête, jusqu'à ce qu'ils présument qu'elle ait acquis assez de force, puis ils la lancent vers le but. Ils sont si adroits à manier ce jet à deux têtes, qu'à la distance de quinze verges, ils frapperont les deux pierres contre un but qui ne sera pas plus gros qu'un shelling (pièce de vingt-quatre sous).

Pendant que nous étions à terre, nous les vîmes manger de la viande crue, particulièrement la panse d'une autruche, sans d'autres préparatifs que de la retourner et la secouer. Nous leur vîmes différens grains de collier, tels que ceux que je leur donnois, et deux pièces d'un cuivre rouge. Je suppose que le commodore Biron les avoit laissées en quelques endroits peu éloignés de cette côte.

Après avoir passé quatre heures avec eux, je leur fis signe que j'allois m'en retourner, et que s'ils y consentoient, j'emmènerois quelques-uns d'eux à bord. A peine m'eurent-ils conçu, qu'une centaine saisit avidement cette occasion de visiter le vaisseau ; mais je ne voulus prendre avec moi que huit personnes. Ils sautèrent dans les chaloupes, avec autant de joie et d'allégresse, que des enfans qui vont à une foire. Sans aucune intention de nous faire du mal, ils ne présumoient pas qu'ils en eussent à redouter de notre part.

Ils chantèrent plusieurs de leurs chansons dans le bateau, et lorsque nous arrivâmes au vaisseau, ils ne témoignèrent ni cette curiosité, ni cette surprise, qu'on auroit pu attendre d'eux à l'aspect de tant d'objets aussi étrangers que merveilleux. Je les conduisis dans la grande-chambre, où ils considérèrent tout ce qui les environnoit, avec assez d'indifférence, jusqu'au moment qu'un miroir vint frapper les regards de l'un d'entre eux. Cependant il n'en parut pas plus ému que nous le sommes, quand, dans un rêve, venant à converser avec un mort, notre imagination nous le présente volant en l'air ou marchant sur les eaux, sans réfléchir que les lois de la nature sont violées. Mais ce miroir les amusa beaucoup. Ils avançoient, reculoient, et faisoient mille grimaces devant lui, en se parlant fort haut, et avec beaucoup d'enthousiasme. Je leur donnai du bœuf, du porc, du biscuit, et autres objets des provisions du vaisseau. Ils mangèrent indistinctement de tout ce qui leur fut offert, mais ils ne voulurent boire que de l'eau.

Je les conduisis sur tout le vaisseau; mais ils n'y considérèrent avec attention, que les animaux que nous réservions à notre nourriture. Les cochons et les moutons fixèrent un peu leur attention. Ils furent enchantés de la poule de Guinée et du coq d'Inde.

Il ne parut pas qu'ils desirassent rien de tout ce qu'ils virent, excepté nos habits; encore fut-ce un vieillard qui en fit la demande. Nous lui donnâmes une paire de souliers et de boucles; je fis présent à chacun des autres d'un sac de grosse toile, dans lequel je mis des aiguilles, du fil, des ciseaux, des pincettes, des pantouffles d'étoffe, des grains, un peigne, un miroir, des pièces de six sous et une d'un sous; et comme elle étoit percée dans son milieu, j'y ajustai un ruban, afin de la suspendre en forme de collier.

Je leur offris du tabac en feuilles; ils fumèrent un peu, mais ils parurent ne pas aimer cette espèce de jouissance.

Je leur fis voir les gros canons, dont ils

parurent ignorer l'usage. Après leur avoir montré le vaisseau, j'ordonnai aux matelots d'être chacun à son poste et de manœuvrer. A la première décharge, les sauvages, jusqu'alors presque indifférens à tout, furent frappés d'étonnement et de terreur ; sur-tout le vieillard qui se jeta sur le pont. Il ne cessoit de montrer les canons de son doigt, et se frappant des mains la poitrine, il resta immobile et les yeux fermés. Je suppose qu'il vouloit nous indiquer par là, qu'il ne connoissoit point les armes à feu, et leurs effets cruels. Les autres nous voyant en gaîté, et ne se trouvant point blessés eux-mêmes, reprirent leur bonne humeur, et entendirent, sans beaucoup d'émotion, les seconde et troisième décharges. Mais le vieillard resta couché sur le pont, et il ne revint à lui qu'après que le feu eut fini.

Vers midi, la marée s'étant retirée, je leur fis signe que le vaisseau alloit partir, et qu'il falloit qu'ils retournassent au rivage. Je m'aperçus que cette proposition ne leur faisoit pas plaisir. Tous cependant, à l'exception du vieillard et d'un autre, étoient déja descendus dans la chaloupe ; mais ceux-ci s'arrêtèrent au milieu du chemin, et ils se tenoient debout, sans proférer une seule parole. Lorsque je leur fis signe une seconde fois de sortir, l'homme étendit sa main vers le soleil, puis la tournant à l'ouest, il s'arrêta, me regarda au visage, rit et montra le rivage. Je compris par là, qu'il avoit envie de rester à bord jusqu'au coucher du soleil, et j'eus beaucoup de peine à lui faire comprendre que nous ne pouvions rester plus long-temps sur cette côte. Enfin il entra dans la chaloupe avec son compagnon, et tous se mirent à chanter jusqu'au rivage.

Comme ils débarquoient, d'autres, en grand nombre, se pressoient pour entrer dans la chaloupe; mais les ordres de n'en ramener aucun étant positifs, l'officier ne leur permit point d'entrer. Ce ne fut pas sans beaucoup de peine, et ce refus parut les mortifier.

Quand la chaloupe revint auprès du vaisseau, je la renvoyai avec le contre-maître, pour sonder l'écueil qui court depuis le cap. Il estima que du nord au sud il s'étendoit à trois milles, et que pour l'éviter il falloit s'éloigner du cap, de quatre milles, et que l'eau y avoit douze à treize toises de profondeur.

CHAPITRE LVI.

Découvertes du capitaine Wallis.

Le 6 juin 1767, le capitaine Wallis découvrit une île d'environ quatre milles de longueur et de trois de largeur. Comme c'étoit la veille de la Pentecôte, il lui donna le nom de cette fête. Le lendemain, il en découvrit une autre, qu'il nomma l'île de la *Reine Charlotte*. Les habitans, dit le capitaine Wallis, ont la taille moyenne, le teint noir, et les cheveux de même couleur, pendans sur leurs épaules. Cette île est d'environ six milles de long, sur un mille de large.

Quelques jours après, il découvrit aussi plusieurs autres petites îles auxquelles il donna les noms d'*Égmont* de *Glocestre*, de *Cumberland*, du *prince Henri-Guillaume*, et d'*Osnabruk*.

Le 19 du même mois, il découvrit l'île d'Otahiti, et après avoir laissé cette île, il découvrit, le 28 juillet 1767, une autre île d'environ six milles de long, qu'il nomma *Charles Saunder*, et le 3 du même mois une autre d'environ dix milles de long, sur quatre de large, qu'il surnomma *Lord-Howe*.

Après avoir découvert plusieurs autres petites îles dont l'une prit le nom de *Wallis*, il arriva à Batavia, le 16 novembre, au cap de Bonne-Espérance, le 4 février 1768, et le 20 du mois suivant, en Angleterre.

CHAPITRE LVII.

Découvertes du capitaine Carteret.

LE capitaine Carteret commandoit *l'Hirondelle*, dans l'expédition du capitaine Wallis; s'étant séparé de lui, il passa le détroit de Magellan, découvrit, le 2 juillet 1767, une île d'environ cinq milles de circonférence, qu'il nomma l'île *Pitcairne*. Elle est située à mille lieues à l'ouest de l'Amérique.

Le 11 du même mois, il découvrit une autre petite île qu'il nomma l'*Evêque* d'*Osnabruck*. Le lendemain il en découvrit deux autres petites, qu'il appela les *îles du duc de Glocestre*.

Le mois suivant, il découvrit un groupe de petites îles auxquelles il donna le nom de *la Reine-Charlotte*, et trois autres aussi qu'il appela des noms de *Gower, Simpson, Carteret*.

Le 24 du même mois, il découvrit l'île de sir Charles-Hardi, à la distance d'environ dix lieues, dans la direction du sud-est. Après en avoir découvert plusieurs autres, il doubla le cap de Bonne-Espérance, pour retourner en Angleterre, où il arriva au mois de mars 176.

CHAPITRE LVIII.

Détails sur les îles Malouines, ou de Falkland, par le capitaine Bougainville.

Au mois de février 1764, la France commença à faire un établissement aux îles Malouines, ou de Falkland. L'Espagne réclama ces îles, comme une dépendance du continent de l'Amérique méridionale ; et son droit ayant été reconnu par le roi, j'eus ordre de livrer notre établissement aux Espagnols, et de me rendre aux Indes Orientales, en traversant les mers du sud, entre les tropiques.

Je reçus pour cette expédition le commandement de la frégate la *Boudeuse*, et je devois prendre aux îles Malouines l'*Etoile*, bâtiment destiné à me porter les provisions nécessaires pour un voyage de si long cours, et à me suivre pendant toute l'expédition. Différentes circonstances retardèrent la jonction de ce vaisseau, et me forcèrent de rendre mon voyage plus long de huit mois qu'il n'auroit été.

Au commencement de novembre 1766, j'allai à Nantes, où la *Boudeuse* venoit d'être construite, M. Duclos-Guyot, capitaine d'un vaisseau de ligne, étoit à l'équiper, et devoit commander en second.

Le 5 du même mois, nous descendîmes de Painbeuf à Mindin, pour achever de l'équiper. Le 17, nous mîmes à la voile pour gagner la rivière de la Plata. Je devois y trouver deux frégates espagnoles l'*Esmeralda* et la *Lièbre*, sorties du Ferrol au 17 octobre, et dont le commandant devoit recevoir les îles Malouines au nom du roi de France.

Un pays qui n'est habité que depuis peu, offre toujours des objets intéressans, même à ceux qui sont peu versés dans l'histoire naturelle ; et quoiqu'on ne puisse prendre leurs remarques pour des autorités, elles ne laissent pas que de faire plaisir au naturaliste.

La première fois que nous arrivâmes dans ces îles, nous n'aperçûmes point d'objets attrayans. A l'exception de la beauté du port qui nous reçut, nous ne voyons rien qui dût nous retenir sur une terre qui nous paroissoit ingrate et stérile. L'horison étoit borné par des montagnes à front chauve, une terre envahie et déchirée par la mer, qui menace de l'engloutir ; des campagnes dont la solitude est effrayante ; point de bois pour soulager les hommes qui voudroient s'y établir les premiers ; un vaste et profond silence, qui de temps à autre n'est interrompu que par les hurlemens des monstres marins, et pour achever cette hideuse peinture, par-tout l'uniformité la plus triste. Tant d'objets repoussans s'opposoient aux efforts de l'homme, et la nature sembloit lui refuser toute espèce de secours.

Mais le temps et l'expérience nous apprirent qu'il n'est rien dont on ne vienne à bout avec du travail et de la constance. Voici les ressources que la nature nous présenta, et qu'elle tenoit comme ensevelies sous l'aspect repoussant de la plus triste uniformité : des baies immenses que les montagnes mettoient à l'abri des vents ; des cascades et des ruisseaux descendant des montagnes ; des prairies couvertes de riches pâturages qui n'attendoient que de nombreux troupeaux, des lacs et des étangs pour les arroser; point de combats à livrer pour y assurer sa propriété, point d'animaux, dont nous eussions à craindre le courage ou le poison ; une quantité innombrable d'amphibies les plus utiles, d'oiseaux et de poissons du goût le plus délicat ; des combustibles qui pouvoient tenir lieu de bois ; des plantes connues pour être les spécifiques les meilleurs contre les maladies où sont exposés les marins ; un climat sain et d'une température modérée, plus salubre que dans ces contrées où l'abondance devient nuisible, où la chaleur détruit tout principe d'activité. Ces avantages effacèrent bien vite les impressions que nous fit éprouver le premier aspect de l'île ; le succès justifia notre entreprise.

« Nous pouvons ajouter à ceci, que les Anglais, dans leur relation du port d'Egmont, n'ont pas hésité de dire que les contrées adjacentes fournissent tout ce qui est nécessaire à un bon établissement. Leur goût pour l'histoire naturelle les engagera sans doute à faire et à publier des recherches qui puissent rectifier celles-ci.

Les ports que nous avons examinés sont tout à-la-fois sûrs et commodes. Un terrain ferme et des îles heureusement situées pour rompre la violence des vagues, contribuent à la sûreté de ces ports et à leur défense. Ils ont de petites sinuosités où peuvent se retirer les plus petits vaisseaux. Des limpides ruisseaux viennent tomber dans la mer; ensorte qu'il n'y a rien de plus aisé que de s'y approvisionner d'eau.

Les rivières n'y gèlent point : la glace des lacs et des étangs n'est pas en état de supporter, plus de vingt-quatre heures, des hommes qui s'exposeroient à y marcher.

Les vents du sud-ouest y apportent un peu de neige en hiver; mais elle y est très-peu considérable. Elle couvre, pendant deux mois, le sommet des montagnes les plus élevées ; mais elle reste deux jours au plus sur les autres terres.

Les gelées blanches, au printemps et en automne, n'endommagent point les plantes; elles se tournent en rosées au soleil levant.

On y entend rarement le tonnerre en été; enfin il n'y a ni grands froids ni de grandes chaleurs, et le changement de saisons y est presque insensible.

Dans un climat où les saisons ne varient presque pas, leur changement affecte peu la constitution de l'homme ; la force et la santé n'y éprouvent que de légères altérations ; et nous en avons fait l'expérience pendant un séjour de trois ans.

Le peu de minéraux qu'on trouve aux Malouines, sont une preuve de la bonté des eaux; leur distribution est par-tout agréable et commode. Aucune plante nuisible n'en infecte le cours. En général, c'est sur un lit de sable ou de gravier qu'elles descendent; quelquefois elles empruntent du gazon qui s'y trouve, une couleur un peu jaunâtre qui ne nuit ni à leur bonté, ni à leur limpidité.

Toutes les plaines ont plus de sol que la charrue ne peut en pénétrer. La terre *est si* embarrassée de racines et de plantes à la profondeur de près de douze pouces, qu'avant de procéder à la culture, il falloit la dépouiller de cette croûte et la couper pour la sécher et la brûler. Ce procédé, comme on sait, améliore la terre, et nous en fîmes usage.

Au-dessous de cette première couche est un terreau noir, au moins de huit à dix pouces de profondeur, et souvent de beaucoup plus. Ensuite on trouve une terre jaune ou vierge dont la couche est indéterminée : elle repose sur des lits d'ardoises ou de pierres; et dans le nombre on n'a pu, même à l'aide de l'eau forte, en trouver une seule calcaire.

Tout le rivage de la mer, et les parties les plus intérieures de l'île, sont couverts d'une espèce de *gladiolus*, ou plutôt d'une espèce de *gramen*. La verdure en est belle et s'élève à plus de six pieds : c'est là que se retirent les veaux et lions marins. Dans nos voyages, cette plante nous servoit d'abri comme à ces animaux. Par ce moyen, nous établissions nos quartiers en un moment. Sa tige et ses branches nous servoient de chaume ou de toit, et ses feuilles sèches nous fournissoient un assez bon lit. C'étoit aussi avec cette plante que nous couvrions nos maisons. La tige en est douce, nutritive, et le bétail la préféroit à toute autre nourriture.

Après cette plante, on ne trouvoit dans les champs que la fougère, l'arbuste et la plante à gomme.

Cette dernière est d'un vert clair, et n'a rien de la figure d'une plante. On la prendroit plutôt pour une excroissance de terre de la même couleur; car elle n'a ni tiges, ni branches, ni feuilles. Sa surface est convexe, et d'un tissu si serré, qu'on ne peut, sans le déchirer, y rien introduire. La première chose que nous fîmes, fut de nous asseoir dessus. Elle n'a pas un pied et demi de hauteur; elle nous supportoit avec autant de solidité qu'une pierre, sans qu'elle s'affaissât sous notre poids. Elle a, à plusieurs endroits de sa surface, des gouttes de la grosseur d'un pois, d'une matière jaune et coriace, que nous prîmes d'abord pour de la gomme; mais comme elle ne pouvoit se dissoudre que par le moyen des dissolvans spiritueux, nous la nommâmes résine. Son odeur forte, aromatique, ressemble à celle de la térébenthine.

Après cette plante extraordinaire, nous en trouvâmes une d'une utilité reconnue. Elle a la forme d'un petit buisson, et quelquefois elle croît sous les autres plantes et le long de la côte. Le hasard nous la fit goûter, nous lui trouvâmes un goût de bière; et nous essayâmes si on pourroit en faire avec. Nous avions apporté avec nous de la melasse et de la drêche. Nos essais surpassèrent notre attente. Dès ce moment cette plante devint une ressource excellente pour les colons, d'autant meilleure que c'est un anti-scorbutique.

Ces îles ne renferment qu'une race de quadrupèdes. C'est une espèce moyenne entre le loup et le renard. Il attaque la volaille sauvage, et passe d'une baie à une autre avec tant de sagacité, que le chemin qu'il prend est toujours le plus court. A notre arrivée dans l'île, nous prîmes les sentiers que ces animaux avoient tracés, pour ceux des habitans. Il paroît que cet animal jeûne pendant un temps de l'année; car il est alors d'une maigreur singulière. Il a la taille et la forme d'un chien de berger; il aboie de la même manière, quoiqu'il n'aboie pas aussi fortement. Comment a-t-il été transporté dans ces îles?

Parmi les oiseaux dont les pattes se terminent en une toile ou membrane, le cigne doit être mis au premier rang. Il ne diffère de celui d'Europe que par le cou, qui est d'un velours noir, et qui contraste merveilleusement avec la blancheur du reste de son corps.

Nous comptions parmi nos plus grandes richesses, quatre espèces d'oies sauvages. La première ne se nourrit que sur la terre ferme : nous l'avions nommée improprement *outarde*. Ses jambes servent à l'élever au-dessus des grandes herbes, et la longueur de son cou, pour observer s'il y a du danger. Elle marche et vole très-aisément; elle n'a point ce cri importun particulier à l'oie. Sa chair est saine, nourrissante et agréable.

Les autres espèces ne sont pas si recherchées, parce que ne vivant que de poissons, leur chair contracte un goût huileux. Elles n'ont pas non plus la forme aussi agréable que la première espèce. L'une de ces dernières quitte rarement la mer; elle est très-bruyante.

Les rivières et les étangs nous fournissoient aussi deux espèces de canards et deux de sarcelles. Les premiers diffèrent peu de ceux de notre climat. Dans le nombre de ceux que nous tuâmes, il y en avoit de tout noirs et d'autres tout blancs. Quant aux sarcelles, l'une avoit le bec bleu; elle est de la grosseur des canards : l'autre beaucoup plus petite. Quelques-unes avoient sous le ventre des plumes couleur de chair. Ces espèces y sont en grande abondance et d'un goût excellent.

Il y a deux sortes de plongeons d'une petite taille. L'un a le dos noir et le ventre blanc. Il a les plumes du ventre si soyeuses, si brillantes, et d'un tissu si serré, que nous crûmes qu'il étoit de l'espèce de ces oiseaux dont le plumage sert à faire de si beaux manchons. L'autre est tout-à-fait brun; mais un peu plus pâle sous le ventre que sur le dos. Leurs yeux ont l'éclat du rubis, et une vivacité surprenante qui est encore relevée par le cercle des plumes blanches qui les environnent. Nous donnâmes à cet oiseau le nom de *plongeon à lunettes*.

Les bécassines sont les mêmes qu'en Europe. Elles sont plus faciles à tuer, parce qu'en s'élevant elles n'ont pas le vol irrégulier. Dans le temps de leur couvée, elles s'élèvent à une hauteur prodigieuse; et après avoir chanté et découvert leur nid, qu'elles forment au milieu des champs et sans précaution, sur un terrain où il croît à peine quelques plantes, elles s'y abattent de la hauteur où elles s'étoient élevées. Elles sont maigres dans cette saison ; le meilleur temps de les manger est en automne.

Il nous arrivoit deux sortes de grives dans cette saison. Il y en avoit une troisième espèce qui ne nous abandonnoit jamais. Nous l'appelions l'*oiseau - rouge* : son ventre est tout couvert de plumes qui étincellent comme le feu, sur-tout en hiver. On pourroit les ramasser et en faire de superbes palatines.

Les deux autres espèces de grives sont, l'une de couleur jaune avec des taches noires sous le ventre ; l'autre, de la couleur dont elles sont communément en Europe.

Nous n'avons pas trouvé une grande variété dans les poissons. Nous appelâmes *mulet* à cause de la ressemblance, l'espèce de ceux que nous prenions le plus souvent. Il y en avoit de trois pieds de long, et nous les faisions sécher.

Le poisson appelé *gradeau* est très-commun ; il a environ un pied de long.

La *sardine* n'y vient qu'au commencement de l'hiver.

Nous en prenions de plus petits à la ligne et d'espèces différentes, entre autres le *brochet transparent*. Nous lui donnâmes ce nom, parce qu'il ressemble au brochet par la tête; son corps n'a point d'écailles, et il est parfaitement diaphane.

Nous ne prîmes dans l'eau douce qu'une espèce de poisson sans écailles. Il ressemble à la truite et il est d'une couleur verte. A la vérité nous fîmes peu de recherches à cet égard, vu que nous avions du poisson en abondance, et fort peu de temps.

CHAPITRE LIX.

De Batavia.

La mauvaise saison qui commence en général ici à la fin de la mousson, et quand celle de l'ouest amène les pluies, nous détermina à ne rester à Batavia que le moins de temps qu'il nous seroit possible. Cependant, malgré notre vive impatience de partir, nos besoins nous forcèrent à y passer encore un certain nombre de jours ; nous manquions de biscuit, il fallut s'arrêter jusqu'à ce que l'on eût fait notre provision.

Quand nous arrivâmes à Batavia, il y avoit

dans la rade treize à quatorze vaisseaux de la compagnie Hollandaise.

J'avois déja envoyé un officier pour informer le gouverneur général de notre arrivée, quand il nous vint du garde-côte une chaloupe, avec un papier écrit en hollandais et auquel je n'entendis rien. Il n'y avoit pas même un officier dans la chaloupe ; celui qui en remplissoit les fonctions me demanda qui nous étions, et un certificat écrit et signé de moi. Je lui répondis que j'avois envoyé ma déclaration à terre.

Le troisième jour, nous allâmes faire une visite de corps au général, après l'avoir fait prévenir par le *Sabandar*, celui qui introduisoit les étrangers.

Les principaux habitans de Batavia cherchèrent à nous rendre notre séjour agréable. De grandes fêtes à la campagne et à la ville, des concerts, des promenades charmantes, la variété d'objets dont la plupart avoient pour nous l'attrait de la nouveauté, la vue du marché, de l'entrepôt où se faisoit le plus riche commerce du monde, et ce, qu'il y avoit de plus intéressant encore quece spectacle, c'étoit le concours d'hommes de tant de nations différentes, qui, malgré l'opposition de leurs mœurs, de leurs coutumes et de leur religion, ne formoient cependant qu'une société ; tout, dans ses détails et dans son ensemble, étoit fait pour charmer l'œil, instruire le navigateur, intéresser même le philosophe.

On y trouve aussi un théâtre assez bon ; nous ne pûmes juger des pièces qui s'y représentent, que par l'inspection du théâtre même. Comme nous n'entendions point la langue, nous n'y allâmes qu'une seule fois. La langue chinoise nous étoit aussi étrangère que celle des Hollandais. Cependant nous nous sentions plus de curiosité pour la comédie chinoise. Nous jugeâmes que c'étoit bien assez d'y avoir été une fois. Outre les grandes pièces qui se jouent sur un théâtre, chaque rue, dans le quartier chinois, a son échafaud dans un coin, où l'on donne journellement de petites pièces et des pantomimes. — Le peuple romain ne demandoit que du pain et des jeux. Il ne faut aux Chinois que du commerce et des farces. Que le ciel me préserve d'entendre jamais les déclamations de leurs acteurs et de leurs actrices, et les accompagnemens de leur musique instrumentale ! C'est un long récitatif qui seroit ce qu'il y a de plus ridicule, si leurs gestes ne l'étoient pas encore plus. Je dois cependant observer que je n'ai pu parler de leurs acteurs que très-improprement, puisque ce sont des femmes qui jouent les rôles des hommes. Je dois encore ajouter, et le lecteur en tirera la conclusion qu'il voudra, que j'ai vu au théâtre chinois les applaudissemens et les coups de mains aussi fréquens, aussi nombreux qu'à la comédie Italienne.

Nous ne pouvions nous lasser de voir les environs de Batavia. Il n'y a pas d'Européens, quoique habitués aux beautés des plus grandes capitales, qui ne seroient frappés de la magnificence des campagnes dans les environs de Batavia. Elles sont ornées de maisons, de jardins élégans, où l'on remarque le goût et la propreté qui caractérisent toutes les possessions hollandaises. J'ose assurer que ces environs surpassent tous ceux que j'ai vus dans les plus belles villes de France, et qu'ils approchent de la magnificence des environs de Paris.

Quoique cette ville soit réellement belle, sa beauté ne répond point à celle de ses environs. Elle est bien bâtie, mais on y voit peu de grands édifices. Les maisons en sont commodes et agréables, les rues grandes et ornées d'un beau canal, et bordées d'arbres, l'un et l'autre destinés à donner de l'ombrage et de la propreté.

Ces canaux, à la vérité, contribuent à entretenir une humidité insalubre, qui rend le séjour de Batavia pernicieux aux Européens. On attribue aussi le même effet à l'insalubrité des eaux. Leur mauvaise qualité engage les habitans riches à ne boire que des eaux de Seltz, qu'ils font venir à grands frais de leur pays.

Les rues ne sont point pavées; mais il y a de chaque côté des trottoirs de briques, ou de grandes et belles pierres, que la propreté hollandaise tient toujours en bon état.

Je ne prétends pas donner une description exacte et particulière de Batavia. On peut se former une idée de cette fameuse place, en sachant qu'elle est bâtie dans le goût des plus belles villes de Hollande, avec cette différence, que, dans la crainte des tremblemens de terre, les maisons n'ont qu'un étage.

Rien de plus frappant que le luxe qui domine à Batavia. Rien ne prouve mieux l'opulence de ses habitans, que le goût et la magnificence qui règnent dans tout l'intérieur de leurs maisons. On nous dit que Batavia n'avoit pas autant d'étendue qu'autrefois. Il y a quelques années que la compagnie a empêché les particuliers de faire le commerce entre les deux Indes ; ce qui étoit la source d'une circulation immense de richesses. Je ne puis blâmer cette innovation de la compagnie, parce que j'ignore quels avantages elle espère retirer de cette prohibition. Je sais seulement que les personnes attachées à son service ont encore le secret de tirer de leurs emplois trente, quarante, cent, et même au-dessus de deux cent mille livres par an, outre la somme de quinze cents, de trois mille, et même de six mille livres qui y est attachée.

La compagnie tient à ses gages presque tous les habitans de Batavia ; cependant il est certain que le prix des maisons, soit à la ville, soit à la campagne, y a baissé de plus des deux tiers : quelle qu'en soit la cause, Batavia continuera toujours à être plus ou moins riche, tant par les moyens secrets dont je viens de parler, que par la difficulté de réaliser en Europe les grandes fortunes qui se font dans cette ville.

Il n'y a d'autres moyens de les faire passer en Hollande que par la compagnie qui s'en charge au taux de huit pour cent. La compagnie emploie l'empereur de Java à battre et frapper une monnoie qui a cours dans l'Inde entière.

Nulle part dans le monde il n'y a autant de confusion dans les différentes classes du peuple qu'à Batavia : chacun y a son rang assigné et fixé d'une manière inaltérable par quelques marques extérieures. L'étiquette la plus rigide s'observe plus ici que dans quelque congrès que ce soit ; les rangs les plus distingués sont : la haute régence, la cour de justice, le clergé, les personnes au service de la compagnie, les officiers de marine, et le militaire, qui est le dernier de tous.

La haute régence comprend le général qui la préside, les conseillers des Indes, dont le titre est *Edele-Ihéeren*, le président de la cour de justice, et le *Schoutby-Nachi*. Les conseillers des Indes sont à présent au nombre de seize ; mais ils ne résident pas tous à Batavia : les uns sont chargés de gouverner au cap de Bonne-Espérance, à Ceylan, à la côte de Coromandel, à la partie orientale de Java, à Macassar et Amboyne.

La cour de justice décide sans appel dans

toutes les causes civiles et criminelles. Il y a près de vingt ans qu'elle condamna à mort un gouverneur de Ceylan.

Après les gouvernemens, un des emplois le plus considérable et le plus lucratif, c'est celui de commissaire du pays. Cet officier a l'inspection de tout ce qui forme les domaines de la compagnie dans l'île de Java, et même son inspection s'étend sur les possessions et jusques sur la conduite des divers souverains de l'île ; sa juridiction est également absolue sur les Javanais qui sont sujets de la compagnie.

La police qui les concerne est très-sévère, et l'on y punit rigoureusement toute faute considérable. La constance des Japonais à souffrir les tourmens les plus barbares est incroyable : quelques crimes qu'ils aient commis, jamais on ne leur fait trancher la tête ; et avant de les exécuter, il faut qu'on leur donne des pantalons blancs. Si la compagnie leur refusoit cette complaisance, son autorité seroit compromise, et les Japonais se révolteroient. La raison de ceci est sensible ; car, d'après leurs principes religieux, ils croient qu'ils seroient fort mal accueillis dans l'autre monde, s'ils y arrivoient sans pantalons blancs et sans tête. Un des articles de leur foi, c'est que le despotisme ne peut les atteindre dans l'autre monde.

Un autre emploi fort recherché, et dont les fonctions sont agréables et les revenus très-considérables, c'est celui de *Sabandar*, ou ministre pour les étrangers : il y en a deux ; le *Sabandar* des chrétiens, et celui des payens. Le premier est chargé de tout ce qui concerne les étrangers européens ; le dernier est investi des affaires relatives aux diverses nations de l'Inde, y compris les Chinois. Ceux-ci sont les courtiers de tout le commerce intérieur de Batavia, où ils sont à présent au nombre de plus de cent mille : c'est à leurs travaux et à leurs soins qu'est due l'abondance qui a régné depuis quelques années dans les marchés de cette grande ville.

En général, l'ordre des emplois au service de la compagnie est comme il suit : *assistant, teneur de livres, sous-marchand, gros marchand, gouverneur.* Tous ces grades civils ont un uniforme, et les rangs militaires ont une sorte de correspondance entre eux ; ainsi, par exemple, le titre de marchand en gros répond à celui de major ; le petit marchand à celui de capitaine, etc.; mais les militaires ne peuvent jamais parvenir à aucune place dans l'administration, sans changer leur état: il est très-naturel que le militaire n'ait aucune influence dans une compagnie de commerce. Il n'y est considéré que comme un corps soudoyé; et cette idée est d'autant plus juste ici, que le militaire n'y est composé que d'étrangers.

Bougainville.

CHAPITRE LX.

Du commerce de Batavia.

Batavia est l'étape, ou le marché de de toutes les productions des Moluques. On y transporte toutes les épiceries qui s'y recueillent: tous les ans on envoie en Europe la quantité d'épiceries nécessaire à sa consommation, et on brûle le reste. Ce commerce seul forme les richesses, et, je puis dire, assure l'existence de la compagnie: c'est par ce moyen qu'elle est en état de soutenir les dépenses immenses qu'elle est obligée de faire; mais aussi de subvenir aux déprédations de ceux qu'elle emploie, lesquelles se montent souvent aussi haut que les dépenses mêmes : en conséquence, ils dirigent leurs soins principaux vers ce commerce exclusif, et celui de Ceylan.

Bougainville.

CHAPITRE LXI.

Du capitaine Cook.

Le capitaine Jacques Cook naquit, le 26 octobre 1728, à Marton, petit village du comté d'York, éloigné de Stockton sur la Tees, d'environ six milles. Son père, attaché au service d'un fermier, épousa une femme du même état que lui : tous deux se distinguèrent dans le voisinage, par leur honnêteté, leur industrie et leur sobriété.

Avant que le jeune Cook eût atteint l'âge de treize ans, il fut mis en apprentissage chez un marchand à Staiths, petite ville de pêcheurs, à dix milles de Witly; mais il n'y resta pas long-temps. L'occasion qu'il avoit de fréquenter les marins, fortifia l'inclination qu'il avoit pour cet état : une querelle étant survenue entre son maître et lui, il s'engagea pour l'espace de sept années, à MM. J. et A. Walker de Witby, qui tous deux étoient quakers, et possédoient deux vaisseaux constamment employés au commerce du charbon.

A la fin de son engagement, il resta au même service comme simple matelot, et parvint à être contre-maître sur un des vaisseaux de M. Walker. Il n'y eut rien de frappant pendant tout ce temps, ni dans son caractère ni dans sa conduite, et il ne donna aucunes marques de ces talens supérieurs, qui l'ont élevé au rang des navigateurs les plus célèbres, et qui ont immortalisé son nom.

La guerre avoit éclaté entre la France et l'Angleterre, au printemps de l'année 1755. L'amirauté donna des ordres pour la presse des matelots : Cook voulut d'abord se cacher ; mais venant à réfléchir qu'il auroit bien de la peine à se dérober aux recherches, il crut qu'il feroit mieux de s'engager volontairement dans la marine royale : en conséquence il alla trouver un officier de l'*Aigle*, vaisseau de soixante canons, et s'engagea. Au mois d'octobre de la même année, Hugues Palliser reçut le commandement de ce vaisseau : il eut occasion d'observer combien Cook étoit assidu et attentif à remplir ses devoirs. D'après le témoignage que tous les officiers rendirent en sa faveur, le capitaine l'engagea de continuer, et lui promit de l'avancer.

Quelque temps après, M. Osbaldeston, qui représentoit la ville de Scarborough au parlement, ayant ouï parler du mérite de Cook, et de l'encouragement que le capitaine et les officiers du vaisseau lui avoient donné, écrivit en sa faveur au capitaine Palliser, pour lui demander comment il seroit possible de contribuer à son avancement. Le capitaine, dans sa réponse, rendoit une stricte justice au caractère de Cook; mais il observoit qu'avec la meilleure volonté de l'élever au grade d'officier, il ne le pouvoit point, parce qu'il n'y avoit pas assez de temps qu'il servoit dans la marine : il ajoutoit qu'on pourroit lui faire obtenir un brevet de maître, qui lui faciliteroit son avancement.

Le 10 mai 1759, il obtint ce brevet pour le sloop le *Grampus*; mais il ne put en remplir les fonctions, parce que le maître de ce vaisseau revint à l'improviste. Quatre jours après il fut maître du *Garland*; mais comme ce vaisseau venoit de mettre à la voile, il ne put s'y rendre. Enfin, le 15 mai, il fut nommé sur le *Mercure*, destiné pour l'Amérique méridionale : il alloit joindre la flotte commandée par Charles Saunders, qui assiégeoit Quebec par mer, de concert avec le général Wolf qui l'assiégeoit par terre. Pendant ce siége mémorable, on jugea qu'il falloit sonder le canal du fleuve Saint-Laurent vis-à-vis le camp des Français, à Montmorency et à Beauport, afin que l'amiral fût en état d'y stationner la flotte en présence des batteries de l'ennemi, et de couvrir l'armée anglaise dans une attaque projetée contre le camp des Français. Cette sonde du canal étoit une opération aussi dangereuse qu'utile : le capitaine Palliser connoissoit la sagacité et le courage de Cook ; il le proposa, et Cook s'en acquitta avec toute l'intelligence possible. Ce ne fut pas sans courir de grands dangers ; car cette entreprise ne pouvant se faire que de nuit, il fut à la fin découvert par l'ennemi, qui envoya un nombre de canots indiens pour l'environner, et il n'eut que le temps de gagner le rivage de l'île d'Orléans, auprès du corps-de-garde de l'hôpital anglais. Les ennemis le poursuivirent de si près, qu'à peine avoit-il sauté de l'avant de la chaloupe à terre, que les Indiens y entrèrent par l'autre côté, et qu'ils la remmenèrent en triomphe. A peine Cook, avant cette époque, avoit-il manié un crayon; il n'avoit aucune connoissance dans cet art; mais il avoit reçu des dispositions si naturelles, qu'il réussissoit dans tout ce qu'il vouloit entreprendre: il fournit, malgré tous les obstacles qu'il eut à surmonter, le plan du canal et de ses profondeurs, aussi parfaitement qu'un habile ingénieur auroit pu le faire en temps de paix.

Nous devons aussi à la mémoire de notre navigateur, faire mention d'un autre service important, pendant qu'il étoit en Amérique. La navigation du fleuve Saint-Laurent est aussi difficile que dangereuse, et elle l'étoit particulièrement pour les Anglais, à qui cette partie de l'Amérique méridionale étoit inconnue, et qui n'avoient pas de cartes exactes sur lesquelles ils pussent compter. L'amiral, qui avoit reçu des preuves si favorables des talens de Cook, le chargea de vérifier cette partie du fleuve au-dessous de Quebec, qui, d'après les navigateurs, passe pour la plus dangereuse. Il s'en acquitta avec autant de diligence, d'activité et d'intelligence qu'il en avoit développé dans la première occasion. Quand il eut achevé cette carte, il la fit publier avec les sondes et les directions à suivre pour y naviguer : elle parut si exacte, qu'on n'a pas jugé à propos d'en publier une autre.

Après l'expédition de Quebec, Cook passa en qualité de maître sur le *Northumberland*, le 22 septembre 1759. Lord Colvill qui commandoit ce vaisseau, passa l'hiver suivant à Halifax, et la conduite de Cook dans cette nouvelle station lui concilia son estime et son amitié. Persuadé qu'il étoit dans le chemin qui conduit aux honneurs, il donna tout l'hiver à l'étude des connoissances qu'il crut nécessaires à son avancement : il lut Euclide, il étudia l'astronomie. Il avoit peu de livres; mais il y suppléa par l'application et par l'industrie.

En septembre 1762, il vint à Terre-Neuve sur le *Northumberland*, pour aider à reprendre cette île. Après avoir rempli ce but, la flotte anglaise resta quelques jours à Placentia, pour mettre cette ville en meilleur état de défense. Pendant ce temps, Cook eut encore l'occasion de donner une preuve de son zèle pour le service de sa patrie. Il leva le plan du port et des hauteurs, en quoi il se fit remarquer de l'amiral Graves, commandant de l'*Antelope*, et gouverneur de Terre-Neuve : le gouverneur lui ayant fait plusieurs questions à l'occasion de son travail, fut si charmé de ses réponses, qu'il conçut l'opinion la plus favorable de ses talens et de ses connoissances nautiques : le temps ne fit qu'y ajouter encore. Doué d'un génie actif, animé par le succès qui l'avoit toujours accompagné, et par l'espérance d'avancer, Cook mit une assiduité sans relâche à connoître la côte d'Amérique, à en rendre la navigation plus facile. Le capitaine Graves redoubla d'estime pour lui ; tous les officiers supérieurs rendirent unanimement justice à sa bonne conduite.

Vers la fin de 1762, Cook retourna en Angleterre, et le 21 décembre il épousa à Barking, dans le comté d'Essex, une jeune personne nommée Batts, qu'il aima tendrement, et qui méritoit toute son estime et son affection. Mais l'état qu'il avoit embrassé, et les services importans auxquels il étoit appelé, ne lui permirent point de jouir long-temps du bonheur conjugal.

La paix s'étant faite en 1763, entre l'Angleterre, la France et l'Espagne, le capitaine Graves fut renvoyé à Terre-Neuve, pour en être le gouverneur. Comme l'importance de cette île, relativement au commerce, avoit occassionné la dernière guerre, le capitaine Graves représenta qu'il falloit prendre le plan des côtes qui l'environnoient, et fit confier à Cook la direction de ce travail : enconséquence Cook partit avec le gouverneur, leva le plan des petites îles de Saint-Pierre et de Miquelon, qui furent cédées aux Français en vertu du traité ; après quoi, il revint en Angleterre vers la fin de l'année.

Il retourna au commencement de l'année suivante à Terre-Neuve, avec Hugues Palliser, son ami et son protecteur, qui alla remplacer le capitaine Graves, dans le gouvernement de cette île et du Labradore. Il visita l'intérieur de l'île, plus exactement qu'il n'avoit fait auparavant : il y découvrit plusieurs grands lacs, dont il marqua la position dans une carte générale, qui ajouta beaucoup à la réputation que lui avoient méritée les premières qu'il avoit publiées. Il paroît qu'on ne l'avoit engagé à faire ce voyage, que pour rendre ce service ; car il retourna en Angleterre en 1767, et cessa dès-lors d'être employé au service de Terre-Neuve, en sa qualité d'ingénieur pour la marine.

Il avoit acquis à cette époque de très-grandes connoissances dans l'astronomie pratique. On peut s'en convaincre par un petit écrit qu'il fit insérer dans le 57me volume des Transactions philosophiques, intitulé : « Observations sur une éclipse de soleil, vue dans l'île de Terre-Neuve, le 5 août 1766, et sur la longitude du lieu où il l'avoit observée. » C'est à une des îles Burgeo, auprès du cap de Ray, située au 47me degré de latitude, 36 minutes 19 secondes à l'extrémité méridionale de Terre - Neuve. Les observations de Cook furent communiquées à M. Witchell, qui les compara avec celles que M. Hombby avoit faites sur la même éclipse, et calcula d'après elles la différence des longitudes des deux endroits d'où l'éclipse avoit été observée. Il paroît, d'après les Transactions philosophiques, que Cook passoit alors pour un mathématicien habile.

Quoique les navigateurs anglais se fussent distingués en différens temps, par plusieurs découvertes, il étoit réservé au règne actuel de porter cet esprit d'entreprises et de découvertes vers le but le plus utile et à sa plus grande étendue. Immédiatement après la paix de 1763, les capitaines Biron, Wallis et Carteret entreprirent deux voyages autour du globe. Ces deux derniers navigateurs n'étoient pas encore de retour quand un troisième voyage fut résolu, dans l'intention d'étendre les connoissances astronomiques. On avoit calculé que le passage de Vénus sur le disque du soleil se feroit en 1769, et qu'il n'y avoit point d'endroits d'où l'on pût mieux observer ce phénomène qu'aux îles Marquis ou à l'une des îles, nommées par Tasman, *Amsterdam*, *Rotterdam*, et *Middlebourg*, mieux connues sous le nom des *îles amies*. Ce passage étant de la plus grande importance pour l'astronomie, la société royale de Londres s'étoit adressée au roi, pour envoyer à l'une de ces îles un vaisseau aux frais du gouvernement et des personnes capables de remplir le but de ce voyage. Le roi y consentit, et donna ses ordres en conséquence.

M. Dalrymple devoit présider à cette expédition. Membre de la société royale, il s'étoit distingué par ses recherches sur la géographie de l'océan méridional. Il connoissoit la marine, où il avoit très-bien servi; mais il refusoit de partir, s'il n'obtenoit auparavant le commandement du vaisseau. L'amiral Hawke qui étoit alors à la tête de l'amirauté, s'y opposa fortement, et dit qu'il se laisseroit plutôt couper la main que de signer un tel brevet. Comme de part et d'autre on montroit la même inflexibilité, il fallut recourir à une autre personne pour conduire cette expédition. Le secrétaire de l'amirauté nomma Cook; sa recommandation fut appuyée par le témoignage de Hugues Palliser qui connoissoit son mérite et ses talens. Cook ainsi présenté, fut nommé pour chef de cette entreprise importante, et le 26 mai 1768, lieutenant de vaisseau.

Après sa nomination, Palliser fut chargé de choisir un vaisseau convenable à ce voyage. Aidé des lumières de Cook, dont il avoit la plus haute opinion, il en choisit un parmi ceux qui étoient dans la Tamise, du port de trois cent soixante-dix tonneaux. On le nomma dans la suite l'*Endeavour*, ou l'*Essai*.

Le capitaine Wallis étoit revenu de son voyage autour du globe, pendant les préparatifs qui se faisoient pour l'expédition de

Cook. Il dit à la société royale, que dans l'île George qu'il avoit découverte, et qui est connue aujourd'hui sous le nom d'*Otahiti*, le Port-Royal étoit le lieu le plus convenable pour observer le passage de Vénus. Son opinion fut adoptée, et les ordres de s'y rendre, donnés en conséquence. Cook eut pour adjoint, dans la partie astronomique du voyage, Charles Green qui avoit été sous le docteur Bradley à l'observatoire royal. Il fut aussi accompagné de l'écuyer Joseph Banks et des deux frères Solander, dont l'un, encore fort jeune, sacrifia une partie considérable de sa fortune dans cette entreprise aussi fastidieuse que pénible, dans l'espérance de contribuer aux progrès des sciences. Quoique ce voyage eût pour but principal le passage de Vénus, Cook fut aussi chargé de faire de nouvelles découvertes dans la mer du sud. L'équipage étoit de quatre-vingt-quatre personnes. On prit des vivres pour dix-huit mois, et l'*Endeavour* approvisionné de tout ce qui lui étoit nécessaire, partit de Deptford le 13 juillet 1768, relâcha à Plymouth le 13 du mois d'août, et mit à la voile quelques jours après.

Le 13 septembre, étant parvenu à Madère,

après avoir pris des provisions de bœuf, d'eau et de vin, notre navigateur poursuivit sa route. Au 7 novembre, s'étant aperçu qu'il lui manqueroit différentes provisions, il dirigea vers Rio-Janéiro où il ne doutoit pas d'être bien accueilli. Il se trompa. On ne lui refusa point, à la vérité, les provisions dont il avoit besoin ; en cela, le vice-roi se conforma aux usages des peuples policés : mais Cook ne put jamais lui faire comprendre le véritable objet de son expédition tant l'ignorance et la jalousie lui avoient fasciné les yeux.

Le 7 septembre l'*Endeavour* remit à la voile, et le 14 janvier 1769, Cook entra dans le détroit de le Maire ; le jour suivant il ancra dans la baie de Bon-Succès ou Banks, le docteur Solander et d'autres qui les accompagnoient dans une excursion botanique, furent exposés à un accident très-remarquable. Après avoir gravi sur une montagne, pour y chercher des plantes, ils éprouvèrent un froid si vif, que le docteur Solander faillit de périr. Un engourdissement considérable anéantit presque toutes ses facultés. Deux domestiques nègres qui les accompagnoient en furent frappés d'une mort presque subite;

et c'est au milieu de l'été pour ce climat, à la fin d'un jour qui avoit commencé par être aussi doux que le mois de mai l'est ordinairement en Angleterre.

Après avoir doublé le cap Horn, et découvert plusieurs îles, dont la plupart lui semblèrent habitées et couvertes de la plus belle verdure, Cook arriva à la vue d'Otahiti, le 11 avril, et le 13 il fit jeter l'ancre dans la baie du Port-Royal, que les naturels du pays ont nommée *Matavi*. Le premier objet qui fixa l'attention de notre voyageur à son arrivée, fait le plus grand honneur à son bon sens et à son humanité.

Comme il pressentoit qu'il ne devoit pas rester long-temps dans l'île, et que de la bonne intelligence avec les habitans dépendoit une partie de ses succès, il prescrivit un réglement de conduite aux Anglais à l'égard des naturels du pays, et donna des ordres positifs de s'y conformer. Il leur recommanda 1°. de chercher à cultiver leur amitié en leur témoignant beaucoup d'égards. 2°. Il confia à ceux des siens qui lui parurent les plus convenables, le soin de traiter avec les habitans pour toutes les provisions nécessaires, avec défense aux officiers, matelots et à tout autre d'y intervenir sans permission. 3°. Toute personne employée restoit responsable de ses outils, de ses armes et de tout ce qui seroit dérobé, de fait, ou de connivence. Le prix devoit en être retenu sur la paye, ainsi qu'il est d'usage dans la marine en des circonstances semblables, outre des peines plus graves selon la nature du délit. 4°. Infliction des mêmes peines pour quiconque seroit convaincu d'avoir détourné les effets et provisions quelconques du vaisseau, pour commercer avec les Indiens. Et défense enfin d'échanger, si ce n'étoit pour des vivres, aucune espèce de fers, ou d'outils ouvragés en fer, ainsi que les toiles et autres objets utiles ou nécessaires.

Après avoir rempli le grand objet de son expédition, détails que l'on peut voir dans le 61ᵉ volume des Transactions Philosophiques, notre navigateur, conformément aux ordres qu'il avoit reçus de l'amirauté, commença à songer aux autres objets de son voyage.

Ayant donc tout préparé pour son départ, et pris à bord un naturel du pays, nommé *Tupia*, qui emmena avec lui un garçon de treize ans, destiné, par ses sollicitations, à suivre les Anglais, il leva l'ancre le 13 juillet, après un séjour de trois mois.

Il seroit aussi inutile que fastidieux de citer dans cet abrégé tous les lieux que Cook a visités pendant ce voyage. Il suffira de dire qu'après s'être assuré que la nouvelle Zélande est formée de deux îles, qu'après avoir passé six mois à la reconnoître, il fit voile pour la nouvelle Hollande où il ancra à Botani-baie, le 28 avril 1770. Cook examina aussi une grande partie des côtes de cette contrée étendue, et trouvant à son arrivée à Batavia, vers laquelle il avoit dirigé sa course, qu'il ne pourroit entreprendre son retour en Europe, sans réparer le fond de son vaisseau, il en demanda la permission au gouverneur, qui l'accorda volontiers. Avant que le vaisseau fût refait, l'influence terrible d'un climat aussi mal-sain se fit sentir cruellement. M. Bancks et le docteur Solander furent attaqués des fièvres, et bientôt elles se répandirent sur toutes les personnes de l'équipage. Cette circonstance occasionna un grand retard, et quoiqu'il y en eût déja plusieurs dont la santé allât beaucoup mieux, au temps où le vaisseau fut radoubé, cependant le nombre des malades s'élevoit encore à plus de quarante et les autres étoient peu en état de s'embarquer. Ce qui paroîtra peut-être de plus singulier, c'est qu'un voilier, âgé de près de 80 ans, constamment dans l'ivresse depuis son arrivée à Batavia, fut le seul dont la santé ne fut point altérée. L'équipage perdit trois matelots, le domestique de M. Green, le chirurgien *Tupia*, et le jeune *Tayeto* son compagnon. Ce n'est pas au climat qu'on doit entièrement attribuer la perte de *Tupia*. Accoutumé à ne vivre que de végétaux, il fut bientôt atteint des indispositions auxquelles sont exposés les marins, et il auroit probablement succombé, quand même le vaisseau n'auroit point touché à Batavia.

Le 22 décembre on mit à la voile, et après avoir pris à l'île du Prince de l'eau et autres provisions, on dirigea vers le cap de Bonne-Espérance. Mais avant d'y arriver, les germes de la maladie contagieuse prise à Batavia, se développèrent avec fureur, et tout l'équipage se trouva dans la situation la plus déplorable. M. Banks fut réduit à la dernière extrémité; les fièvres étoient si violentes, que pendant six semaines, il n'y eut presque pas de nuit qu'on ne jetât quelques morts dans les flots. De ce nombre, furent Sporing, un des assistans de

Banks, Parkinson, peintre d'histoire naturelle, l'astronome Green, le contre-maître, le charpentier et son adjoint, deux gardes-marine, le vieux voilier vainement échappé à Batavia, son adjoint, le cuisinier, le caporal, deux charpentiers et neuf matelots. La perte fut de vingt-trois personnes, outre les sept qui moururent à Batavia.

Le 15 mars 1771, l'*Endeavour* arriva au cap de Bonne-Espérance, où Cook séjourna jusqu'au 14 avril, pour rétablir ses malades et son vaisseau. De là il se remit en route, toucha à Sainte-Hélene et entra dans les dunes le 12 juin suivant.

CHAPITRE LXII.

Découvertes principales du capitaine Cook dans son second voyage.

A peine l'*Endeavour* étoit de retour, qu'on résolut d'équiper deux autres vaisseaux pour aller faire des découvertes dans l'hémisphère méridional. On y destina la *Résolution* et l'*Aventure*. Cook eut le commandement du premier, et le capitaine Tobie Furneaux eut celui du second. On partit de Plymouth le 13 juillet 1772, et le 20 du même mois on toucha à Madere; de là au cap de Bonne-Espérance, et en février 1773, on arriva à la nouvelle Zélande, après avoir inutilement cherché un continent méridional. Pendant ce mois, la *Résolution* et l'*Aventure* furent séparés par une brume épaisse, mais elles se rejoignirent, le 18 mai suivant, au détroit de la Reine-Charlotte. Arrivées à Otahiti au mois d'août, elles découvrirent en septembre les îles Hervey. Le 2 octobre, elles touchèrent à Midelburgh, une des îles amies, et vers la fin de ce mois, les deux vaisseaux se séparèrent et ne purent se rejoindre.

Malgré cet accident, le capitaine Cook persista dans son dessein de découvrir les terres qui pourroient se trouver vers le pôle austral; mais il fut arrêté par les glaces. Alors il dirigea vers les îles de l'est, où il arriva en mars 1774, et dans le même mois il visita aussi les îles Marquis. Il découvrit quatre autres îles, auxquelles il donna le nom de *Palliser,* puis il fit voile pour celle d'Otahiti, où il parvint le 22 avril. Après y avoir séjourné, il se rendit aux nouvelles Hébrides, qu'il avoit en partie reconnues dans son premier voyage. De là, dirigeant au midi pendant quelques jours, il découvrit la nouvelle Calydonie.

Lorsqu'il eut examiné la côte de cette île vers le sud-ouest, il se porta vers la nouvelle Zélande, pour y rafraîchir son équipage, et mettre son vaisseau en état de soutenir les dangers qui se trouvent dans la navigation des hautes mers méridionales.

Il courut vers l'est et le midi, après avoir quitté la nouvelle Zélande, jusqu'au 55me degré 6 minutes de latitude méridionale, et jusqu'au 138me degré 56 minutes de longitude occidentale, sans trouver de continent. Alors, désespérant d'en trouver aucun dans cet océan, il dirigea vers le détroit de Magellan, dans le dessein de reconnoître toute la côte méridionale de la terre de feu.

En conséquence, se tenant à la latitude d'environ 53 ou 55 degrés, et dirigeant presque à l'est, il arriva à la hauteur de l'embouchure occidentale des détroits de Magellan, sans trouver rien de remarquable dans sa nouvelle route.

En janvier 1775, il découvrit une grande île aride, à laquelle il donna le nom de

Géorgie méridionale. Ensuite il découvrit différens promontoires et des côtes escarpées, couvertes de neiges. Il donna le nom de *Thule méridionale* à la partie de ces côtes qui s'étendoient le plus vers le sud, comme étant la terre la plus proche qu'on eût encore découverte dans la direction de ce pôle.

Il découvrit en février l'île Sandwich, et plusieurs autres couvertes de neige : ensuite il revint par le cap de Bonne-Espérance, d'où il se rendit en Angleterre le 13 juillet 1775.

Le capitaine Furneaux, qui montoit l'*Aventure*, y étoit de retour depuis un an, sans avoir fait aucune découverte remarquable. Les sauvages de la nouvelle Zélande lui avoient tué et mangé dix hommes, qui s'y étoient rendus dans la chaloupe. Ensorte que cette expédition fournit la preuve trop réelle, qu'il existe des anthropophages. On en trouvera malheureusement d'autres preuves dans le cours de cet ouvrage.

Le résultat du voyage du capitaine Cook sur la *Résolution*, après avoir parcouru l'océan méridional, à une grande hauteur, fut qu'il ne peut rester le moindre doute sur la non-existence d'un continent méridional, à moins qu'il n'existe vers le pôle, dont les glaces éternelles interdisent toute approche aux navigateurs.

On doit aussi observer, à l'honneur du capitaine Cook, que, dans ce voyage de trois ans et dix-huit jours, parcourant tous les climats, depuis le 52me degré latitude nord jusqu'au 71me latitude méridionale, il ne perdit qu'un seul homme de maladie, dans le nombre de cent dix-huit qui s'étoient embarqués avec lui. Il paroît qu'on doit attribuer la conservation de son équipage à la grande humanité du chef, à l'assiduité de ses soins, et à l'attention qu'il avoit d'employer tous les moyens qui peuvent préserver la santé de ses hommes.

CHAPITRE LXIII.

Mort du capitaine Cook. Son caractère.

La question relative à l'existence d'un continent méridional étoit déterminée ; mais il restoit encore à résoudre un autre objet important ; savoir si le passage du nord dans la mer pacifique étoit praticable.

Les navigateurs, et sur-tout les Anglais, entretenoient depuis long-temps le projet de découvrir un passage aux Indes orientales, plus court et plus commode que celui du cap de Bonne-Espérance. Nos compatriotes et les Hollandais en avoient plusieurs fois, mais inutilement tenté la recherche ; ensorte qu'ils perdirent cet objet de vue pendant plusieurs années. M. Dobbs le fit revivre au commencement de ce siècle, et le gouvernement y envoya le capitaine Middleton en 1741, et les capitaines Smith et Moore en 1746. Le parlement avoit attaché une récompense de vingt mille livres sterlings à cette découverte favorite : malgré cet encouragement, elle étoit aussi reculée que jamais.

Il étoit réservé à la gloire de Cook de déterminer si cet objet, d'une si grande importance pour la navigation et la géographie, seroit exécuté. Le premier lord de l'amirauté adopta cette idée avec chaleur, et il fut arrêté qu'on tenteroit encore un voyage. L'entreprise exigeoit autant de talens que de courage ; et sous ces deux rapports, personne ne pouvoit mieux y convenir que le capitaine Cook : cependant aucun de ses amis, pas même lord Sandwich, ne songèrent à lui en faire la proposition. Il avoit déja rendu tant de services aux sciences et à la navigation, affronté tant de dangers de toute espèce, qu'on craignit de se rendre injuste en le priant de s'exposer à de nouveaux périls. Cependant on le consulta sur la personne qu'il croyoit la plus capable de conduire cette entreprise ; et pour déterminer ce point, lord Sandwich l'invita à dîner chez lui avec les capitaines Hugues Palliser et Stéphens. Dans le cours de la conversation, échauffé par l'importance de l'objet, et par les suites avantageuses qui en résulteroient pour les sciences, et sur-tout pour la navigation, Cook se leva tout-à-coup, et déclara qu'il se chargeoit de diriger cette entreprise. Nulle proposition ne pouvoit être reçue avec plus de plaisir. Lord Sandwich aussitôt en fit part au roi, et le 10 février 1776, Cook fut nommé chef de l'expédition.

Cette nomination faite à la grande satisfaction de ceux qui avoient de nouveau proposé cette expédition, on considéra comme un objet de grande importance la direction qu'il faudroit tenir pour réussir dans ce voyage. Tous les premiers navigateurs autour du globe étoient revenus par le cap de Bonne-

Espérance ; mais il fut donné au capitaine Cook la tâche difficile de tenter la même chose en se portant dans les latitudes septentrionales, entre l'Asie et l'Amérique ; et il paroît que lui-même suggéra ce nouveau plan. Il fut donc chargé de parcourir l'océan pacifique, à travers cette chaîne d'îles qu'il avoit déja visitées, en-deçà et au-delà du tropique du midi, et de là, s'il étoit praticable, de pénétrer dans la mer atlantique.

Pour donner toute espèce d'encouragement à l'exécution de ce grand objet, on ajouta de puissans motifs d'intérêt aux obligations du devoir. Par un acte du parlement, passé en 1745, les vaisseaux du roi étoient exclus de la récompense des vingt mille livres sterlings, assignées à ceux de ses sujets qui feroient cette découverte : en outre, la récompense ne devoit s'accorder qu'à ceux qui découvriroient le passage par la baie d'Hudson ; mais par le nouvel acte passé en 1776, il fut déclaré qu'elle s'étendroit également aux vaisseaux de roi comme aux vaisseaux des particuliers, qui trouveroient le passage entre l'océan atlantique et l'océan pacifique, dans quelque direction ou parallèle de l'hémisphère septentrional que ce fût, vers le 52ᵉ degré de latitude nord.

Le gouvernement destina à cette expédition deux vaisseaux, la *Résolution* et la *Découverte*. Cook commanda le premier, et Clerk, qui l'avoit accompagné dans son dernier voyage en qualité de lieutenant en second, monta la *Découverte*, en qualité de capitaine. L'amirauté pourvut ces deux vaisseaux d'hommes, officiers, et objets utiles ou nécessaires, comme elle avoit fait pour les deux vaisseaux du voyage précédent, principalement de tout ce qui pouvoit préserver la santé des matelots : et parce que les Anglais avoient été bien accueillis des habitans d'Otahiti et des autres îles méridionales, le roi leur envoya un assortiment d'animaux utiles, et de graines pour le jardinage. L'amirauté y ajouta différens objets de commerce, pour engager les peuples de cet hémisphère à se lier avec les Anglais par un commerce réciproque. Les équipages des deux vaisseaux furent aussi pourvus des habillemens propres à adoucir la rigueur des climats froids qu'ils devoient parcourir, et rien ne fut épargné de tout ce qui pouvoit diminuer les fatigues de nos navigateurs, ou rendre leur situation moins dure.

Le capitaine Cook ayant traversé la mer glaciale dans ses différentes directions, et éprouvé des obstacles infinis vers la fin de 1778, il pensa qu'il y auroit de l'imprudence de tenter le passage dans la mer atlantique avant l'été suivant : il chercha donc un lieu où il pût hiverner et s'approvisionner d'eau et de bois. Comme les îles Sandwich parurent lui offrir plus particulièrement ces avantages, il y dirigea sa course.

Cette expédition, quoique assujettie à beaucoup d'obstacles et de dangers, n'avoit été marquée par aucun désastre particulier, et Cook avoit sans doute l'espoir flatteur d'être plus heureux dans ses recherches l'été suivant ; mais il ne pensoit guères que les îles Sandwich, qu'il considéroit comme la découverte la plus importante que les Européens eussent faite dans l'océan pacifique (1),

---

(1) Voici les derniers mots que le capitaine Cook avoit écrits dans son journal, en faisant allusion au peu de succès qu'il avoit eu de retourner en Angleterre par un passage cherché au nord. « Nous devons à nos efforts trompés la facilité de revoir les îles Sandwich, et d'enrichir notre voyage d'une découverte qui, pour être la dernière faite par les Européens, n'en est pas moins la plus importante de toutes celles qu'ils ont faites dans l'étendue de l'océan pacifique. »

lui deviendroient funestes, et qu'il y périroit assassiné par la main d'un barbare. Il est douloureux pour un cœur sensible d'avoir à raconter un événement de ce genre; mais il l'est bien plus, quand il paroît que l'infortuné Cook périt victime de sa propre humanité.

Dans son premier voyage, il avoit observé que cinq des îles qui forment cet archipel étoient situées entre le 20ᵉ degré 30 minutes et le 22ᵉ. degré 15 minutes de latitude nord, et entre le 119ᵉ degré 20 minutes et le 201ᵉ 30 minutes de longitude orientale : ces îles se nomment *Woahou*, *Atoui*, *Orihion*, *Orihouai* et *Tahourai*. Mais quand il retourna vers le midi, pour y passer l'hiver, il en découvrit une sixième, le 26 novembre, au 22ᵉ degré 55 minutes de latitude, appelée *Maoui*, et le 13, une autre, que les natifs ont distinguée par le nom d'*Owhyhée*. Comme cette île paroît être beaucoup plus étendue et plus importante qu'aucune des autres, notre navigateur mit près de sept semaines à la tourner pour en examiner les côtes. Pendant qu'il s'occupoit de ce soin, les habitans se rendoient quelquefois en grand nombre dans leurs canots, et venoient trafiquer avec les équipages. Dans toutes ces occasions, leur conduite ouverte et franche ne laissoit lieu à aucun soupçon ; le peuple même d'Otahiti, avec qui les Anglais avoient formé des liaisons plus étroites, n'inspiroit pas une confiance qui parût mieux fondée.

Le 17 janvier 1779, nos navigateurs ancrèrent dans la baie de Karakakooa, située à l'ouest de l'île d'Owhyhee, s'enfonçant à-peu-près à la distance d'un mille. Elle est bornée par deux pointes de terre, portant sud-est et nord-ouest l'une de l'autre, à la distance d'une demi-lieue. Au nord de cette baie est situé un village appelé Kowrowa. Au fond de la baie est situé un village plus considérable, auprès d'un bois magnifique de cacaotiers : entre ce village et le bois s'étend une chaîne élevée de rochers inaccessibles du côté de la mer ; près de la côte, au midi, la terre paroît rocailleuse ; mais plus loin, dans l'intérieur, elle s'élève insensiblement, et elle abonde en clos cultivés et en bosquets de cacaotiers.

Tant que le capitaine Cook séjourna dans cette baie, les insulaires lui donnèrent les plus grandes marques d'amitié, et sembloient très-disposés à l'aider de tout leur pouvoir.

Il y eut plusieurs de leurs chefs qui lui rendirent visite ; et quand il descendit à terre, il y fut accueilli avec des cérémonies si extraordinaires, qu'elles alloient presque jusqu'à l'adoration. Il eut aussi une entrevue avec Terreeoboo, roi de l'île, qu'il conduisit à bord de la *Résolution*, où ce prince reçut l'accueil le plus respectueux. Il avoit donné à Cook un manteau de plumes ; Cook, en reconnoissance, lui fit présent d'une chemise, et lui ceignit l'épée qu'il portoit lui-même : enfin, pendant tout le temps que les naturels et les Anglais communiquèrent ensemble, l'intelligence et le bon accord furent tels, qu'il étoit impossible aux Anglais de concevoir le moindre soupçon d'une perfidie, ni du moindre danger à courir. Cependant les insulaires commencèrent à s'informer, et avec beaucoup d'empressement, du temps de leur départ ; mais ces demandes n'avoient rien de fort étrange, parce que pendant les seize jours que les Anglais avoient demeuré dans le port de Karakakoua, ils avoient fait une consommation énorme de cochons et de végétaux. Il fut donc naturel d'attribuer cet empressement des insulaires à l'intention de se pourvoir suffisamment de vivres pour approvisionner leurs hôtes au temps de leur départ : le roi, qui en avoit ouï parler, avoit même fait une proclamation dans les villages, pour les engager à conduire leurs porcs et leurs végétaux sur les bords de la mer, afin qu'il pût les présenter à l'Orono, avant de quitter le pays. Orono étoit le titre d'honneur qu'il avoit donné au capitaine Cook. D'ailleurs, l'attachement de ce peuple pour les Anglais étoit prouvé, et le fut encore davantage par la démarche du roi auprès de Cook. Il croyoit que M. King étoit son fils, et il vint le prier de le laisser auprès de lui, comme un gage de son amitié et de son retour.

Le 4 février, Cook sortit de la baie, dans l'intention d'achever le tour de l'île, et de chercher dans quelqu'une des autres une rade plus sûre pour les vaisseaux; mais après quelques jours de navigation, un coup de vent ayant endommagé son mât de misaine, il fallut retourner dans la baie pour le réparer. Par les détails donnés sur la mort de Cook, on ne peut tirer aucune preuve certaine que son retour ait déplu à ces insulaires. Le capitaine King dit : « Lorsque nous eûmes jeté l'ancre, nous fûmes surpris de l'accueil dont ils nous reçurent, bien différent du premier ». Mais M. Samwell, dont on ne peut suspecter la véracité, assure qu'il ne vit rien qui pût induire à croire qu'il y eût aucun changement dans les dispositions des habitans. Quoi qu'il en soit, quelques larcins de la part de ceux-ci, et quelques efforts pour les en punir ou les recouvrer, de la part des Anglais, furent comme autant de préludes qui amenèrent la malheureuse journée qui priva l'Angleterre et le monde du navigateur le plus célèbre.

Il paroît que ces peuples, ainsi que tous les sauvages, étoient fort enclins au vol. L'un de ces insulaires ayant été surpris à voler les pincettes d'un armurier, reçut quelques coups de fouet assez rudes, et fut renvoyé du vaisseau. Cet exemple n'en imposa point à un autre, qui s'étant saisi des mêmes pinces et d'une paire de ciseaux qui étoient dans le même endroit, s'élança dans l'eau, et gagna le rivage en nageant. Le maître et le garde-marine le poursuivirent dans un petit cutter ; les Indiens le reçurent dans un de leurs canots et se dérobèrent avec lui, après avoir essuyé plusieurs coups de feu. Pareah, l'un des chefs, rapporta les articles dérobés ; mais à son retour, il rencontra la pinnace de la *Résolution* avec cinq hommes dedans : ceux-ci insistèrent à ce que le voleur ou le canot qui l'avoit recueilli leur fût livré. Il s'ensuivit une querelle, où les Anglais furent assaillis de pierres. Cependant Pareah intervint dans cette querelle et l'appaisa : bientôt elle recommença plus vivement, à l'occasion d'un autre vol beaucoup plus important.

Les insulaires, à la faveur de la nuit, avoient trouvé les moyens de s'emparer du grand cutter de la *Découverte*, qui étoit à l'ancre. Lorsque le capitaine Clerk en eut informé Cook, il eut ordre d'aller avec le petit cutter, commandé par le deuxième lieutenant, à l'est de la baie, et d'y intercepter tous les canots dont il pourroit se saisir, et même de faire feu, s'il falloit en venir à cette extrémité. Dans le même temps, le troisième lieutenant de la *Résolution* fut envoyé avec le petit cutter au côté opposé de la baie, pour s'emparer des canots qui y seroient, pendant que le maître monta le grand cutter, pour donner la chasse à un double canot, qui faisoit force de voiles.

Dans toutes les îles méridionales qu'il avoit parcourues, lorsqu'il avoit éprouvé quelque larcin important, Cook avoit coutume de s'emparer de la personne du roi, ou de quelques-uns des principaux *érées*, et de les retenir en ôtage jusqu'à ce que sa propriété lui eût été rendue. Dans la circonstance actuelle, il résolut de se conformer à cet usage. En conséquence, il sortit du vaisseau vers les sept heures, accompagné du lieutenant de marine, d'un sergent, d'un caporal et de sept fusiliers : l'équipage de la pinace se mit aussi sous les armes, commandé par Robert. Comme ils ramoient vers le rivage, Cook appela à lui le cutter qui s'étoit embusqué à la pointe occidentale de la baie, afin de renforcer celui qu'il montoit, signe certain qu'il prévoyoit trouver de la résistance, déterminé à se défendre ainsi que ses hommes. Dès qu'il descendit à terre, il fut environné d'une grande foule qui se prosterna, et continuoit de lui témoigner les mêmes marques de respect, ignorant sans doute le dessein qui l'amenoit, et lui offrant des provisions, comme s'il eût été amené par ce motif. Aussitôt qu'il vit le roi, qui de son plein gré étoit venu à sa rencontre, Cook le prit par la main, et l'invita amicalement de venir à bord, à quoi le roi consentit volontiers. Jusque-là tout paroissoit prendre une tournure favorable.

Cette apparence ne dura pas long-temps. On vit bientôt ces insulaires s'armer de longues lances, de massues, de poignards; et se revêtir de leurs cottes-d'armes ordinaires. Ces mouvemens hostiles se multiplièrent et devinrent plus alarmans, à la vue de deux hommes qui étoient venus en canot de la rive opposée de la baie : ils annoncèrent qu'un de leurs chefs avoit été tué par un des cutters de la *Découverte*. Le capitaine qui se trouvoit pressé par une grande foule, et pressentant le danger où il étoit exposé, ordonna au lieutenant de la marine d'ouvrir la marche, et d'avancer jusqu'au bord où l'attendoient les bateaux à quelques toises du rivage. Les Indiens ne firent aucune difficulté de laisser le passage libre. Il y avoit tout au plus 50 à 60 toises de chemin à faire; Cook marchoit en tenant le roi par la main, suivi de sa femme, de deux fils et de plusieurs chefs. Jusque-là, nulle espèce de répugnance. Lorsqu'on fut auprès de la pinace, le fils le plus jeune y entra aussitôt, croyant que son père alloit l'y suivre ; mais à peine avoit-il touché au rivage, que sa femme lui jetant les bras autour du cou, et secondée de deux chefs, le força à s'asseoir à côté d'un double canot. Le capitaine Cook vainement leur reprocha cette conduite ; ils ne permirent pas au roi d'aller plus loin, lui disant que s'il entroit dans la pinace, il seroit mis à mort.

Comme on aperçut l'un des chefs s'approcher secrettement avec un poignard qu'il tenoit caché, et qu'un autre avoit tâché d'arracher un fusil des mains d'un sergent des marins, Cook voyant le tumulte s'accroître et les Indiens plus audacieux, sentit qu'il ne pouvoit enlever le roi de force, qu'en s'exposant lui et son monde : en conséquence il résolut de s'en tenir sur la défensive, et d'embarquer avec sûreté sa petite troupe, que plusieurs milliers d'hommes pressoient de près. Il fut même obligé pour se défendre, de faire feu sur un homme qui tâchoit de l'atteindre avec sa lance ; mais il manqua son coup, et il arriva qu'il en tua un autre tout auprès, qui se faisoit remarquer dans le tumulte. Le sergent lui ayant fait observer son erreur, reçut ordre de la réparer : aussitôt il le tua d'un coup de fusil. L'impétuosité des insulaires se rallentit alors un peu : l'épouvante les fit reculer en désordre ; mais bientôt rèpoussés par ceux qui étoient derrière, et dont le nombre s'augmentoit, ils revinrent à la charge, et firent pleuvoir une volée de pierres sur les Anglais, qui, sans attendre d'ordre, y répondirent par une décharge générale, suivie du feu de tous leurs bateaux.

On vit le capitaine Cook en témoigner son étonnement. Il étendit sa main vers les bateaux, fit cesser leur feu, et les fit approcher pour le recevoir avec sa suite. Tout ce qui se passa après ne fut plus qu'une scène de confusion. Dès que les marins eurent fait feu, les Indiens se précipitèrent sur eux, les poussèrent jusques dans la mer où ils en tuèrent quatre. Le lieutenant fut blessé; mais leur ayant heureusement échappé, il trouva son refuge dans la pinace. Le capitaine Cook étoit le seul qui fût resté sur le roc. On s'aperçut qu'il faisoit signe à la pinace d'avancer, tenant sa main gauche derrière la tête, pour la préserver des pierres, et portant son fusil sous l'autre bras. Un Indien qui l'avoit suivi, mais avec timidité et précaution, à la fin s'avança sur lui, sans être aperçu, et lui ayant déchargé un grand coup de massue derrière la tête, il se retira avec précipitation (1). Cook parut assommé du coup : il fit quelques pas en chancelant, puis il tomba sur une main et sur un genou, et son fusil lui échappa. Comme il se relevoit, et avant d'être remis sur ses pieds, un autre Indien le poignarda à la nuque. Alors il tomba dans l'eau jusqu'aux genoux. Là, les autres Indiens le foulèrent aux pieds et le retinrent sous l'eau. Enfin, à force d'efforts il dégagea sa tête, et jetant ses regards vers la pinace, il sembloit solliciter son assistance. Le bateau n'étoit qu'à cinq ou six toises de lui ; cependant la presse et la confusion de l'équipage ne lui permirent point, à ce qu'il paroît, de le sauver. L'Indien se remit à le fouler dans une eau plus profonde. Cependant il eut encore assez de force et de courage pour relever sa tête ; et se sentant épuisé dans cette lutte si prodigieusement inégale, il chercha naturellement à regagner le roc et à s'y soutenir,

---

(1) D'autres rapportent que le premier coup qu'il reçut fut un coup de poignard. La relation que l'on suit ici est celle de M. Samwell, écrite avec autant de précision que de soin.

quand un sauvage lui donna un coup de massue qui lui ôta la vie. Ils traînèrent son cadavre sur les rocs, se disputant le plaisir barbare de l'outrager, et s'arrachant des mains le poignard dont ils perçoient tour-à-tour (1), cette victime dès-lors insensible à tous les excès de leur rage.

Ainsi périt à cinquante-un ans cet homme aussi distingué par ses grands talens pour la navigation, que par sa constance héroïque et par la fermeté de son ame. Sous quelque point de vue qu'on le considère, on y trouvera un juste sujet d'admiration. Né avec un jugement sain et froid, il avoit l'esprit pénétrant, actif; constant dans ses entreprises, patient dans ses travaux, il opposoit une résistance opiniâtre aux obstacles, et affrontoit les dangers les plus extraordinaires. Quoique observateur rigide de la discipline, il étoit doux, juste et humain; et comme il

---

(1) Cet accident arriva sur les huit heures du matin, le 14 février 1779. On ne put recouvrer le corps du capitaine Cook; mais quelque temps après, on se procura une partie de ses ossemens. Après les avoir mis dans un cercueil, on le confia à la mer le 21 du même mois.

avoit pour son monde une affection presque paternelle, on lui obéissoit, moins par crainte que par attachement et par reconnoissance. Il étoit d'une constitution robuste qu'il entretenoit par sa manière tempérée de vivre. Modeste et réservé dans les sociétés générales, mais dans celles qui lui étoient familières, vif, sensible et de bonne compagnie. A une taille de près de six pieds il joignoit une physionomie agréable, simple cependant dans ses habits et dans son maintien. Il avoit la tête petite, les cheveux d'un brun foncé, le visage plein d'expression, le nez très-bien fait, les yeux petits et noirs, vifs, perçans, surmontés de paupières saillantes, qui donnoient à sa contenance un air d'austérité.

CHAPITRE LXIV.

Epitaphe de Cook lorsqu'on lui érigera un monument.

Quoiqu'on ait donné une cotte-d'armes aux descendans de Cook, on n'a pas encore érigé de monument à sa mémoire. Cependant un tel dessein feroit honneur à la nation Anglaise qui s'est élevée par son commerce à un si haut degré de gloire et de perfection.

La navigation est sans contredit le fondement du commerce, et tout ce qui tend aux progrès de l'une, tend par une suite nécessaire à l'amélioration de l'autre. Sous ce rapport, la saine politique, aussi bien que la reconnoissance, exige un tribut de cette espèce.

Si l'Angleterre paye un jour ce tribut à la mémoire de Cook, en attendant qu'un homme d'un esprit supérieur au mien fasse une épitaphe digne d'un navigateur dont les travaux ont étendu les sciences, aussi bien que la gloire de la Grande-Bretagne, voici celle que nous proposons au public :

« Passant, qui tournes ici les yeux, qui que tu sois, révère le nom de Cook. Arrête ; ce nom mérite ton hommage. Le vieil océan l'a vu parcourir, en ses climats divers, jusqu'à ses dernières limites, s'avancer d'un pôle à l'autre, et terminer sa course là, où la nature mit des bornes éternelles ; là, où sur un fond immense de glaces, s'élèvent des monts redoutables qui menacent et obscurcissent les cieux. Ainsi, après avoir pénétré jusqu'aux rivages les plus éloignés, route que nul mortel n'avoit jamais connue, le ciel l'enleva à la terre qui n'avoit plus rien à lui apprendre. Au-dessus des mondes, sa tâche est maintenant de découvrir d'autres mondes. »

CHAPITRE XLV.

Opinion du duc de Croy, concernant un passage au nord.

Il y a long-temps que les savans desirent trouver un passage au nord pour l'Inde, qui soit plus sûr, plus court, plus commode, et moins dispendieux, que la route ordinaire du cap de Bonne-Espérance ou du sud de l'Amérique. On a agité si ce passage existoit par mer, soit à l'orient, soit à l'occident; ou s'il ne seroit pas possible d'y parvenir par le moyen des terres, des lacs et des rivières.

I. Toutes les tentatives faites par le moyen des lacs et des rivières dans les baies d'Hudson et de Baffin ont été inutiles jusqu'à présent; et même, en supposant qu'il existât une ligne de communication par eau, elle deviendroit encore inutile par son étendue immense et par les obstacles nombreux et insurmontables qu'on y rencontreroit. Il est certain que de ce côté on a visité presque toutes les rivières connues, et qu'à mesure qu'on les remontoit, leurs eaux s'y sont trouvées plus basses. Cela seul rendroit le passage impraticable, non compris les cataractes, les sauvages, les frais de transports, et mille autres obstacles insurmontables.

II. Quant au passage par la mer du nord,

1°. Vous serez arrêté par-tout par les glaces; elles se fondent bien pour un temps (plus ou moins en différentes saisons); mais elles ne sont pas long-temps à se reproduire de toutes parts. Ainsi il seroit très-dangereux de se fier à leur fonte, et ce n'est pas assez qu'on puisse quelquefois y pénétrer par quelque heureux hasard, à l'exemple de Cook, un des navigateurs les plus intrépides, et des bâtimens qui vont à la pêche de la baleine; il faut encore la certitude de pouvoir s'en dégager. D'ailleurs, on sait que plusieurs de ces bâtimens y périssent toujours. Quelque soit l'espoir que la fonte des glaces puisse inspirer, il faut bien se convaincre qu'elle n'est ni régulière ni constante, et que, pour effectuer le passage sans être arrêté par elles, il faut parcourir une ligne de deux mille lieues maritimes.

2°. Plus vous approchez des pôles, plus vous voyez ces glaces se multiplier.

3°. On a avancé, mais sans preuves, que l'océan ne gèle point ; car il est certain qu'il se gèle vers le pôle, puisqu'on y trouve accumulées des pièces de glace qui s'élèvent à la hauteur de cent cinquante pieds : ensorte qu'on est toujours certain d'y trouver une mer de glaces bien consolidée, excepté en quelques circonstances, trop rares pour qu'on puisse s'y fier.

Enfin, à l'égard des caps et des pointes d'où procèdent les plus grands obstacles, observez que vous ne pouvez du méridien de Paris vous y rendre par l'ouest : car tous les navigateurs conviennent que le long des côtes du Groënland il y règne une longue masse de glace qui se joint à celle du pôle et à celle des sept îles du Spitzberg, obstacles insurmontables à la navigation du nord. Il n'est pas nécessaire de dire qu'autrefois ce passage fut ouvert, et que depuis il s'est fermé. Il seroit également inutile d'alléguer que la côte septentrionale de l'Amérique s'en rapproche plus ou moins, puisque, selon toutes les probabilités, elle est aussi environnée de glaces.

Par la même raison vous ne pouvez y aller par l'est. Supposez que vous suiviez le méridien de Paris, ou plutôt celui du cap Nord jusqu'en Laponie ; alors il faudra doubler le cap de la nouvelle Zemble, et celui des Samoyèdes : voilà le grand point de la difficulté. On a reproché à Wood de s'être avancé trop près de la côte glacée ; mais la glace du pôle s'étend aussi au nord du Spitzberg, ensorte qu'en supposant même qu'il y eût un passage entre les deux, il ne seroit nullement prudent de le tenter ; d'autant plus que les pêcheurs de Wardhus et d'Archangel assurent qu'il n'y en a point.

Si vous avancez plus vers l'est, c'est pire encore ; car vous rencontrez la pointe des Samoyèdes, où les froids sont si rigoureux qu'on n'a pu encore déterminer où finit cette pointe ; et il n'est pas sûr que jamais personne vienne à la doubler. Ainsi, aux obstacles qu'opposent les glaces à Weigaz, il faut encore joindre ceux qui arrêteroient à la pointe des Samoyèdes. De manière qu'il paroît que toute cette étendue est couverte par les glaces.

Telles sont, dans le fait, les difficultés principales. Encore quelques lignes sur ce sujet. A mesure que la côte s'avance vers le midi, la glace s'y fond quelquefois. De là la navigation des Russes, le long de la Russie, de la Sybérie et de la Tartarie; mais après cela, nul espoir de succès. Les capitaines Cook et Clerk l'ont tenté deux fois, et n'ont pu y réussir. Ainsi, quoiqu'en certaines années, et de temps à autre, les pêcheurs russes aient pu doubler le cap qui est auprès de la Lena, pour gagner Avatka, on ne peut en conclure que cela puisse arriver souvent et conséquemment faciliter un long voyage.

Cependant, si on ne peut rien se promettre par ce moyen pour le commerce et pour la navigation, la géographie peut y gagner, et voici comment il faudroit s'y prendre.

1°. Faire des établissemens durables sur les lieux qu'on veut examiner, et profiter des circonstances pour pousser les découvertes.

2°. Envoyer des savans pour s'établir sur les lieux, et pour en lever la carte.

3°. Les Russes devroient sur-tout profiter

de toutes les occasions de croiser dans ces mers et d'épier celle de doubler l'une ou l'autre des deux pointes.

Mais, quoiqu'il en arrive, ce n'est que vers la pointe méridionale de l'Afrique ou de l'Amérique, qu'on peut obtenir un résultat favorable à la navigation.

CHAPITRE LXVI.

Description de certaines cérémonies funéraires usitées dans l'une des îles de la Société. Observations générales à ce sujet par le docteur Hawkesworth.

Les habitans de cette île, en cela bien différens de tous les peuples connus jusqu'à présent, n'enterrent jamais leurs morts. Ils choisissent un petit carré autour duquel ils forment un grillage avec du bois de Bambou; ils placent dans le milieu un tendelet de canot élevé sur deux poteaux, et ils y déposent le corps, comme s'il étoit encadré. Ensuite, après l'avoir couvert d'une belle pièce d'étoffe, ils laissent auprès de lui du fruit-à-pain, du poisson et autres provisions.

Nous supposâmes que cette nourriture étoit destinée à l'ame du défunt, et nous en conclûmes que ces Indiens avoient une notion confuse d'un état de séparation de l'ame et du corps. Mais, après nous être informés plus amplement, nous sûmes que ces provisions n'étoient qu'une espèce d'offrande à leurs dieux.

Cependant ils ne supposent pas que leurs dieux mangent, pas plus que les juifs supposoient que leur Jehovah pouvoit habiter dans une maison. L'offrande et le temple reposent sur le même principe, l'une et l'autre expriment la vénération, la reconnoissance, et le desir d'avoir plus près d'eux leurs divinités. Il y avoit en face de ce monument, une espèce de barrière où les parens du défunt se tenoient pour payer le tribut de leurs regrets : et sous le tendelet, une foule de petites pièces d'étoffes trempées des pleurs et du sang qu'ils y avoient versés. Car, au fort de leur douleur, ils sont généralement dans l'usage de se blesser avec des dents de requin. A quelques toises de distance, on élève deux maisons, l'une où résident les parens du défunt, l'autre ou demeure le plus proche. C'est toujours un homme que cette circonstance concerne, et il porte alors un habit qui le distingue. Les os du mort se brûlent ensuite auprès du lieu où il est destiné à retomber en poussière.

Peut-être est il impossible de deviner d'où peut venir parmi ces insulaires l'usage d'exposer ainsi leurs morts au-dessus de la terre, jusqu'à ce que la putréfaction les ait consumés, et de brûler ensuite leurs os. Elien et Apollonius de Rhodes rapportent que les habitans de la Colchide, pays situé auprès du Pont en Asie, aujourd'hui la Mingrélie, avoient un usage semblable. Cependant ils n'étendoient pas cet usage aux deux sexes. Ils brûloient les femmes; mais ils enveloppoient les hommes dans une peau, et les suspendoient en l'air par le moyen d'une chaîne. Dans la Colchide, cet usage tenoit à une cause religieuse. Comme les principaux objets de leur culte étoient l'air et la terre, on peut supposer que, par suite de quelque idée superstitieuse, ils consacroient leurs morts à ces deux élémens.

Il ne nous fut jamais possible de déterminer si les habitans d'Otahiti avoient quelques notions de cette espèce. Mais nous découvrîmes bientôt que les lieux où reposoient leurs morts étoient aussi des lieux destinés au culte.

On peut observer à ce sujet, qu'il n'y a pas d'idée plus absurde que celle d'attacher le bonheur ou le malheur d'une vie future à une disposition quelconque du corps décédé, quand l'état d'épreuve est passé. Cependant rien n'est plus général que la sollicitude dont il est l'objet.

Quelque léger que soit le prix attaché aux rites funéraires, quand l'usage, ou la superstition ne nous les ont point rendu familiers ou sacrés, nous voyons cependant la plupart des hommes songer, quand ils ne seront plus capables d'éprouver aucune sensation, aux moyens de préserver leurs corps de toute atteinte destructive, de la bêche qui les brise, et des vers qui les dévorent. Ils croient que leur sort futur est arrêté, et cependant on les voit acheter un coin de terre sainte, comme s'ils pouvoient s'y réfugier avec plus de sécurité. Des idées de plaisir ou de peine se lient si étroitement avec quelques-unes de nos opinions et actions, pendant le cours de notre vie, que nous croyons involontairement que nous en serons encore affectés, même quand nous ne serons plus ; opinion que cependant personne ne pourroit soutenir.

Et c'est ainsi que même, chez les nations les plus éclairées, le desir de conserver de tout reproche, le nom que nous laissons après nous, ou de l'honorer, est un des mobiles les plus puissans de nos actions.

La réputation, quelqu'en soit le principe ne peut avoir aucune influence sur celui qui n'est plus. C'est une vérité incontestable. Cependant l'honneur de l'obtenir et de se l'assurer agit si puissamment qu'il n'y a point de force de raison, point d'habitude de penser qui puisse éteindre cette espèce d'instinct, que l'habitude de la bassesse et du crime. Cette idée de vivre au-delà de soi, dans la mémoire des autres, peut se ranger au nombre des heureuses imperfections de notre nature, et c'est d'elles que dépend en quelque sorte le bien général de la société. Comme on est dans l'usage, pour prévenir certains crimes, de pendre certains criminels et de laisser leurs cadavres attachés à la potence ; par une suite de la même association d'idées, on procure beaucoup de biens à la société, et on la préserve de beaucoup de maux, quand on sait activer parmi les hommes le desir de se faire un nom, au moins de le préserver de tout déshonneur après sa mort.

Quelques ridicules que nous paroissent les usages qui sont entièrement nouveaux pour nous, et totalement étrangers à nos habitudes, rien ne nous est peut-être plus utile que de les lire, et de songer en combien de circonstances elles sont essentiellement les mêmes, parce que l'homme se retrouve par-tout.

Qu'il arrive à un bon catholique romain de lire qu'il y a des Indiens sur les rives du Gange, qui, pour s'assurer leur paradis, tiennent dévotement, à l'article de la mort, une queue de vache dans leurs mains; cette folie et cette superstition le feront rire. Mais qu'on dise à ces Indiens qu'il y a un peuple en Europe qui s'imagine gagner son paradis, quand, prêt à mourir, il porte à son pied la pantoufle de Saint-François, auront-ils moins sujet de rire ? Si cependant à cette lecture l'Indien et le catholique, au lieu de rire de leur absurdité mutuelle, songeoient que le but est le même, le voile de la superstition seroit déchiré, et la vérité resteroit dans le fond du tableau.

CHAPITRE LXVII.

Relation du capitaine Dixon, des îles de Sandwich.

Le commerce étendu et lucratif des fourrures, découvert par le capitaine Cook, fut connu de beaucoup de personnes en 1780; mais, nonobstant l'esprit d'entreprise qui fait le caractère de la nation anglaise, il se passa près de cinq ans avant qu'on cherchât à profiter de cet avantage. En 1785, une société obtint une licence de la compagnie des Indes, qui possède le privilège exclusif de commercer dans l'océan pacifique du nord, et équipa le King George et la Queen Elisabeth; le premier fut commandé par le capitaine Portlock, et le second par le capitaine Dixon. Leur dessein étoit d'acheter des fourrures sur la côte d'Amérique, d'aller les vendre à la Chine. Les deux vaisseaux devoient être frétés au compte de la compagnie des Indes.

Ils allèrent mouiller à Guernsey, et firent voile pour Madère, Saint-Jacques et l'île de Falkland. A la hauteur de ces deux dernières, le capitaine Dixon rapporte que, le 24 décembre, une de leurs chevres mourut de froid, malgré toutes les précautions qu'on prit de l'en garantir. Ils n'étoient encore qu'entre les 46 et 47ᵉ degré de latitude méridionale, et dans l'été de ces contrées. Nous pouvons, d'après cela, nous former une idée de la rigueur du froid dans les latitudes méridionales. Le 4 janvier ils mouillèrent à l'île de Falkland, et firent voile pour le cap Horn, qu'ils doublèrent sans danger, et naviguèrent vers le nord. Ils prirent beaucoup de tortues dans ce passage. Quand ils furent au vingtième degré de latitude méridionale, l'équipage commença à être attaqué du scorbut.

Le 24 de mai ils s'approchèrent d'Owhyhée, l'une des îles Sandwich, où le capitaine Cook périt malheureusement et jetèrent l'ancre dans la baie de Karakakooa. Ils furent environnés d'un grand nombre de canots, et échangèrent avec les habitans, des hameçons, des clous et d'autres articles de peu de valeur pour des porcs, des patates, du plantain et des fruits de l'arbre à pain.

Nos navigateurs perdirent bientôt l'espoir qu'ils avoient conçu de se reposer des fatigues d'un si long voyage, et de se procurer de l'eau ; car le 27 ils apprirent que les sources étoient *Taboées*. Cette cérémonie se faisoit de cette manière ; les prêtres plantent autour de l'endroit dont ils veulent défendre l'entrée, des petites baguettes garnies de cheveux blancs ; quiconque ose en approcher est puni de mort.

Les Anglais craignirent d'abord que le souvenir des pertes qu'ils avoient faites après la mort du capitaine Cook, ne leur eût fait prendre ces mesures sévères ; mais la véritable raison étoit que leurs chefs faisoient alors la guerre dans une île voisine. Trompés dans leur attente, ils se procurèrent ce qu'ils purent et firent voile pour Whahoo, l'une des îles Sandwich. Ici ils furent obligés d'avoir recours à un expédient singulier pour avoir de l'eau. Ils en trouvèrent de très-bonne, mais une chaine de rochers qui s'étendoit tout le long de la baie, à une distance considérable du rivage rendoit le passage difficile ; ils étoient si escarpés qu'on couroit risque de chavirer avec un canot chargé. Ils commençoient à perdre tout espoir, quand le capitaine Dixon aperçut des sauvages qui avoient dans leurs canots des gourges et des calebasses remplies d'eau ; il les acheta pour des clous, des boutons, etc. Bientôt tous les habitans de l'île en apportèrent en abondance. C'est ainsi qu'ils s'en procurèrent à très-bon marché, sans exposer leurs canots et leurs tonneaux au risque d'être perdus, et leur équipage aux dangers du froid rigoureux de ces contrées. Leurs malades s'étant un peu rétablis, ils firent voile pour Atoni, dans le dessein de se procurer des végétaux; mais ils jetèrent l'ancre à Oneehow, où ils déposèrent ceux qui n'étoient pas encore rétablis, et se procurèrent tous les rafraîchissemens dont ils avoient besoin.

CHAPITRE LXVIII.

De la Rivière de Cook, et des contrées adjacentes.

Ils naviguèrent vers le nord. Le 11 juin, en 1786, il y eut une éclipse totale de lune; le temps étoit sombre, ils ne purent faire d'observation. Le 19, ils entrèrent dans la rivière de Cook, et furent bien surpris d'entendre tirer un coup de canon. Bientôt ils aperçurent des russes qui vinrent à leur bord. Ils sortoient d'Oonalashka, et avoient amené avec eux quelques indiens *Codiac* pour faciliter leur commerce, ils ne paroissoient pas être bien d'acord entr'eux. Les Anglais furent trompés dans l'espoir qu'ils avoient de se défaire de leurs marchandises ; mais ils trouvèrent beaucoup de bois, de bonne eau et une mine de charbon.

Ils remontèrent la rivière, et se procurèrent une petite quantité de peaux en échange. L'endroit où ils se trouvoient alors est à 60 deg. 48 min. de latitude septentrionale, et à 152 deg. 11 minutes de longitude occidentale, comme ils l'observèrent. Les Indiens leur aportèrent des fourrures et du saumon frais en abondance.

Ils redescendirent la rivière le 10 août. Ce pays est stérile et malheureux ; les montagnes sont toujours couvertes de neige ; elles sont si élevées, qu'on n'en peut décrire la hauteur. Les habitans n'ont point de demeure fixe. Ils errent çà-et-là, ils paroissent être divisés en petites tribus ou familles, parce que dans chaque canot, il y en avoit toujours un qui sembloit être supérieur aux autres. Ils ont l'air doux et simple ; à la chasse et dans les combats, ils se servent d'arcs, de flêches et de lances ; ils se revêtent de peaux de marmottes cousues proprement. On trouve chez eux desloutres, des loups, des renards; une espèce de lapins, des marmottes, ou rats des montagnes, et des hermines.

Ils sont de moyenne taille, et bien proportionnés. Ils ont les traits réguliers, et la figure si sale, qu'il est impossible de juger de leur teint. Ils portent au nez et aux oreilles des grains de collier, ou des dents, quand ils ne peuvent se procurer d'autres choses. Ils ont aussi à la lèvre supérieure une coupure parallèle à la bouche. Ces ornemens sont proportionnés à la richesse de ceux qui les portent. Ils n'ont qu'une femme, qu'ils traitent avec beaucoup de respect; aussi sont-elles plus propres que leurs maris : elles ont le teint et les traits assez agréables.

En sortant de la rivière de Cook, ils firent voile pour le Sund-du-prince-Guillaume; mais ils furent contrariés par les vents et le mauvais temps. Ils dirigèrent alors leur route vers le Sund-des-Croix; mais ils furent encore traversés dans leur dessein. Le capitaine Cook a sans doute été trompé par l'apparence des côtes. En vain ils s'efforcèrent de trouver un port : battus de tous côtés par les vents contraires, et toujours en danger de faire naufrage, ils suivirent l'avis du capitaine *Por-*

lock; et retournèrent dans les îles de Sandwich, où ils arrivèrent le 28 septembre. A leur retour, le premier de novembre, se trouvant à la latitude septentrionale de 27 degrés 50 minutes, et à la longitude occidentale de 149 degrés, ils tâchèrent de découvrir le cap de Sainte-Marie, le Gorta; mais toutes leurs recherches furent inutiles. Le 16 novembre ils aperçurent les montagnes d'Owhyhée: ils allèrent y mouiller, et furent visités par les habitans, qui leur apportèrent des provisions: ne trouvant point dans cette île de port assez sûr, ils levèrent l'ancre. Les moussons de ces îles varient beaucoup; ce qui est occasionné par les révolins qui soufflent autour. Ils furent quinze jours à voguer au milieu de ces îles, avant d'arriver à Whahoo. Ils ne trouvèrent en cette dernière que de très-minces provisions, et s'aperçurent bientôt que les porcs et les végétaux étoient tabooés. Le chef vint à leur bord: ils lui firent quelques présens, et il leva le taboo. Le chef entendoit bien ses intérêts. A leur arrivée les sauvages tentèrent de voler la chaloupe de leur vaisseau; mais on les découvrit, et deux coups de mousquet qu'on tira en l'air, les mirent bientôt en fuite.

Dans le nombre de ceux qui venoient à bord, il y avoit un vieux prêtre qui avoit toujours avec lui deux suivans pour lui préparer son *ava*. Cet ava est une racine qui ressemble en quelque sorte à notre réglisse, mais dont le goût est différent. Il n'est permis qu'aux arees ou chefs de se servir de cette racine ; jamais ils ne la préparent eux-mêmes, mais ils ont des domestiques pour cet objet. Il commence lui-même par la mâcher, et quand il en a mâché une quantité suffisante, on la met dans une tasse de bois, où l'on verse un peu d'eau ; quand l'infusion est faite, on la filtre ; elle est très-capiteuse : voilà une manière singulière de servir le luxe des grands.

CHAPITRE LXIX.

Continuation du même sujet.

Le 14 décembre ils aperçurent les naturels du pays très-occupés sur une colline ; ils bâtissoient une maison. L'après-dîné du même jour tous les canots quittèrent le vaisseau, et il n'en revint pas un, ce qui parut extraordinaire, d'autant plus que tous les soirs beaucoup de femmes venoient à bord. Ils soupçonnoient que la rade étoit Tabooée; et ils avoient raison, il ne parut pas un seul canot. Ils aperçurent sur le sommet de la colline une foule de peuple autour de l'édifice qu'ils avoient élevé; le soir on alluma du feu en plusieurs endroits. Le lendemain, sur les dix heures du matin un vieillard vint à bord, fit présent d'un porc à l'équipage; il fut bientôt suivi du prêtre qui apporta aussi quelques bagatelles. Il paroissoit très-irrité contre Teexeteere leur roi; ce qui fit conjecturer aux Anglais que ce prince avoit enfreint les lois du pays. Vers midi, il vint lui-même, et leur apprit qu'on avoit sacrifié une femme sur le sommet de la montagne. Les femmes cependant restèrent toutes Tabooées; mais on apporta un supplément de porc et de végétaux. Ils apprirent enfin qu'il étoit défendu aux femmes de manger de la chair de porc, et que l'une d'elles ayant été convaincue d'avoir transgressé cette loi, venoit d'être immolée pour appaiser la vengeance des dieux. La maison avoit été bâtie sur la montagne, par les ordres du roi qui avoit convoqué une assemblée générale, et forcé le peuple de déposer à ses pieds tout ce qu'il avoit reçu des Anglais. Il trouva le moyen de s'en approprier la moitié. Telle fut la cause du ressentiment du prêtre. Ces événemens nous prouvent qu'on immole des hommes dans ces pays sauvages, et que les rois y sont despotes.

Les Anglais reconnoissant qu'ils n'étoient point à l'abri des tempêtes, levèrent l'ancre; ils ammenèrent avec eux un jeune sauvage neveu du roi, et allèrent mouiller à Atoui, où ils trouvèrent de très-bonne eau et des cocotiers qu'ils achetèrent à raison de cinq pour un clou. Ils se procurèrent aussi de très-beaux oiseaux de l'espèce de ceux que les Anglais appellent *Humming-Birds*. Le capitaine Dixon alla faire une partie de chasse, et trouva les habitans occupés à faire du drap et de la toile.

De là ils firent voile pour Onechow. Dans la traversée les deux vaisseaux se séparèrent; mais ils se rejoignirent quelques jours après. Le *King-George* avoit couru le plus grand danger de se briser sur la côte, ils retournèrent de concert à Atoui. Ils reçurent de fréquentes visites du frère du roi qui venoit toujours dans un double canot avec une cour nombreuse; rarement il achetoit quelque chose, il avoit toujours avec lui sa fille âgée de sept ans et d'une grande beauté; il avoit pour elle un amour vraiment paternel, et la portait presque toujours dans ses bras. Comme elle parut curieuse de monter à bord, on la porta avec le plus grand soin, et jamais on ne souffrit qu'elle se promenât sur le pont; mais elle resta toujours dans les bras de son père, ou dans ceux des seigneurs de sa suite. Ce n'est qu'aux *Erées*, ou nobles qu'on rend de semblables respects. On mit ici le *Taboo*, et nos voyageurs commencerent à se persuader que le roi l'avoit fait dans le dessein de tirer de ses sujets quelques marques de leur reconnoissance ou quelques tributs. Le jeune sauvage de Whahoo, déja las de voyager, voulut rester dans cette île. Le roi leur fit beaucoup de questions sur leur vaisseau et la manière de le construire; il paroissoit avoir beaucoup d'eprit et de connoissances. On lui fit des présens, et le Taboo fut levé.

Tandis que les vaisseaux étoient à l'ancre, le secrétaire suivi de quelques matelots, alla dans un *Tapa* ou village. A leur arrivée, tous les habitans se rassemblèrent autour d'eux. Un de ces insulaires leur offrit ses services pour un grand clou par jour. Ce Tapa étoit situé derrière une longue allée de cocotiers, qui leur servoient d'ombrage. Le peuple quitta son ouvrage pour suivre les étrangers ; mais le chef jugeant la curiosité importune, le chassa à coups de grosses pierres. Tout le monde se retira sans laisser échapper le moindre signe de mécontentement ; ce qui prouve l'aveugle obéissance qu'ils ont pour leurs maîtres. Les Anglais dînèrent avec le chef. La table fut servie par quatre domestiques ; l'un aporta une calebasse d'eau, le second des cocos, le troisième un plat de *Tawo* cuit au four, et le quatrième un porc. Le repas se fit avec beaucoup de décence et d'honnêteté. Après le dîner, le secrétaire voulut faire une petite excursion, il donna deux clous à un habitant qui le conduisit dans son canot par-tout où il voulut. Ils passèrent auprés d'un bûcher très-élevé de forme carrée ; le secrétaire vouloit débarquer en cet endroit; mais l'Indien lui répondit que c'étoit un *Morai* ou cimetière, et qu'il étoit défendu d'en approcher. En revenant par terre, il trouva beaucoup de maisons bâties çà et là ; les habitans s'empressèrent par-tout de lui offrir des rafraîchissemens. Il est évident qu'il y avoit dans cette conduite moins de curiosité que de bon cœur et de politesse. Tout ce qu'ils avoient étoit à son service. La terre paroissoit par-tout aussi bien cultivée qu'en Europe. Le vent commençoit à souffler avec violence ; les deux vaisseaux mirent à la voile, et revinrent jeter l'ancre dans le même endroit. Ce retour subit fit craindre au roi qu'ils n'eussent dessein de s'établir dans son île ; il mit le *Taboo* sur le peuple : ne pouvant plus se procurer les provisions qu'ils attendoient, les Anglais continuèrent leur route au nord.

Le 29 avril, ils mouillèrent à l'île de Montague, à 59 degrés 9 minutes de latitude septentrionale, et 147 dégrés 55 minutes de longitude occidentale. Quelques Indiens allèrent à bord, et quelle fut la surprise des Anglais, en les entendant crier aux chiens des vaisseaux, *Towzer*, *Towzer*, *Here*, *Here*, et siffler comme en Europe. Leurs canots étoient couverts de peaux, et ne pouvoient contenir la plupart qu'un seul homme. Ils avoient aux oreilles des grains de verre bleu qu'ils avoient probablement achetés des Russes. Ils ne s'arrêtèrent pas long-temps, et promirent de revenir sur-le-champ apporter une grande quantité de *Notooneschuck*, ou peaux de loutre. Cependant, comme ils ne revenoient pas, les Anglais allèrent jetter l'ancre dans une autre baie, et commencèrent à nettoyer et radouber leurs vaisseaux. Le capitaine Dixon profita de cette occasion pour faire un petit voyage dans la chaloupe. Il apprit qu'il y avoit un vaisseau dans le voisinage; c'étoit un Senau sous pavillon anglais, il portoit le nom de *Nootka*, venoit du Bengal, il étoit commandé par le capitaine Mears. Il avoit mis à la voile en mars en 1786, avoit mouillé à Donalashka, et avoit trouvé un détroit qui communiquoit avec la rivière de Cook. De là il avoit dirigé sa course vers le Sund du Prince Guillaume, et avoit passé l'hiver dans une petite baie où le capitaine Dixon le trouva. Le scorbut avoit fait périr la plus grande partie de son équipage. Ce fut de lui que Dixon apprit qu'il y avoit déja quelques années que la traite des fourrures se faisoit dans ces parages, son vaisseau en étoit chargé. Le capitaine Portlock lui donna deux hommes de son bord pour l'aider à manœuvrer. Il est facile de voir maintenant comment les Indiens avoient appris à appeler les chiens en anglais.

Comme la saison avançoit, et qu'il n'étoit pas sûr de rester à la côte, les deux capitaines resolurent de se séparer. Le roi *George* devoit rester au Sund du Prince Guillaume ; sa chaloupe devoit aller à la rivière de Cook ; et la Reine Charlotte devoit faire voile pour le Sund du roi George. Avant leur séparation, ils furent joints par deux grands canots et quelques autres plus petits. Pour encourager ces Indiens, on les reçut à bord du roi *George*, où ils donnèrent une preuve de leur adresse étonnante à voler. Si par hasard on les prenoit sur le fait, il étoit difficile de leur faire rendre ce qu'ils avoient pris.

Le capitaine Dixon mit à la voile, et alla mouiller dans le Sund du port Mulgrave. Il est hors de doute que ce fut le premier vaisseau anglais qui aborda dans cette plage. Il rangea la côte, et vit par-tout peu d'habitans.

Dans l'un des ports où la *Reine Charlotte* jeta l'ancre, il reçut la visite de quelques canots remplis de vieilles femmes. On en remarquoit une qui avoit à la lèvre supérieure un ornement très-curieux et de belle grosseur. Le capitaine Dixon avoit grande envie de l'acheter ; il lui offrit plusieurs articles qu'elle rejeta avec dédain. Un des gens de l'équipage lui montra par hasard quelques boutons qui paroissoient très-brillans, elle troqua sur-le-champ son bijou, qui est aujourd'hui dans le cabinet de sir Joseph Banks. Il resta jusqu'au 8 août à trafiquer sur ces côtes, où il rencontra le *Prince de Galles*, capitaine Collingwood, et la *Princesse Royale*, capitaine Duncan, tous deux de Londres, appartenant au même armateur. Il eut le plaisir d'apprendre d'eux, des nouvelles de ses amis. Ces deux vaisseaux étoient partis d'Angleterre en septembre 1786, avoient laissé un comptoir à l'île de Stalen, et avoient passé près d'un mois à trafiquer dans le Sund du roi Georges avec peu de succès.

Ayant rempli leur but, ils longèrent la côte que le capitaine Cook n'avoit pas aperçue. Ils cinglèrent vers le midi, et le 5 septembre, se retrouvèrent encore à Owhyhée, d'où ils firent voile pour la Chine, en traversant le grand océan pacifique. A leur arrivée, ils vendirent leurs fourrures, prirent une cargaison de thé, et retournèrent en Angleterre, après une absence de trois ans.

CHAPITRE LXX.

Description du capitaine Dixon, des habitans de la côte du Nord-ouest d'Amérique, en 1787.

Le capitaine Cook dans son dernier voyage découvrit la côte d'Amérique à 44 degrés de latitude septentrionale ; mais il ne jeta l'ancre qu'à Nootka, qu'il nomma le *Sund du roi George*. Il est à 49 degrés 36 minutes. Au sortir de ce port il ne prit terre qu'à 56 degrés 20 minutes, et ne connut conséquemment aucune des places intermédiaires qui se trouvent sur cette côte. Le capitaine Dixon y pénétra, et voici les observations qu'il nous a communiquées. Dans un détroit à 52 degrés 33 minutes de latitude, qu'il appela *le port Mulgrave*, il trouva environ soixante-dix habitans qui, comme les autres sauvages de la côte, avoient la figure tellement plâtrée, qu'il étoit difficile d'en distinguer la couleur. Cependant il sut, avec quelques bagatelles, engager une femme à se laver les mains et le visage : il est étonnant à quel point elle se trouva métamorphosée. Les roses de ses joues contrastoient agréablement avec la blancheur de son sein. Elle avoit les yeux d'un beau noir et pleins de feu ; ses sourcils, hardiment dessinés, étoient de la même couleur. Elle avoit le front si clair qu'on en distinguoit jusqu'aux plus petites veines. Mais cet ensemble charmant, ces traits si délicats ne s'accordoient guère avec la coutume extrêmement bizarre de ces peuples.

Ils se coupent la lèvre inférieure parallèlement à la bouche. Dans cette coupure ils incrustent un morceau de bois qu'ils portent toujours. Il a la forme d'une ellipse, et l'épaisseur de six lignes. La superficie de chaque côté ressemble à peu près à une cuiller, les bords en sont troués pour l'attacher plus solidement à la lèvre. Cet ornement singulier défigure tout-à-fait la partie inférieure du visage. Mais il n'y a que les femmes qui portent ce morceau de bois ; encore faut-il qu'elles soient d'un rang distingué.

Leur jargon est barbare, dur et difficile à prononcer. Ils paroissent fort peu communicatifs. Leurs cabanes annoncent la misère et l'ignorance ; elles sont formées de quelques pieux plantés çà et là sans ordre, sans symétrie, et couvertes d'une espèce de planches, qu'ils n'ont pas même l'esprit d'attacher. Elles ne peuvent leur servir d'abri contre la pluie ou la neige. Ils ne connoissent pas ce que c'est qu'une cheminée; aussi n'en ont-ils pas besoin, car la fumée trouve par-tout des fentes pour sortir.

L'intérieur de leurs huttes est une peinture exacte de la plus dégoûtante mal-propreté. Ils sont si paresseux qu'ils ne se donnent pas la peine de balayer les ordures, les os, les restes de poisson, la graisse, l'huile, qui tous mêlés ensemble, et entassés dans leurs cabanes, y répandent une odeur insupportable. Cependant ils paroissent contens de leur sort.

Si les Indiens ne se donnent pas la peine de se loger plus commodément, c'est probablement qu'ils n'ont point de demeure fixe. Ils ne paroissent rester dans un endroit qu'autant que la pêche et la chasse sont abondantes. Nous verrons pourtant qu'ils sont industrieux quand ils veulent: leurs petits canots, par exemple, sont très-bien travaillés; mais leurs grands n'ont ni forme ni figure; ils sont faits d'un seul arbre grossièrement creusé, et peuvent contenir douze ou quatorze personnes.

Ils nous fournirent des *plies* en abondance.

Ils prennent ce poisson avec un hameçon de bois sur lequel on voit une figure humaine grossièrement taillée. Il paroît que cette tête est une espèce de divinité pour assurer le succès de leur pêche. Ils amorcent leurs lignes avec un poisson que les matelots appellent *squids*, et attachent une vessie au bout qui leur sert de bouée. Ils se servent des intestins des animaux pour faire ces lignes qui sont très-fortes. Quand le pêcheur tire une plie, il lui donne des coups de bâton sur la tête, de peur qu'elle ne fasse chavirer le canot.

Ils préparent leur viande et leur poisson dans une espèce de panier d'osier, où ils mettent pêle-mêle des pierres brûlantes, et qu'ils couvrent hermétiquement. Ils aiment beaucoup à mâcher une plante qui ressemble en quelque sorte au tabac. Ils la mêlent ordinairement avec une espèce de glu, et quelquefois ils y ajoutent de l'écorce intérieure de pin, avec une substance résineuse qu'ils en extraient.

Ce qui attira d'abord nos regards à notre arrivée, ce fut une file de perches blanches plantées sur un terrain plat, avec un ordre et une régularité qui sembloient être au-dessus du génie indien. Elle avoit une demi-lieue de longueur. Je voulus contenter ma curiosité, et je vis que c'étoit un cimetière. Leur manière d'enterrer les morts est assez singulière. Ils séparent la tête du cadavre, la mettent dans une boîte carrée, et le corps dans une espèce de cercueil oblong. A chaque bout du cercueil ils plantent deux perches d'environ dix pieds de hauteur, et les inclinent de manière qu'elles se touchent à l'extrémité supérieure : ils les attachent fortement dans cette position avec une espèce de corde préparée pour cet objet.

A deux pieds environ du sommet de cette arche, ils posent une traverse avec beaucoup de propreté, et y suspendent avec une corde la boîte qui contient la tête. J'ai vu plusieurs de ces boîtes très-ingénieusement ornées de petites coquilles et de dents. La plupart sont peintes de différentes couleurs; mais les perches ne le sont qu'en blanc. Il en est quelques-unes qui sont plantées tout droit, mais la tête reste toujours dans la même position. Je n'ai jamais pu m'instruire des cérémonies usitées dans leurs enterremens. Nous trouvâmes, quelque temps après, dans une caverne une de ces boîtes très-joliment travaillée ; il y avoit une tête dedans.

Dans un autre port que j'appelai le *Sund de Norfolck*, à 57 degrés 3 minutes de latitude, nous trouvâmes à-peu-près cent soixante-quinze habitans qui ressembloient beaucoup à ceux du Port-Mulgrave. Leurs traits étoient également défigurés par la coupure qu'ils se font à la lèvre. Il paroît qu'ils ne commencent qu'à quatorze ou quinze ans à se faire cette opération. D'abord ils se percent le milieu de la lèvre, et y mettent un morceau de cuivre, de crainte que le trou ne se referme; ils prolongent dans la suite cette incision parallèlement à la bouche, et changent de morceau de bois à proportion qu'elle s'agrandit. Chez les vieillards elle est d'une grandeur horrible.

Ils mirent beaucoup d'ordre et de régularité dans le trafic qu'ils firent avec les Anglais. Ils venoient tous les matins bord à bord, et ne manquoient jamais de passer une demi-heure à chanter avant d'entrer en affaires. C'étoit toujours le chef qui faisoit les marchés : s'il arrivoit d'autres canots, ils attendoient patiemment qu'il eût fini; et quelquefois ils employoient son ministère, quand ils s'imaginoient qu'il avoit fait de bons marchés. Mais ils avoient grand soin de cacher à leurs voisins ce qu'ils avoient reçu en échange de leurs marchandises.

Sur le midi ils alloient dîner, revenoient à une heure, se retiroient à quatre, et se mettoient à chanter jusqu'à la nuit. Quand le chef avoit conclu un marché, il répétoit trois fois avec beaucoup de volubilité *Coocoo*, et tout le peuple lui répondoit des canots *Whoah*. Un des chefs jeta par hasard les yeux sur un coupon de drap de Sandwich, fit tout ce qu'il put pour l'avoir. Quand il l'eut obtenu, il partit sans chanter selon sa coutume. Le lendemain matin il revint avec un habit qu'il s'étoit fait de ce drap. Il ressembloit à un sarrot de charretier, au collet et aux poignets près. Il lui alloit au mieux, et les coutures n'auroient pu être faites plus proprement en Europe.

Je voulois un jour apprendre quelques mots de leur langue; je montrai à un de leurs chefs le soleil du bout du doigt. Il se donna beaucoup de peine pour me faire entendre que leur origine étoit la même que la nôtre; qu'ils venoient aussi d'en-haut, et que le soleil animoit la nature entière.

La construction des canots est la même ici que celle du Port-Mulgrave; mais les grands y sont beaucoup mieux travaillés: il en est qui contiennent quinze à vingt personnes.

Nous trouvâmes une autre île appelée *Heppa*. La nature sembloit avoir pris plaisir à la mettre à l'abri des injures de l'ennemi. Elle étoit défendue d'un côté par des rochers escarpés, et de l'autre par des pins et des buissons épais. Les habitans y avoient encore fait, avec un travail incroyable, une espèce de fortifications. Ce qui prouve qu'ils se font la guerre.

J'ai évalué à dix mille environ le nombre des Indiens que nous découvrîmes sur cette côte. Il peut être beaucoup plus grand encore, parce que les femmes y sont très-fécondes, et qu'on ne connoît point dans ces îles les maladies qu'enfantent la débauche et l'intempérance. Mais d'un autre côté, les guerres qu'ils ont à soutenir, et les naufrages qui doivent être très-fréquens, en raison de la mauvaise construction de leurs vaisseaux, doivent en diminuer considérablement le nombre.

Ils sont en général de moyenne taille, bien faits et bien portans. Je ne vis jamais parmi eux de personnes corpulentes. Les deux sexes ont les pommettes très-saillantes et de petits yeux. On remarque sur toute cette côte une si grande mal-propreté qu'il m'est impossible de déterminer leur couleur; je crois cependant qu'ils ne sont guères plus bruns que les Européens en général. Ils ont de longs cheveux noirs, mais ils sont toujours remplis de graisse qu'ils mêlent avec de l'ocre. Il y a des femmes qui portent des chignons. Les jeunes gens épilent leur barbe; mais les vieillards la laissent croître.

Ils ont tous le même costume sur toute la côte. Les hommes portent des fourrures façonnées en habit ou en manteau qu'ils jettent sur leurs épaules. Ceux qui sont le plus civilisés ont une espèce de veste de peau. Les femmes ont des jupons de cuir tanné qui leur descendent jusqu'à la cheville; leur déshabillé est aussi de cuir tanné, et ne descend pas plus bas que la ceinture. Elles ne portent point de fourrures. On enveloppe les enfans dans des fourrures, et on les met dans une espèce de chaise faite d'écorce, où on les attache si bien qu'ils ne peuvent changer de position. La chaise est faite de manière que la mère n'a pas besoin de détacher son petit pour lui donner à manger.

Ces peuples ont différens ornemens selon leurs différentes tribus. En quelques endroits ils ont du goût pour les grains de verre, qui leur ont été apportés sans doute par les Russes. Ils ont sur cette côte au moins trois langues différentes, où l'on distingue beaucoup de consonnes.

Outre les ornemens dont je viens de parler, ils aiment surtout les masques, les ciseaux, et les bonnets peints en devises, tels qu'oiseaux, bêtes, etc. Ils ont aussi beaucoup d'allégories en bois très joliment travaillées. Il paroît qu'ils donnent une grande valeur à ces curiosités; ils les conservent précieusement dans des boîtes. Quand ils venoient trafiquer, ils commençoient, avant de chanter, par montrer ces trésors, et présenter les plus distingués d'entre eux habillés dans toute leur gloire. Leurs chefs avoient de grands habits de peau d'élan tannée, et bordés tout autour de graines sèches ou de becs d'oiseaux, qui font beaucoup de bruit quand ils marchent. Ils avoient à la main une espèce de hochet formé de trois bâtons courbés, auxquels étoient attachés des becs d'oiseaux. Ils agitoient ce hochet pour s'accompagner en chantant. Leurs chansons avoient plusieurs stances qui finissoient toutes par un *chorus*.

Ils calculent leurs années d'après le cours de la lune.

CHAPITRE LXXI.

Abrégé du voyage des capitaines Portlock, et Dixon au Nord occidental des côtes d'Amérique, dans les vaisseaux le Roi Georges, *et la* Reine Charlotte, *en 1785, 1786, 1787, 1788.*

Au mois de mai 1785, Richard Cadman Etches et quelques autres négocians formèrent une société, sous le nom de *Compagnie du Sund du roi George,* dans le dessein de continuer la traite des fourrures des côtes occidentales d'Amérique à la Chine. Ils obtinrent pour cet effet deux licences, une de la compagnie de la mer du Midi, et l'autre de celle des Indes orientales, qui s'engagea à leur fournir une cargaison de thé de *Canton*. La compagnie acheta un vaisseau de 320 tonneaux, et un Senau de 200. Elle donna au capitaine Portlock le commandement du premier et de l'expédition, et au capitaine Dixon le commandement du second.

Ces deux marins avoient accompagné le capitaine Cook dans son dernier voyage dans la mer pacifique. On jugea qu'ils avoient les qualités nécessaires pour l'exécution d'un plan qui demandoit beaucoup de connoissances et d'expérience. On leur donna des officiers subalternes très-instruits, pour tirer le plus grand parti de ce voyage, et réunir différens objets particuliers au profit du trafic et à l'avantage des découvertes. On confia au capitaine Portlock plusieurs jeunes gens de famille qui se sentoient du goût pour la marine. Celui-ci, avant son départ, engagea Guillaume Philpot Evans, et Joseph Woodcock, disciples de M. Wales, professeur de mathématiques à l'école de l'Hôpital-du-Christ, à enseigner à ces jeunes gens les élémens de la navigation, et à leur tracer des cartes des terres les plus remarquables, etc.

Le capitaine Portlock mit à la voile au mois d'août 1785, à Deptford, passa à la hauteur de Guernsey, de S.-Jacques, des îles Falkland, doubla le cap Horn, et alla mouiller, le 26 février 1786, dans la baie de Karakakooa à Owhyhée, l'une des îles Sandwich.

A peine avoit-il jeté l'ancre, qu'il fut environné d'une foule innombrable d'Indiens; les uns venoient en canots, les autres à la nage. Ils grimpoient le long du cable et des sabords, et devenoient si importuns que tout l'équipage ensemble eut beaucoup de peine à les faire descendre, et à amarrer. Le lendemain, dès la pointe du jour, ils revinrent en grand nombre, et n'avoient point de chef qui pût les contenir. Aussi montrèrent-ils tant d'insolence, que le capitaine Portlock fut nécessité de poser des sentinelles armés de coutelas, pour les empêcher de monter à l'abordage. Il se convainquit alors qu'il ne pourroit traiter à terre avec sûreté, sans le secours d'une forte garde : il craignoit aussi qu'en prenant de semblables mesures il n'irritât ces insulaires. Conséquemment il prit le parti de sortir le plutôt possible de la baie de Karakakooa, et alla mouiller à Woahoo, qu'il jugea la plus importante des îles Sandwich.

CHAPITRE LXXII.

Remarques du capitaine Portlock.

Avant de quitter Woahoo, qu'on me permette d'observer que c'est la plus belle île qu'on trouve dans ces parages. Quels avantages n'en retireroit-on pas si elle étoit habitée par des Européens. La terre y est extrêmement fertile. Nous y vîmes beaucoup de guerriers et d'instrumens de guerre. Ils ont une manière de se peindre qui n'est point usitée dans les autres îles de Sandwich. Ils se noircissent si bien la figure, qu'on les prendroit pour des nègres. Leur corps est nuancé de mille couleurs différentes.

Nous retrouvâmes ici tous les poignards que nous avions laissés à notre dernier voyage dans ces îles. La plupart des habitans que nous vîmes dans leurs grands canots, en avoient chacun un ; au lieu qu'à Owhyhée je ne me rappelle pas d'en avoir vu plus de deux à trois.

Comme ce sont des armes meurtrières et destructives, je ne voulus pas permettre à l'équipage d'en fournir à ceux des Indiens qui nous importunoient pour en avoir : car dans mon dernier voyage je reconnus qu'il étoit très-imprudent de donner à ces peuples des armes qu'ils tourneroient, un jour ou l'autre, contre nous. Je n'avois que trop raison ; car ce fut un de ces poignards que nous avions laissés aux habitans d'Owhyhée, qui ôta la vie à mon malheureux commandant, le capitaine Cook. Si nous n'avions point fait cette imprudence, ce célèbre voyageur auroit pu jouir paisiblement dans sa patrie, du fruit des longs travaux qu'il entreprit pour le bien général du genre humain. Ce fut lui qui le premier fit faire des poignards d'après le modèle des *pahooas* indiens. Les voyageurs qui dans la suite purent trouver assez de fer pour en fabriquer, suivirent son exemple. Tout le temps que nous passâmes, dans ces îles, l'armurier ne s'occupa qu'à en forger. On les distribua si libéralement, que le jour où la *Résolution* entra dans la baie de Karakakooa, après avoir perdu son mât de misaine, je vis le capitaine Clarke donner pour un manteau de plumes neuf ou dix de ces armes à Maiha Maiha. A notre arrivée à Woahoo, j'ai cependant acheté, pour un morceau de fer travaillé en forme de rabot, quelques manteaux beaucoup meilleurs que celui de ce capitaine. Ces insulaires se servent de cet instrument à la place d'herminette, et l'emploient avec avantage toutes les fois qu'ils ont quelque chose à couper.

CHAPITRE LXXIII.

Sur les avantages du commerce qu'on peut faire dans la partie d'Amérique, où a voyagé le capitaine Portlock.

S'ÉTANT procurés dans cette île de l'eau et des rafraîchissemens, nos voyageurs allèrent mouiller à Oneehow. De là ils firent voile pour la côte d'Amérique, et arrivèrent au port de Coal, ou charbon, dans la rivière de Cook, où ils rencontrèrent un parti russe; mais comme ils n'avoient sur leur bord personne qui comprît leur langue, ils ne purent en tirer que très-peu d'éclaircissemens. Tout ce qu'ils purent comprendre fut qu'ils venoient de Kodiac, île près de Shumagins. Ils y avoient laissé leur vaisseau, et étoient venus dans leur chaloupe jusqu'à la rivière de Cook. Ils étoient au nombre de 25, sans y comprendre quelques Indiens qui avoient des canots de peau, et qui paroissoient être avec eux en très-bonne intelligence.

Le chef des Russes fit présent au capitaine Portlock de très-beau saumon, et en assez grande quantité pour nourrir pendant un jour l'équipage des deux vaisseaux. Le capitaine lui donna des yams, et lui apprit la manière de les préparer. Il y joignit du bœuf, du porc et quelques bouteilles d'eau-de-vie.

Le capitaine Portlock remonta la rivière de Cook. Mais ne trouvant pas assez de fourrures, il résolut de changer de route, et de faire voile pour le Sund du Prince Guillaume où il espéroit être plus heureux.

Voici ce qu'il nous dit des avantages du commerce qu'on peut faire dans cette partie de l'Amérique. « Outre les différentes espèces de fourrures qu'on peut se procurer ici, on trouve encore sur les bords de la rivière de Cook, du soufre, du gens-eng, de la bistorte, du noir de plomb, du charbon, et de très-beau saumon en abondance. Les habitans sont doux et de bonne foi : on peut faire avec eux un commerce très-avantageux ». Battus par les vents contraires, ils ne purent mouiller au Sund du Prince Guillaume. Ils longèrent la côte, dans l'intention de relâcher au Sund du Roi George; mais ils furent encore contrariés par le mauvais temps. L'équipage avoit besoin de rafraîchissemens; les voiles et les agrès étoient en mauvais état: le capitaine Portlock se vit nécessité d'abandonner la côte, et de faire voile pour les îles Sandwich. Il jeta l'ancre, le 13 novembre 1786, à Waohoo, dans la baie du Roi George. Il resta dans ces parages jusqu'au 3 de mars 1787, et revira vers la côte. Il mouilla à l'île Montague, et peu de temps après les deux vaisseaux se séparèrent. Le Roi George alla jeter l'ancre dans la crique de Hinchinbrooke, à l'entrée du Sund du Prince Guillaume.

CHAPITRE LXXIV.

Description du capitaine Portlock, des habitans de la crique de Hinchinbrooke.

Ces peuples ont la taille carrée et petite; la figure plate et ronde, la pommette élevée, le nez camus, les dents blanches, les yeux noirs, la vue perçante, et l'odorat très-fin. Ils le rendent encore plus délicat, en respirant de la racine de bistorte qu'ils font sécher. Ils ont en général le teint plus clair que les Indiens du midi. J'ai vu quelques-unes de leurs femmes qui avoient des couleurs vermeilles. Ils ont les cheveux noirs, et les portent ordinairement très-longs. Ils les coupent quand ils sont en deuil; ils n'ont pas, à ce que je sache, d'autre manière d'exprimer leurs regrets à la mort de leurs parens. Les hommes ont généralement la jambe mal faite, ce que j'attribue à la position qu'ils prennent dans leurs canots. Ils sont aussi vains et orgueilleux que les Européens. Ils se peignent les mains et la figure : ils se percent le nez et les oreilles, et se fendent la lèvre supérieure. Ils portent au nez un morceau d'os ou d'ivoire de la longueur de deux à trois pouces, qu'ils regardent comme un grand ornement. Ils attachent à leurs oreilles des grains de verre qui leur pendent jusqu'aux épaules, et incrustent dans l'incision qu'ils ont à la lèvre, un instrument d'os ou d'ivoire, percé de plusieurs trous où ils suspendent des grains de verre qui leur tombent au menton. Cette incision, qui est souvent aussi large que la bouche, les défigure extraordinairement. Leur vêtement est fait de peaux d'animaux ou d'oiseaux. Je dois rendre justice à leur bon naturel : ils ont tant d'affection pour leurs femmes et leurs enfans, qu'on est sûr de leur reconnoissance quand on leur fait quelques petits présens. Mais il ne faut pas prendre trop de liberté avec leurs femmes, ils ne le souffrent pas impunément. Ils ont une inclination particulière pour le vol; ce vice est général chez tous les Indiens : ils se volent les uns les autres, aussi bien qu'ils le font avec les étrangers. J'ai eu souvent occasion de m'en convaincre par moi-même. Quand ils sont pris sur le fait, ils rendent en riant ce qu'ils ont dérobé, et ne sont pas plus troublés que s'ils n'avoient rien volé. Je suis sûr que le vol est en honneur chez eux : un voleur adroit trouve par-tout des admirateurs; mais le fripon qui ne sait pas son métier, n'a pas droit à leur estime. Il est facile de reconnoître ces voleurs, ils ont la figure barbouillée de peinture. Quand on s'amuse à considérer ces caricatures, on peut être sûr que, s'il y a près d'eux quelque chose qui les tente, leurs mains ne sont pas engourdies. Rien n'est plus certain qu'ils ont intention de voler, quand ils ôtent une manche de leur sarrau de peau qu'ils portent toujours. Ils cachent leur vol sous ce sarrau, jusqu'à ce qu'ils trouvent l'occasion de le jeter dans leurs canots. Quoique nous connussions les voleurs de profession, et que nous fussions toujours sur nos gardes, ils trompoient souvent notre vigilance, et nous déroboient des bagatelles de peu de valeur. Ils perdirent un peu avec nous cette habitude de voler, parce que je pris toutes les peines possibles pour leur faire sentir combien leur conduite me choquoit. Au reste, ils paroissent être d'une bonne trempe, et je suis persuadé que si l'on faisoit chez eux un établissement assez fort pour les tenir en respect, on en feroit bientôt une nation industrieuse, et l'on en retireroit une grande quantité de fourrures.

Ils vivent de poisson, et de la chair de tous les animaux qu'ils peuvent se procurer. Ils font encore usage de tous les végétaux que produit leur sol, et de l'écorce intérieure du pin. Cet arbre, au printemps, doit leur être d'un très-grand avantage contre le scorbut. Cette maladie est chez eux assez générale en hiver; car j'en ai vu plusieurs qui avoient les jambes enflées, et qui pouvoient à peine se soutenir; symptômes qu'on voit rarement en été. Ils ne fument point leurs provisions, et comme ils n'ont point de sel, le seul moyen qu'ils emploient pour conserver leur poisson pendant l'hiver, est de le faire sécher au soleil. Quand ils veulent le manger frais, ils l'étendent avec des bâtons qu'ils enfoncent dedans, et le tiennent devant le feu. Quant à leur viande, ils la préparent dans des paniers ou des vaisseaux de bois, avec des pierres brûlantes. On est étonné de la promptitude avec laquelle ils font ainsi leur cuisine.

En été, ils mènent une vie errante. Quand il pleut, ils se mettent à couvert sous leurs canots, ou bien ils forment une espèce de petite cabane d'écorce. Leur hutte, pour l'hiver, est assez mal faite et très-peu commode. Celles que j'ai vues n'avoient pas plus de quatre à six pieds de hauteur, dix de longueur, et huit environ de largeur. Elles étoient bâties en grosses planches, et les jointures en étoient fermées avec de la mousse sèche. Ils se tiennent en général très-serrés dans ces cabanes. Pour faire leurs planches, ils fendent les arbres avec des coins de bois ou de pierre. J'en ai vu une de vingt à vingt-cinq pieds de longueur, qu'ils avoient faite de cette manière.

Ils se servent à la guerre de lances garnies de fer, de seize à dix-huit pieds de longueur, d'arcs, de flèches et de coutelas, qu'ils manient avec une dextérité étonnante. Leurs instrumens de pêche sont des hameçons de bois, et des lignes faites d'une petite plante qui croît sur les rochers d'une grandeur considérable. Elles durent long-temps si on a soin de les nettoyer et de les tenir dans un endroit humide. C'est avec ces armes qu'ils prennent les plies et les morues. Ils tuent le saumon à coups de lances. Quant à la pêche des harengs, je crois qu'ils ont pour cet effet des petits filets. Ils prennent les loutres de mer, et autres animaux amphibies, avec des harpons faits d'os, à deux ou trois pointes, et d'un gros bâton de six à huit pieds de long, auquel ils attachent une peau ou une large vessie qui leur sert de bouée. Ils ont, outre cela, des dards de quatre à cinq pieds de long, qu'ils lancent avec un instrument de bois d'environ un pied.

CHAPITRE LXXV.

Remarques du capitaine Dixon sur la vente des fourrures à la Chine.

Dans le temps qu'il fut question de notre voyage, on regarda la Chine comme le seul endroit où l'on pût vendre avantageusement toutes les fourrures que nous pourrions nous procurer : il y avoit d'ailleurs beaucoup à gagner en rapportant une cargaison de cet empire. On transigea avec la compagnie des Indes orientales, et l'on vendit à ses secrétaires les fourrures à un prix raisonnable, ou on les leur laissa pour en disposer à la première occasion. On convint d'un certain bénéfice qu'on leur donneroit pour les frais de courtage.

Aussitôt que les fourrures furent déposées à notre comptoir, une compagnie de marchands attachés à la douane, qui avoit affermé cette branche des revenus de l'empereur, vint en prendre notice, de même que les commis de M. Brown. Toutes nos peaux étant bien assorties, M. Brown en choisit deux mille cinq cent cinquante-deux de loutres de mer, quatre cent trente-quatre d'oursons, et trente-quatre de renards. Le reste de notre cargaison se montoit à mille quatre-vingts queues de castor, cent dix voiles de castor, environ cent cinquante castors de terre, et quelques manteaux de même poil; plus, soixante beaux manteaux de marmotte, avec plusieurs peaux de lapin des Indes, de renard et de lynx, etc. Elles furent laissées à la disposition de nos capitaines, pour fournir probablement à leurs dépenses journalières; encore étoit-on presque sûr qu'elles n'y suffiroient pas.

Quant à la vente de nos fourures, je dois observer qu'il y a à Canton une société de riches marchands qu'on appelle *hong*. C'est avec elle que notre compagnie des Indes orientales traite exclusivement ; elle en achette tout le thé et la porcelaine qu'elle envoie en Angleterre. Ce fut à elle aussi que nous nous adressâmes pour la vente de nos fourrures. Nous avions tout lieu d'espérer qu'elle lès prendroit à un prix raisonnable ; mais nous fûmes cruellement trompés. Nous apprîmes à nos dépens dans qu'elle erreur étoient tombés nos armateurs en laissant toute leur propriété à la disposition des secrétaires. Car aussi-tôt que ces marchands *hong* eurent fixés le prix de nos fourures, personne n'osa se présenter pour les acheter. Il est vrai qu'il n'y avoit guères qu'eux qui fussent capables d'acheter et de payer comptant une si grande partie. Ajoutez à cela que les droits qu'on paye au port de Canton ne sont point fixés. Les commis du *hoppo* les augmentent ou les diminuent à volonté. Les marchànds *hong* ont une si grande influence sur eux, que si quelques autres marchands avoient eu envie de traiter avec nous, ils n'auroient osé le faire, dans la crainte de payer des droits trop exorbitans.

Nous éprouvâmes plus d'une fois la vérité de ce que j'avance. C'est ainsi que nous passâmes décembre et la plus grande partie de janvier sans rien conclure. Nous ne pouvions accepter les offres que les *hong* avoient faites aux secrétaires, ni laisser nos fourrures entre les mains de ces derniers. Nous tirâmes cependant un grand parti de celles qu'ils avoient mis au rebut. Les 1080 queues de castor furent vendues à raison de deux rixdales la pièce, les voiles à cinq rixdales la pièce, et un petit paquet de rebut à cinquante-cinq rixdales.

Le 26 nous vendîmes et livrâmes aux secrétaires de la compagnie des Indes nos principales fourrures, pour la somme de 50,000 rixdales. Elles consistoient en 2552 peaux de loutres, 434 d'oursons et 34 de renards.

Fin du Tome Premier.

TABLE DES CHAPITRES

CONTENUS DANS LE TOME PREMIER.

Précis des voyages et découvertes des Portugais, pour servir d'introduction à la collection des voyages modernes, faite par John Adams. Page 1

Chapitre premier. De Colomb. 18

Chap. II. Convention faite avec Colomb. 21

Chap. III. Première découverte de Colomb ; une des îles de Bahama. 23

Chap. IV. De la première Colonie. 29

Chap. V. Accueil de Colomb en Espagne. Son premier voyage. 30

Chap. VI. Découverte du continent de l'Amérique. 34

Chap. VII. Accusation de Colomb ; sa justification ; sa mort. 36

Chap. VIII. De Cabot et d'Améric-Vespuce. 40

Chap. IX. Cruautés barbares des Espagnols dans le nouvel hémisphère. 41

Chap. X. Fernand Cortez. Conquête du Mexique. 43

Chap. XI. De François Pizare, et de la conquête du Pérou. 51

Chap. XII. De Ferdinand Magellan. 53

Chap. XIII. De François Drake, le premier Anglais qui ait fait un voyage autour du monde. 61

Chap. XIV. Prise de trois vaisseaux Espagnols richement chargés. Pillage de Guatulio. Prise de possession de la Californie. 63

Chap. XV. Drake visite différentes îles, double le cap de Bonne-Espérance. Son retour à Plimouth. Page 68
Chap. XVI. De sir Walter Raleigh. 72
Chap. XVII. Cataractes du fleuve Caroli. 75
Chap. XVIII. Quantité considérable d'or minérai que Walter remporte en Angleterre. 79
Chap. XIX. Dernier voyage de Walter Raleigh. 82
Chap. XX. Recherche d'une mine d'or par le jeune Raleigh. 84
Chap. XXI. Sir Walter Raleigh décapité. 90
Chap. XXII. Thomas Cavendish. Prise d'un riche vaisseau Espagnol à Acapulco. 91
Chap. XXIII. Du capitaine Dampier. 96
Chap. XXIV. Indien abandonné dans l'île de Juau Fernandez. 99
Chap. XXV. Voyage du capitaine Monk dans la mer glaciale. 102
Chap. XXVI. Difficultés qu'éprouve le capitaine Monk ; son arrivée en Dannemarck, et sa mort. 104
Chap. XXVII. Voyage de Georges Spibergen. 108
Chap. XXVIII. Du capitaine James, et de son voyage au nord-ouest, pour y trouver un passage dans la mer du Sud. 112
Chap. XXIX. Détroit d'Udson. 115
Chap. XXX. État de la baie d'Hudson pendant l'hiver, d'après les mémoires du capitaine James. 118
Chap. XXXI. Arrivée du capitaine James à Bristol, et son opinion concernant le passage du nord-ouest. 122
Chap. XXXII. De la formation des glaces. 124

(405)

Chap. XXXIII. Naufrage auprès du Spitzberg, en 1646.　　　　　　　　　　page 125

Chap. XXXIV. Du climat du Groënland ; végétaux et animaux qui s'y trouvent.　129

Chap. XXXV. Pêche de la baleine.　133

Chap. XXXVI. Des habitans du Groënland.　137

Chap. XXXVII. De la Laponie.　141

Chap. XXXVIII. Voyage de Jean-François Gemelli.　149

Chap. XXXIX. D'Ispahan et des ruines du palais de Darius.　150

Chap. XL. Voyage du capitaine Rogers. Description du Brésil et de la rivière des Amazones.　156

Chap. XLI. Histoire d'Alexandre Selkirk.　164

Chap. XLII. Du Mexique, du Pérou, du Chili. Travaux des mines d'or et d'argent.　169

Chap. XLIII. Voyage du commodore Anson.　176

Chap. XLIV. De Madère.　178

Chap. XLV. L'amiral Anson double le cap Horn ; son arrivée à Juan Fernandez.　178

Chap. XLVI. Prise du Galion de Manille.　181

Chap. XLVII. Voyage du professeur Kalm.　186

Chap. XLVIII. Détails tirés de ce voyage sur le serpent noir et la grenouille mugissante de l'Amérique.　189

Chap. XLIX. Côtes des Patagons ; naufrages du Wager ; vaisseau de guerre de l'escadre de l'amiral Anson. Détresses qu'y souffrit le capitaine Biron avec ses compagnons.　200

Chap. L. Extrémité à laquelle ils sont réduits ; ils mangent le chien favori de Biron.　221

Chap. LI. Départ de l'île Wager; dangers effrayans.
Page 231
Chap. LII. Rencontre d'un Cacique Indien. Arrivée de Biron et de ses compagnons à l'île de Chiloé. 252
Chap. LIII. De Saint-Jago, capitale du Chili. 264
Chap. LIV. Retour de Biron en Angleterre. 269
Chap. LV. Détails du capitaine Wallis sur les Patagons. 275
Chap. LVI. Découvertes du capitaine Wallis. 285
Chap. LVII. Découvertes du capitaine Carteret. 286
Chap. LVIII. Détails sur les îles Malouines, ou de Falkland, par le capitaine Bougainville. 287
Chap. LIX. De Batavia. 299
Chap. LX. Du commerce de Batavia. 308
Chap. LXI. Du capitaine Cook. 309
Chap. LXII. Découvertes principales du capitaine Cook dans son second voyage. 326
Chap. LXIII. Mort du capitaine Cook; son caractère. 330
Chap. LXIV. Epitaphe de Cook, lorsqu'on lui érigera un monument. 348
Chap. LXV. Opinion du duc de Croy, concernant un passage au Nord. 350
Chap. LXVI. Description de certaines cérémonies funéraires usitées dans l'une des îles de la Société. Observations générales à ce sujet par le docteur Hawkesworth. 355
Chap. LXVII. Relation du capitaine Dixon, des îles Sandwich. 361
Chap. LXVIII. De la rivière de Cook, et des contrées adjacentes. 364

(407)

CHAP. LXIX. Continuation du même sujet. Page 368
CHAP. LXX. Description du capitaine Dixon; des habitans de la côte du nord-ouest d'Amérique, en 1787. 377
CHAP. LXXI. Abrégé du voyage des capitaines Portlock et Dixon, au nord occidental des côtes d'Amérique, dans les vaisseaux le *Roi Georges et la Reine Charlotte*, en 1785, 1786, 1787, 1788. 387
CHAP. LXXII. Remarques du capitaine Portlock. 389
CHAP. LXXIII. Sur les avantages du commerce qu'on peut faire dans la partie d'Amérique, où a voyagé le capitaine Portlock. 392
CHAP. LXXIV. Description du capitaine Portlock, des habitans de la crique de Hinchinbrooke. 394
CHAP. LXXV. Remarques du capitaine Dixon, sur la vente des fourrures à la Chine. 399

 *Fin de la table du Tome Premier.*

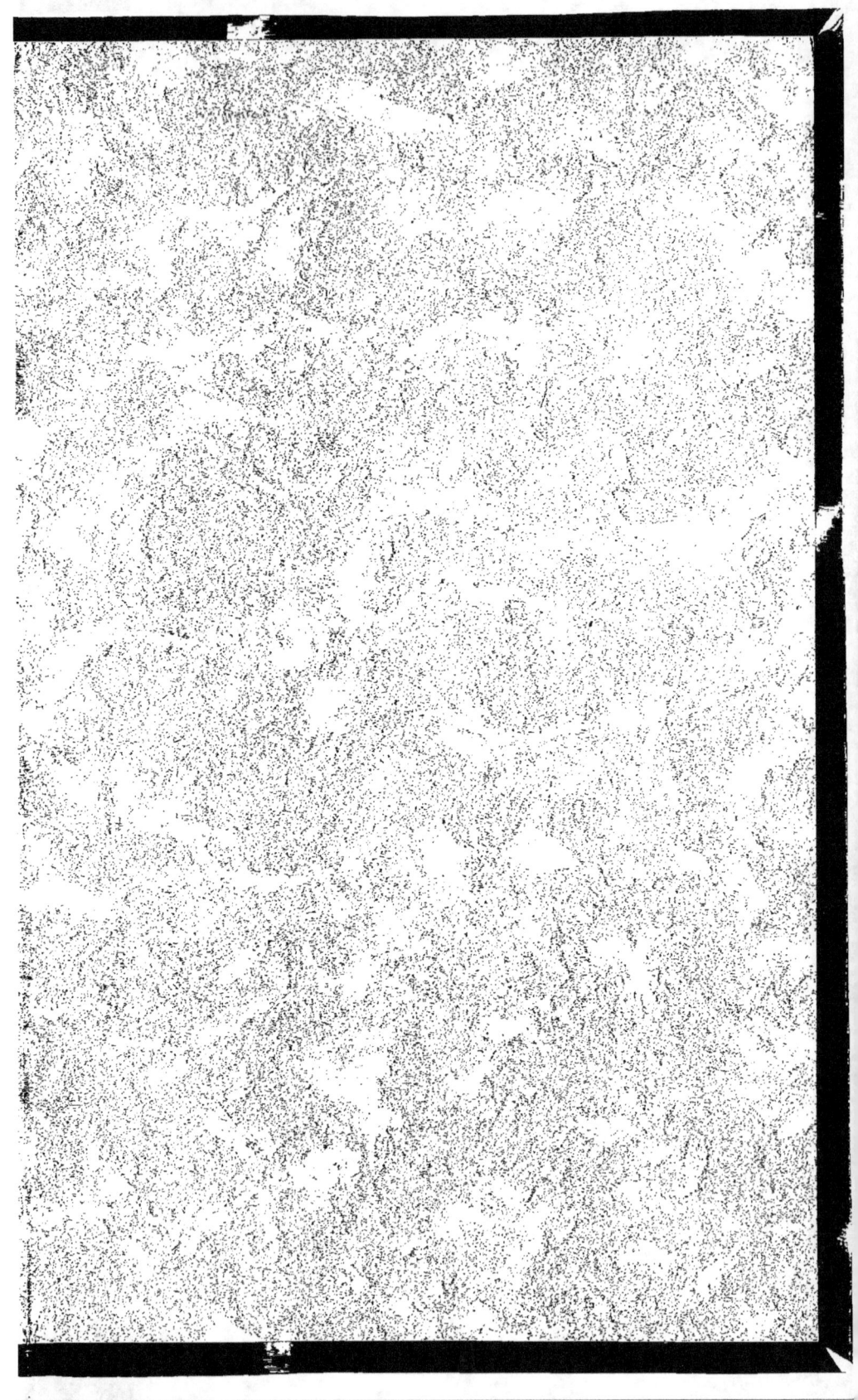

www.ingramcontent.com/pod-product-compliance
Lightning Source LLC
Chambersburg PA
CBHW072215240426
43670CB00038B/1506